U0644596

国家社科基金项目"整合社区居家养老与机构养老的新型社区养老院模式构建研究"（15BSH128）最终研究成果

整合居家养老与机构养老的新型社区养老院模式构建

袁妙彧　著

九州出版社｜全国百佳图书出版单位
JIUZHOUPRESS

图书在版编目（CIP）数据

整合居家养老与机构养老的新型社区养老院模式构建/
袁妙彧著． -- 北京：九州出版社，2021.11
ISBN 978-7-5108-8988-2

Ⅰ．①整… Ⅱ．①袁… Ⅲ．①养老－社会服务－服务
模式－研究－中国 Ⅳ．①D669.6

中国版本图书馆CIP数据核字(2021)第211768号

整合居家养老与机构养老的新型社区养老院模式构建

作　　者	袁妙彧　著
责任编辑	习　欣
出版发行	九州出版社
地　　址	北京市西城区阜外大街甲 35 号（100037）
发行电话	(010)68992190/3/5/6
网　　址	www.jiuzhoupress.com
印　　刷	北京九州迅驰传媒文化有限公司
开　　本	720 毫米 ×1020 毫米　16 开
印　　张	18.25
字　　数	286 千字
版　　次	2021 年 11 月第 1 版
印　　次	2021 年 11 月第 1 次印刷
书　　号	ISBN 978-7-5108-8988-2
定　　价	62.00 元

★版权所有　侵权必究★

前 言

  《整合居家养老与机构养老的新型社区养老院模式构建》一书是我国家社科基金项目的研究成果。实际上这个选题的萌生始于我更早的研究。2013—2015 年我在研教育部人文社科项目期间在全国各地调研居家养老服务，调研中发现我国城乡社区居家养老服务热闹红火的场景背后却是社区居家养老并未能真正的满足生活在自己家中的中国老年人的刚性养老服务需求。各地政府对建设居家养老服务中心投入不少，但大多数居家养老服务中心已成为健康老年人的娱乐场所，专业器材闲置，专业人员缺失。失能半失能以及认知障碍老人无法从社区居家养老服务中切实获益。目前，我国大多数城市社区的居家养老服务主要依靠政府购买，居家养老服务的盈利模式尚未建立，居家养老服务的专业化水平较低。而与此同时，我也深切地感受到了中国老年人对家庭、对社区的眷念之情。身体失能的空巢老人急需专业护理，子女不在身边，生活难以维持，却依然不愿离开家庭入住养老机构。居住在自己家中的认知症老人是工作中的子女分分秒秒的揪心与焦虑。基于这些现实而迫切的需求，我们在调查中发现各地也在进行一些新模式的探索，如建设功能性的日托中心为失能失智老人提供服务，再比如探索会员制模式尝试居家养老服务低收费，这些摸索在一定程度上缓解了当地的具体问题，但各地的做法非常零散，不成体系。

  对这个选题研究的兴趣源于我和近 30 位社区书记对当前社区居家养老发展瓶颈的访谈实录，源于我们对近 1000 名居家老人养老服务需求的问卷调查。基于此，我开始思考是否可以在我国城乡社区内建立小规模的养老机构整合居家养老中的专业化服务和机构养老中的居住型服务，探索市场化发展模式。2015 年我尝试以《整合居家养老与机构养老的新型社区养老院模式构建》为题申报国家社科基金项目，并成功获得立项。2016—2018年，课题组在北京、天津、南京、武汉、深圳、宜昌等地进行了大量的实地调研，对那些在实践中取得了一定成功经验的案例进行深度实地考察，并提炼总结，如天津"鹤童模式"、北京"寸草春晖模式"、南京"鼓楼模式"等。2017年9月—2018年3月，我在日本访学期间，在日本静冈、岩仓、名古屋等地对日本社区内的小规模多功能设施进行了实地调研，并将日本的社区养老设施与我国的社区养老设施进行了对比。本书的研究成果源于实践，但又期望在更高的层面上还原实践。本研究试图突破传统养老理论中机构养老与社区养老二元化的格局，运用多学科理论整合构建理论基础，实现模式创新。

本书的创新之处可总结为以下四个方面：

1. 本书突破了现行将机构养老服务与社区养老服务二元化供给的局限性，针对居家养老服务人力、财力不足、专业化程度低的发展瓶颈，以及机构养老缺乏家居认同和亲情滋养的问题，提出我国应建立社区养老院模式，整合家庭、社区养老资源，为老人在熟悉的环境中提供专业化的居住型养老服务。

2. 研究通过建立有偿的社区养老院服务模式，创新性地解决社区养老服务中福利需求与有支付能力的需求的对接问题，以及养老服务模式供给中的公共系统与非公共系统的对接问题。现行全免费的社区养老模式可持续发展动力不足，对专业化服务有挤出效应。社区养老院是有偿服务，为社会组织、企业参与社区养老服务供给提供可行路径，在养老服务体系建设中形成新型的公私合作伙伴关系，引入市场与社会的力量。

3. 将"互联网+"作为社区养老院依托的技术平台，试图通过移动互联技术、云平台等现代技术打造线上线下一体化的社区养老服务系统。将"医养结合"作为社区养老院的重要特色，探索出几种易推广可复制的适应于不同类型的社区养老机构的医养结合模式。

4. 实地考察日本养老服务中的主流设施：社区小规模多功能养老设施，并将其与我国居家养老服务中心、日托中心以及小型养老院进行对比，提出建设符合中国国情的社区养老院的具体方案。

本书凝聚了课题组从2015年到2018年四年间的研究成果，但我感觉关于这个问题的研究本身就是一个动态发展的过程，新的问题层出不穷，我们的探索还在继续。比如关于社区居家养老盈利化模式的研究还有待进一步提炼与总结；在长期护理保险的制度框架之下，我国社区养老院医养结合的研究又将面临新的课题；再比如本书对"互联网＋"社区养老服务的研究仅仅是一个开端，这个领域具有极为广阔的空间值得向纵深探索。此外，也应该将更加前沿的实证研究方法运用到这些问题的研究中，等等。

　　我想这本书的研究并非终点，我期待此书能够引起更多的学者共同关注这个值得我们为之努力的中国银发浪潮中迫切面临的现实问题。

目　录

绪　论

第一节　中国人口老龄化的新特征

人口老龄化是我国当前和未来相当长一段时间面临的重大历史性挑战。20 世纪 70 年代开始实施的计划生育政策有效地降低了人口的出生率，控制了我国人口增长的速度。第七次人口普查，2020 全年出生人口 1200 万人，人口出生率为 8.50‰。与此同时，改革开放 40 年以来，随着医疗卫生水平与人民生活水平的持续提高，中国居民人均预期寿命逐年增长。2000 年中国居民人均预期寿命为 71.4 岁，到 2020 年，中国居民人均预期寿命已达 77.3 岁。

在这两股力量的共同作用之下，银发浪潮以快于西方发达国家的速度席卷华夏大地。2000 年我国 65 岁及以上的老年人口在总人口中的占比达到 7%，标志着中国正式进入老龄化社会。近年来，中国的人口老龄化又呈现出新的变化趋势。联合国的人口预测显示，中国人口变化的趋势为：从当前到 2030 年将持续增长到 14.5 亿人，2030 年中国人口出现拐点开始下降，预计到 2060 年，中国人口总数将下降到 13.1 亿人，其中老年人口将达到 3.7 亿人，接近总人口的 30%。[①]

---

①　United Nations. Word Population Prospects, The 2012 Revision[EB/OL]. (2013-6-17)[2019-01-20].http://www.un.org/en/development/desa/publications/world-population-prospects-the-2012-revision.html.

一、中国人均 GNI 持续增长

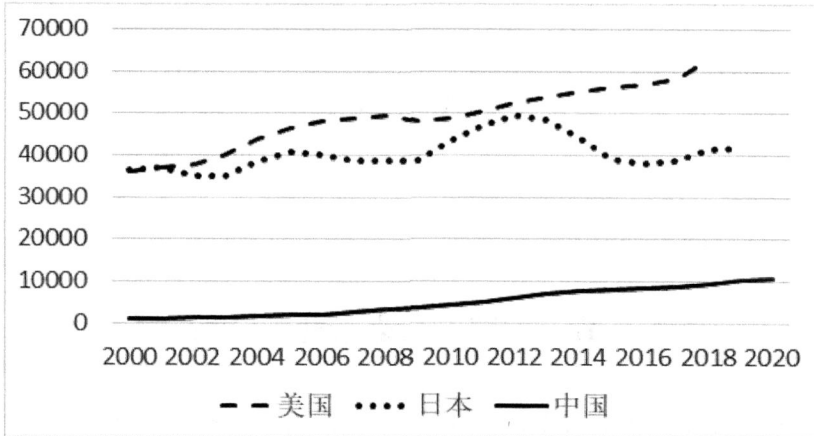

图 0-1　2000—2017 年人均国民总收入变化（单位：美元）

数据来源：世界银行[①]

　　2000 年中国进入老龄化社会，那一年中国的人均 GNI 水平仅为 6295.9 美元，[②] 与美国、日本等发达国家老年人口达到 7% 时的水平相差甚远。因此，中国是在尚未富裕的情况下进入老龄化的，也就是通常说的"未富先老"。但是近 20 年来，中国经济飞速发展，从经济总量上看，中国已经成为仅次于美国的第二大经济体。从人均国民收入水平上看，近 20 年来也是逐步提高。世界银行的统计资料显示，2000 年我国的人均 GNI 水平为 940 美元，同年日本的人均 GNI 水平是 36230 美元，美国的人均 GNI 水平是 36070 美元，我国与发达国家的差距十分巨大。2019 年，中国人均 GNI 为 10410 美元。同年，日

---

　　① 人均国民总收入（GNI）（以前称为人均 GNP）是国民总收入用世界银行图表集法换算为美元除以年中人口数。国民总收入（GNI）是指所有居民生产者创造的增加值的总和，加上未统计在估计产值中的任何产品税（减去补贴），再加上境外原始收入的净收益（雇员薪酬和财产收入）。国民总收入（GNI）以本国货币计算，为便于经济体之间的比较分析，通常会按照官方汇率转换为美元。但如有理由认定官方汇率大幅偏离了国际交易中实际应用的汇率，则可采用替代汇率。为熨平价格和汇率波动，世界银行采用了一种特殊的换算方法——图表集法。这种方法采用一种转换系数求出给定年及此前两年汇率的平均值，根据该国与 G-5 国家（法国、德国、日本、英国和美国）之间的在 2000 年期间的通胀率差异进行调整。自 2001 年起，涉及面扩展到欧元区、日本、英国和美国。

　　② 国家统计局 .2000 年人均 GNI[EB/OL].[2019-01-20].http://data.stats.gov.cn/search.htm?s=2000%E5%B9%B4%20%E4%BA%BA%E5%9D%87GNI.

本人均 GNI 为 41580 美元，与其 2000 年的水平比较增长缓慢。到 2020 年，中国人均 GNI 达 10610 美元。从图 0-1 中可知，未富先老的状况正在发生改变。随着人均国民收入的持续增加，中国人的生活水平持续提高，随之而来的是中国老年人对养老服务的需求井喷似的增长。

二、中国高龄老人数量将不断增加

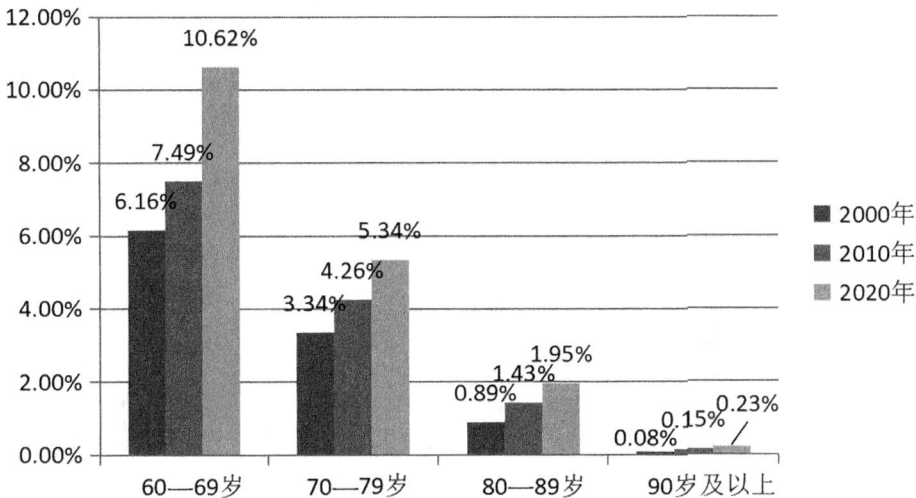

图 0-2　中国 60 岁以上老年人口占全国人口的比重

数据来源：国家统计局第五次、第六次和第七次人口普查数据

从国家统计局第五次、第六次和第七次人口普查的数据来看，2000—2020 年 20 年间，我国老年人口在总人口中的比重持续增加。60—69 岁年龄段的老年人在总人口中的占比从 6.16% 增长到 10.62%。70—79 岁年龄段的老年人在总人口中的占比从 3.34% 增加到 5.34%；80—89 岁占比增至 1.95%；90 岁以上老年人占比增至 0.23%.

可以预测，未来数十年，60—69 年龄段、70—79 年龄段的老年人将进入高龄老人的行列，75 岁以上的高龄老人在我国人口中的占比将持续走高，这部分老年人对于社会养老服务存在刚性需求。

三、中国失能半失能老人的护理需求日趋迫切

根据中国老年人健康长寿影响因素调查（CLHLS）2008 年、2011 年及 2014 年三期的公开数据，2008 年的调查数据显示调查的老年人口中半失能老年人在老年人口中的占比为 6.21%，失能老人在老年人口中的占比为 15.8%，两者合计 22.01%。2011 年的调查数据显示调查人口中半失能老年人在老年人口中的占比为 6.59%，失能老人在老年人口中的占比为 19.84%，两者合计 26.43%；2014 年的调查数据显示调查人口中半失能老年人在老年人口中的占比为 6.11%，失能老人在老年人口中的占比为 18.20%，两者合计 24.31%。从调查数据我们可以发现我国失能半失能老年人在老年人口中的占比在增长。

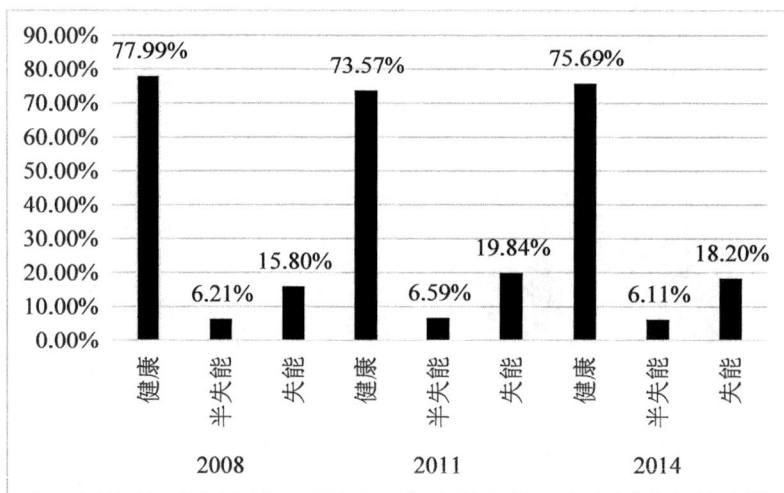

图 0-3　中国健康、失能、半失能老年人在老年总人口中的比重

数据来源：2008 年、2011 年、2014 年中国老年人健康长寿影响因素调查（CLHLS）报告。

2006 年《中国城乡老年人口状况追踪调查》研究报告显示，全国失能、半失能老年人口约为 2831 万人[①]。截至 2010 年底，全国城乡失能、半失能老年人约为 3300 万人，其中，完全失能老年人 1080 万人[②]。2013 年全国失能、

---

① 中国城乡老年人口状况追踪调查研究报告 [EB/OL].(2007-12-17)[2019-01-20].http://www.china.com.cn/news/txt/2007-12/17/content_9392818.html.

② 中国老龄科学研究中心课题组，张恺悌，孙陆军，牟新渝，王海涛，李明镇. 全国城乡失能老年人状况研究 [J]. 残疾人研究，2011(02)：11-16.

半失能老年人达到 3750 万人 ①。全国老龄办、民政部、财政部在 2016 年 10 月 9 日在京共同发布的《第四次中国城乡老年人生活状况抽样调查》结果显示，我国失能、半失能人口大致有 4063 万人 ②。十年间失能半失能老年人的数量从 2006 年 2831 万增长至 2016 年的 4063 万人。

四、独居老人、入住机构老人占比增长迅猛

中国老年人健康长寿影响因素调查（CLHLS）2008 年、2011 年及 2014 年的三期数据显示，我国老年人的居住状况正在发生变化：与家人一起居住的老年人的占比在显著下降，独居老人的比重显著提高。2008 年独居老人占比为 15.2%，2011 年为 16.9%，到 2014 年已达到 18.78%；在养老院居住的老年人 2008 年仅为 1.83%，到了 2014 年这一比例已经达到 2.84%。

从需求侧来看，《中国老龄产业发展报告》指出，2022—2030 年，我国 60 岁以上老人将由 2.6 亿增长到 3.7 亿，"空巢老人"占老年人口比例近 50%，失能、半失能老人占比达 18.3%。老年人群在医疗、护理、康复、生活照料等服务上存在庞大的刚性需求。

第二节　养老服务从机构到社区的回归

一、国外养老服务的去机构化趋势

（一）社区照顾及其内涵

西方发达国家社区发展有一百多年的历史，形成了较为系统的理论和方法，积累了丰富的实践经验。早期有"睦邻组织运动"和"社区福利中心运动"等。"社区照顾"最早起源于 20 世纪 50 年代的英国。"社区照顾"被定义为介于家庭照顾和机构照顾之间的新型养老模式。西方社会老人与子女大多分开居住，机构养老容易造成社会疏离，机构养老在实现老年人社会功能，过有意义的生活方面呈现弱势。西方发达国家的社区承担了养老服务方面的较多责任布鲁贝克（Brubaker）和弗拉德金（Fradkin）等人将社区养老服务

---

① 吴玉韶 . 中国老龄事业发展报告 (2013)M. 北京：社会科学文献出版社，2013：021.

② 第四次中国城乡老年人生活状况抽样调查 [EB/OL]. (2016-10-12)[2019-01-20].http://www.xinhuanet.com/gongyi/yanglao/2016-10/12/c_129319792.html.

模式划分为以家庭为本的服务模式和以社区为本的服务模式。以家庭为本的服务模式其服务供给场所为家庭，服务供给内容主要为家政服务、送餐服务等；以社区为本的服务模式其服务供给场所为社区，服务供给内容主要为日间照料、交通服务、日托服务等开放式院舍照顾。这类服务尤其针对的是社区内缺乏自理能力的老年人。[①] 可见社区内的院舍养老属于广义上的社区照顾。

（二）国外社区小型养老院服务模式

20 世纪后期西方的养老院文化发生了很大的转变：更加关注老人和工作人员的幸福感和成就感；更加以人为本，关注老人对自己日常生活的决定权。这一背景下，社区提供的养老服务展现其独特的优势。[②] 它能增强地区的社会网络，使老人的归属感得到加强。西方社区在机构养老和家庭养老之间提供了很多过渡形式，如社区内的老年公寓、协助居住、庇护住宅，这种在社区内的居住型照顾模式下，老人保持在熟悉的环境中以正常的生活状态养老。与这种模式相比，传统的机构养老忽略老人的个人选择、隐私和尊严。[③] 20 世纪 90 年代，哈佛大学的威廉·托马斯博士提出了伊甸园养老模式（Eden Alternative），在这种养老院里老人们互相熟识，老人和护理人员彼此如家人，照顾者满足老人个性化的需求，养老院的环境类似家庭。[④] 美国 2002 年开始启动的绿屋模式 (Green House) 是以伊甸园模式为雏形的，绿屋完全达到了美国养老院的合法要求，但不同于常规的养老院，每个绿屋养老院仅容纳 10 个甚至更少的老人，绿屋养老院建立在社区，为促进老年人的社会参与，老人会与工作人员一起确定日程。小规模保障了每个老人的需要均能得到满足。大量的比较研究证明绿屋养老院能够增加老人和家人的互动，扎根社区能够

① Fradkin, Loouise G. & Heath, Angela(1992)Caregiving of old adults. California: ABC-CLIO, Inc.

② Sherry Anne Chapman, et al. Client-centred, community-based care for frail seniors. Health and Social Care in the Community, 2002.11(3):253–261.

③ Kane, R. Definition, measurement, and correlates of quality of life in nursing: Toward a reasonable practice, research, and policy agenda[J].The Gerontologist,2003,43 (Special Issue II),28–3.

④ Rabig, J., Thomas, W., Kane, R., Cutler, L., & Mc Alilly, S.. Radical redesign of nursing homes: Applying the green house concept in Tupelo, Mississippi[J].The Gerontologist,2006,46(4):533–539.

让老人生活得更"正常"[①]。在同一时期的日本，2003 年日本老年人护理研究会指出当时日本社会的养老服务缺乏人性关怀，认为老年人在接受养老服务时应坚持"尊严的保持"。[②] 他们认为当时日本养老机构为失能失智老人提供养老服务时存在忽视老年人个人尊严的问题。2006 年日本政府对这些观点进行了政策性的回应，在《长期护理保险改正法》增加"尊严的保持"，并在法案中明确提出了要积极建立符合社区特征的多样化、灵活的养老服务体系来实现"尊严的保持"这一目标。[③]

二、我国机构养老与社区居家养老二元化的格局

社区是社会生活的具体场所，人类生活的意义和价值很多是由社区提供的。诸如邻里和谐、个人情绪支持这类物品，国家和市场无法供给，而社区却能够提供。中国老人大多愿意选择在社区熟悉的环境中养老。[④] 以社区养老服务网络为依托的社区养老模式，强调乡土氛围，尊重我国的养老文化和老年人的养老心理，得到政界和学界的广泛推崇。我国主流社会养老模式为社区居家养老和机构养老两大类型。然而，我国的社区居家养老主要为低龄老人提供文娱场所，为高龄老人提供简单的生活类服务。对于有护理需求的高龄老人、失能失智老人或患慢性病老人，以及有心理咨询类服务需求的老人，这种由社区提供，依托于社区志愿者，以简单日常服务为主的养老模式基本是无所作为的。换言之，作为我国社会养老的主体模式，社区居家养老尚无法满足我国养老服务中的刚性需求。我国社会养老服务中社区居家养老与机构养老二元化的格局制约了社区功能在养老服务领域的发挥，供给与需求严重失衡的现实困境亟待突破，社区养老服务的模式创新与制度创新是当前我国社会服务中最为紧迫的任务。

---

①　Sherry Anne Chapman, et al. Client-centred, community-based care for frail seniors[J].Health and Social Care in the Community,2002,11(3):253–261.

②　平野隆之，高橋誠一，奥田佑子著. 小規模多機能ケア実践の理論と方法 [J]. 筒井書房 (発売)，2007(5)：33-34.

③　野口定久. 老年人照顾和社区社会工作的开展——从区域综合照顾体系的视角进行分析，引自《北京蓝皮书：中国社区发展报告 (2013)》[M]. 北京：社会科学文献出版社，2013：270.

④　赵立新. 论社区建设与居家式社区养老 [J]. 人口学刊，2004(03)：35-39.

（一）社区居家养老无法满足居家老人的刚性需求

2006 年，民政部推出"社区居家养老"计划，2008 年国家颁布《关于全面推进居家养老服务工作的意见》，各地进行系列探索。但从总体上看，在社区层面养老服务远远不能满足老年人的需求。我国社区居家养老困境重重：社区养老服务资金不足⑤；民间资本引入收费高⑥；养老服务供需双方不匹配、及时性和灵活性较差⑦；服务内容单一，专业化程度低，服务资源缺少整合⑧，无法对接平台。此外，社区养老服务基础设施不够健全，社区养老服务专用空间严重不足⑨。日托中心和社区居家养老服务中心的运行效果不佳。医疗护理等相关服务显著不足。

（二）机构养老缺乏亲情滋养与家居认同

我国养老机构存在床位数不足和入住率低并存的现象⑩。机构所在位置影响老年人的需求。位于城区的机构总体上存在床位供不应求的状况，位于郊区的机构的床位却供过于求⑪。由于我国老年人的养老金水平偏低，养老金难以承担较高的收费标准。公办养老机构因有财政支持，收费较低，但早已超出负荷⑫。另外，我国养老机构收费存在两极分化的现象，高档机构价格高昂，低端机构设施简陋，符合大多数老年人需求的中档养老机构比重较低。养老机构服务人员数量严重不足，专业化素质不高，结构不合理，流动性大。养老机构服务功能不足。

机构养老缺乏家居认同和亲情滋养。养老机构中的居住环境缺乏人性化

---

⑤ 景天魁. 创建和发展社区综合养老服务体系 [J]. 苏州大学学报（哲学社会科学版），2015，36(01)：29-33.

⑥ 叶蓓，刘翰林. 民间资本参与下的社区居家养老服务收费问题研究——基于武汉市武昌区中华路街的调研数据分析 [J]. 价格理论与实践，2015(04)：50-52.

⑦ 杨继瑞，薛晓. 社区居家养老的社会协同机制探讨 [J]. 经济理论与经济管理，2015(06)：106-112.

⑧ 唐钧. 社区服务支持下的居家养老 [J]. 中国人力资源社会保障，2014(03)：56.

⑨ 戚晓明，郭志芹. 社区居家养老服务机构发展中的问题及对策研究——基于南京市玄武区的调查 [J]. 江苏社会科学，2017(05)：25-31.

⑩ 于潇. 公共机构养老发展分析 [J]. 人口学刊，2001(06)：28-31.

⑪ 张增芳. 老龄化背景下机构养老的供需矛盾及发展思路——基于西安市的数据分析 [J]. 西北大学学报（哲学社会科学版），2012，42(05)：35-39.

⑫ 秦秋红，张甦. "银发浪潮"下失独家庭养老问题研究——兼论社会养老保险制度的完善 [J]. 北京社会科学，2014(07)：50-56.

设计。一方面，养老机构内娱乐设施少，娱乐活动单一，老人容易感到枯燥乏味和缺乏安全感。另一方面，养老机构内装潢设计刻板划一，居住体验不佳，家居认同感低。此外，机构护理人员与老人的情感交流少，居住在养老机构的老年人长期缺乏亲情滋养，心理孤独感强，很多入住机构的老年人甚至会出现焦虑、抑郁等情绪状况 [①]。

三、整合机构养老与社区居家养老的构想

本研究试图突破我国传统养老理论中将机构养老与居家养老服务二元化的理论格局，将社区、社会组织作为克服养老服务政府失灵与市场失灵的第三方力量，构建适合中国国情的机构与居家养老的整合模式。本研究的应用价值之一表现在试图构建机构养老和社区养老的联动模式，在社区进行适老化环境改造，建立融合"医养结合""互联网 +"等元素的小型养老机构（如图 0-4），整合目前居家养老服务中的居住型、专业化的养老服务，弥补当前我国社区居家养老在长期护理、医疗照护等专业养老服务上的缺陷；本研究的应用价值之二是将社区资源与养老机构整合，改变传统机构养老与生活环境隔离的状态，以积极老龄化的视角，试图通过老人与社区的互动，提高老人的参与决策，形成"似家"的参与型养老院模式。

---

① 田建丽. 养老机构老年人群的心理健康现状及其影响因素 [J]. 中国老年学杂志，2018，38(24)：6087-6090.

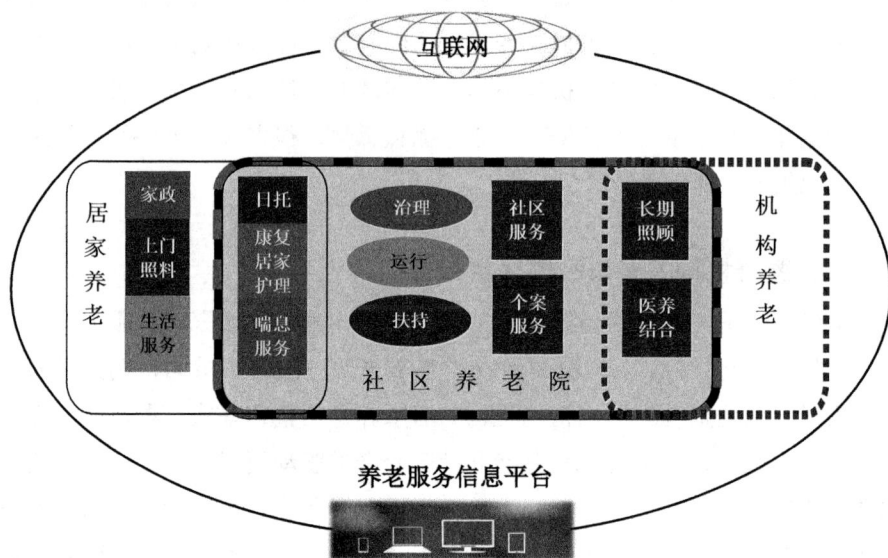

图 0-4 整合居家养老与机构养老的社区养老院

第三节 研究内容与研究方法

一、研究的总体框架

我们将嵌入于社区内的小型养老院作为研究对象，试图在我国人口老龄化的背景之下，针对我国大多数中低收入人群，探索构建整合居家养老服务与机构养老服务的社区养老院模式。本书试图从社区养老院的人群定位；社区养老的盈利化模式；社区养老院的"医养结合"模式；社区养老机构的护工问题；社区养老院的环境设计；社区养老院的资源整合；"互联网＋"社区养老服务；社区养老院国际借鉴几个部分展开论述。

（一）构建社区照顾与机构养老整合联动的理论框架

构建社区养老院模式的理论框架，是我们的逻辑起点。与原有理论中社区与机构在养老服务中的二元分割认识不同，本研究认为以社区资源、志愿服务、非专业性为特征的社区养老，与以专业化、制度化和集中管理为特征的机构养老存在联动与结合的可能。本部分运用积极老龄化理论、新公共管理理论、社会分层理论、综合照料理论等构建我国社区养老院模式的理论框架，该部分为本课题研究背景的阐述，为后续研究提供大量的文献帮助和理论支持。

（二）社会分层视角下的社区养老院定位

为了明确我国社区养老院的定位，本部分以社会分层理论为视角，从经济分层、健康分层、职业分层三个维度对老年人进行划分，分析不同经济分层、健康分层、职业分层的老年人对养老机构需求的差异。运用问卷调查的方法，收集第一手数据，分析不同分层的老年人对养老机构收费标准、养老机构规模大小、养老机构选址地点、以及养老机构的设施条件的偏好。通过以上分析，我们试图探明我国社区内的中小型养老院的定位，具体包括：目标人群、规模设计、设施条件档次定位等方面。

（三）以社区养老院为平台的居家养老服务盈利化模式

这一部分在福利多元主义理论和新公共管理理论的引导之下，对目前我国居家养老服务政府供给模式进行审视，剖析政府单一供给居家养老服务存在的现实问题，提出应在政府购买社区居家养老服务的基础上，积极推进居家养老服务的市场化发展，满足老年人多元化的养老服务需求。居家养老服务中商业性的部分应逐步从福利性的部分中剥离出来，搭载到社区养老院的盈利化平台之上。通过对各地居家养老服务盈利化实践资料进行质性分析，我们发现从收费项目看主要聚焦在助浴、社区康复、日托和配餐四类服务，并提炼出诸如连锁制、会员制等居家养老盈利化创新模式。其次，给予需求分析，我们遴选出居家养老服务盈利化的优先发展项目，这有利于明确当前的居家养老服务项目中哪些项目可以优先从目前的免费模式中全部或者部分剥离出来，搭载于社区养老院的平台市场化发展。

（四）社区养老院的医养结合

这一部分以扎根理论、综合照料理论为基础讨论社区养老院如何实现医疗服务与养老服务的整合。自 2013 年以来各地都在进行医养结合的探索，课题组自 2015 年以来实地考察北京、南京、武汉、宜昌、深圳、广州的 14 家社区养老院，运用参与观察、半结构式访谈的方法收集了不同类型的社区养老院关于"医养结合"方面的资料。将资料导入 Nvivo11.0 软件，运用案例节点、节点矩阵等分析方法对资料进行质性分析，归纳总结不同的选址、规模、服务人群定位的养老机构在医养结合模式上的差异，进而为正在进行探索实践的社区内的养老机构提供借鉴与参考。为了进一步获取社区养老院医养结合改革的思路，我们在湖北省宜昌市开展社区老年人医养结合需求的调查，运用微观调查数据建立回归模型，考察影响老年人对以养融医、合作转诊、上门诊疗需求的因素，并针对三种医养结合模式提出进一步的改革建议。

（五）社区养老院的护工荒问题

护工是社区养老院中最为重要的人力资源，护工的数量与质量直接决定着社区养老院的服务质量。在护工人才短缺的现实环境之下，社区内的中小型养老机构在护工的招聘、培训、管理与职业生涯规划方面则面临更多的问题。课题组运用北京、南京、武汉、宜昌、深圳、广州的 14 家社区养老院的实地研究资料，运用 Nvivo11plus 对访谈资料进行了归纳整理，从三级编码入手，层层总结归纳出二级编码，总结出一级编码。从人力资源管理的视角在护工的招聘、护工的薪酬与福利、护工的培训与职业发展和护工的配比等维度之下分析我国社区养老护工荒问题的原因，并从招聘渠道、培训模式、流动渠道、激励与保障机制等方面提出破解护工荒的有效策略。

（六）社区养老院的环境设计

社区的公共环境是指社区养老院所处的外部环境，是社区内的居家老年人和社区养老院中的老年人共同生活的公共空间。社区养老院嵌套于社区公共环境之中，社区公共环境给予社区养老院以物质与精神上的支持。社区养老院作为社区公共环境的组成部分，与社区公共环境之间存在物质与能量的交换。这一部分运用风景园林学的研究方法从社区适老化交通环境、社区适老化园林规划，以及养老机构内部环境适老化等方面进行规划与设计。

（七）"互联网+"社区养老服务

互联网技术将会掀起养老服务领域的一场革命。在传统的养老服务上搭载互联网技术，运用物联网、大数据、云平台等实现养老服务模式和运营模式的突破与创新。这一部分通过问卷调查的资料收集方法，基于从中收集到的老年人对"互联网+"社区养老服务的需求信息，力图通过量化分析获得克服"银色数字鸿沟"的可行路径。运用实地研究的方法，对"微邻里"模式，"爱社区"模式、"邯郸'互联网+医养结合'"模式进行了案例研究，以期提炼总结出几种易推广，可复制的"互联网＋"养老服务模式。

（八）日本小规模多功能养老机构对中国的借鉴

2017 年 9 月至 2018 年 4 月，课题负责人在日本访问学习期间对日本静冈、名古屋、岩仓市的三家小规模多功能养老设施进行实地调研，运用实地观察、半结构式访谈的方法获取第一手资料，从设计理念、服务定位、选址与规模、服务项目及服务收费等方面进行分析，并将日本小规模多功能养老机构与我国的居家养老服务中心、老年人日间照料中心进行对比，建议我国借鉴日本社区养老服务的先进经验，以街道为单位公建民营复合型小规模多功能养老设施，为居住在家中的高龄、失能失智老人提供有偿的专业化养老护理服务。

二、研究方法

本课题运用定性研究和定量研究相结合的方法，以人口社会学研究方法为基础辅以经济学和管理学的相关理论，采用文献计量学方法、计量分析法、调查研究法、质性研究法，力求有所创新、有所突破。

（一）文献计量学方法

在文献回顾部分，课题组将通过分析国内外人口学、公共管理学、社会学文献 (各种出版物，尤以期刊论文和引文居多)、作者数 (个人集体或团体)、词汇数 (关键词)，输出关于社区养老院、社区照顾、社区养老研究的"量化"数据，揭示文献发展规律，更为系统和清晰地描绘社区照顾、社区养老研究的全景视图。

（二）计量分析法

采用系统抽样和简单随机抽样相结合的多阶段抽样方法选取社区进行问卷调查，对数据进行量化分析。在规范分析的基础上，利用问卷调查数据构建养老需求计量模型，具体的计量方法包括逻辑回归分析法、多类别 Logit 模型（MNL）、条件 Logit 模型 (CLM) 等。

（三）质性分析法

根据养老院内外环境的差异，赴北京、上海、南京、广州、武汉等地进行社区养老院的实地考察，并赴日本进行国际比较考察与研究，以参与观察、深度访谈、焦点小组访谈等方法深入典型的社区养老院，以扎根理论为引导，使用 Nvivo11.0 软件，运用节点矩阵、案例节点等方法对资料进行质性多个案分析。

三、创新之处

1. 本书突破了现行将机构养老服务与社区养老服务二元化供给的局限性，针对居家养老服务人力、财力不足、专业化程度低的发展困境，以及机构养老缺乏家居认同和亲情滋养的不足，提出我国应建立社区养老院模式，整合家庭、社区养老资源，为老人在熟悉的环境中提供专业化的居住型养老服务。

2. 研究通过建立有偿的社区养老院服务模式，创新性地解决社区养老服务中福利需求与有支付能力的需求的对接问题，以及养老服务模式供给中的公共系统与非公共系统的对接问题。现行全免费的社区养老模式可持续发展动力不足，对专业化服务有挤出效应。[①] 社区养老院是有偿服务，为社会组织、企业参与社区养老服务供给提供可行路径，在养老服务体系建设中形成新型的公私合作伙伴关系，引入市场与社会的力量。

3. 将"互联网+"作为社区养老院依托的技术平台，试图通过移动互联技术、云平台等现代技术打造线上线下一体化的社区养老服务系统。将"医养结合"作为社区养老院的重要特色，探索出几种易推广可复制的适应于不同类型的社区养老机构的医养结合模式。

4. 社区作为我国养老服务的主要场域，从供给侧角度，提出将社区养老院作为社区内的基础平台，对社区及社区周边的养老服务资源进行集聚、集成、整合和优化配置，保障和促进保障我国绝大多数老年人在熟悉的环境中成功老化。

---

① 袁妙彧，方爱清. 积极老龄化视角下的新型社区养老院模式构建 [J]. 学习与实践，2018(02)：109-116.

第一章　积极老龄化视角下的
新型社区养老院模式构建

第一节　积极老龄化的理论阐释

依据联合国的定义，老龄化是指老年人口在总人口中比重不断提高的过程。1986 年我国出版的《人口学辞典》将人口老龄化定义为"人口中老年人口比重提高的现象，尤指已经达到年老状态的人口中老年人比重继续提高的过程。"① 按照国际标准，当一个国家或地区 60 岁及以上老年人口数量占总人口数量的 10% 以上，或 65 岁及以上的老年人口数量占总人口数量的 7% 以上，即意味着这个国家或地区进入老龄化社会。② 积极一词原指"实际而具有建设性的"和"潜在的"意思，还包含肯定的、正面的、促进发展的、努力进取的以及热心的等这些含义。③ 世界卫生组织在积极老龄化框架中将"积极"定义为不断参与社会、政治、经济、文化、精神和公民事务，而不仅仅指身体的活动能力或者参与体力劳动的能力。在联合国的一份报告中，积极老龄化被理解为老年人"享有充实、健康，具有保障和在经济文化和政治中积极参与的生活"。④

---

① 刘铮. 人口学辞典 [M]. 北京：人民出版社，1986：180.

② 联合国老龄化议题网站.1982 年老龄问题维也纳国际行动计划 [EB/OL].http://www.un.org/chinese/esa/ageing/actionplan2.html.

③ 周围. 积极道德教育——积极心理学视域中的道德教育研究 [D]. 南京：南京师范大学，2011：13.

④ United Nations. Report on the Second Word Assembly on Aging[EB/OL].(2002-04-08)[2019-01-20].http://www.cpahq.org/cpadocs/UN%20Report%20of%20the%20Second%20World%20Assembly%20on%20Ageing.pdf.

一、积极老龄化的思想演变

积极老龄化的思想来源于 20 世纪 60 年代初期美国学者提出的以"成功老龄化"(successful aging) 为口号的"活跃理论"(activity theory)。这一理论主张,在老年期应该继续保持中年人的活动和价值观。[①]1997 年 6 月,在西方七国丹佛会议上,积极老龄化的概念被首次提出。1999 年 5 月,欧盟召开了积极老龄化国际研讨会。在 1999 年国际老人年期间,世界卫生组织提出了"积极老龄化"的口号,发起和开展了一场"积极老龄化的全球行动"。在 2002 年的第二届世界老龄大会上,世界卫生组织对积极老龄化进行了正式的定义,大会接受了有关《积极老龄化政策框架》的建议,并把积极老龄化的内涵写进了《联合国第二届世界老龄大会政治宣言》。《积极老龄化政策框架》指出,积极老龄化是指人到老年时,为了提高生活质量,使健康、参与和保障的机会尽可能发挥至最大效应的过程。[②]2012 年 1 月 18 日,"2012 欧洲积极老龄化和代际团结年"在丹麦首都哥本哈根启动,欧盟对积极老龄化再度进行了阐释,即老人随着身体的老化,拥有健康的身体,并且作为社会的一员,能够在工作中得到满足,在生活中能保持独立以及作为公民更多地参与社会。欧盟指出,积极老龄化政策框架是解决人口老龄化问题的正确策略。[③]

二、积极老龄化、成功老龄化与健康老龄化

成功老龄化的现代概念可追溯到 20 世纪 50 年代。1961 年,哈维格斯特(Havighurst)从社会学、健康学角度提出"成功老龄化"理论。他认为成功老龄化是指老年个体在社会生活中能够取得最大程度的满意度和幸福感。[④]1987 年约翰·罗(J.Rowe)和罗伯特·卡恩(R.Kahn)在《科学》杂志上发表《人的老龄化:普通与成功》之后,成功老龄化理论得到广泛使用。在罗和卡恩看来,以往的老龄化研究难以辨识出老年群体内部的异质性。为

---

① 贾岩. 简明老年学辞典 [M]. 北京:中国商业出版社,1990:556.

② 世界卫生组织著,中国老龄协会译. 积极老龄化政策框架 [M]. 北京:华龄出版社,2003:09.

③ EU. European Year for Active Ageing and Solidarity Between Generations[EB/OL].(2012-03-15)[2019-01-20]. http://120.52.51.16/www.europarl.europa.eu/RegData/etudes/IDAN/2015/536344/EPRS_IDA(2015)536344_EN.pdf.

④ Havighurst R J. Successful Aging.Gerontologist.1961,1:8-13.

此，依据生理指标，罗和卡恩将老龄化区分为"平常老龄化"（usual aging）和"成功老龄化"（successful aging）：前者是指老人具有较高的疾病风险或正处于疾病状态，随着年龄的增长，健康水平呈现衰减；后者是指老人具有较低的疾病风险，随着年龄的变化，始终保持着较为良好的健康状况。他们认为，成功老龄化是指外部因素对老年人各方面的功能衰减呈现中性影响甚至于对个人内在老龄化的作用产生抵消效果，使得老年人随着年龄的增长依旧能够保持各方面的功能良好。1997 年罗和卡恩将成功老龄化的内涵进一步扩展为了以下三个要素：较低的疾病风险、良好的生理和心理功能、持续的社会参与。[①]2015 年，罗和卡恩进一步完善和发展了成功老龄化理论，提出成功老龄化的 2.0 模式。将成功老龄化的概念从个体层面上升至社会层面从而实现了从个体层面向社会层面的范式转变。在众多学者的研究中，高水平的躯体功能和认知功能是评定成功老龄化的显著标准，成功老龄化通常被认为是指在 65 岁以上的老年人群中，日常生活、生理能力方面没有问题，一般体力活动方面没有太大困难，在认知能力测验中取得高分，自评健康状况为良好或好，目前心境及情绪的自我评价好或尚好，是生物—心理—社会概念上的健康老年人。[②]

作为出现较早的老龄化理论，成功老龄化注重老人的自我评测，对于成功老龄化的衡量也多从老人对自身功能的自我评价着手，随着老龄社会的阶段性变化，成功老龄化理论自身不断完善，老人的社会参与有了更多的提及，对公共政策和文化的作用也有了更多的重视，理论内涵不断丰富。

健康老龄化概念最早提出于 1987 年的世界卫生大会，1990 年世界卫生组织在哥本哈根世界老龄大会上提出了"健康老龄化"的目标，并把健康老龄化作为应对人口老龄化的一项发展战略。我国著名人口学家邬沧萍教授参加了 1993 年的第 15 届国际老年学学会布达佩斯大会，并在之后的国内学术研讨会中对健康老龄化理论进行了诠释，健康老龄化是在对老年人平均预期寿命的关注的基础上，更加强调生命的质量，使老年人能够在长寿的同时始终保持着身体健康、功能正常、生活能够自理的良好状态。佟新提出，健康老龄化是指老年人在晚年保持躯体、心理和社会功能的健康状态，将疾病和生

---

① Rowe J W, Kahn R L. Human Aging: Usual and Successful. Science,1987,237: 143-149.

② 朱建宏. 成功老龄化的研究概况 [J]. 中国老年学杂志，2008(07)：723-724.

活不能自理的时间推迟到生命的最后阶段。健康老龄化在老年人个体上，表现为保持较高水准的生活质量；在老年人群体上，表现为平均预期寿命的持续增长；而老龄化社会则应表现为对人口老龄化带来问题的积极应对。①

健康老龄化是应对老龄化社会挑战的又一重要理念。健康老龄化理论紧紧围绕着老人的健康这一根本要素构建理论体系，关注老人自身的身心需求。在此基础上，积极老龄化对于老人的社会参与和保障做了更进一步的强调，将健康、参与、保障共同作为理论架构的三大支柱，理论更多地关注老人的社会权利，将老人视为社会财富的积极创造者和社会进步的积极贡献者。

从 20 世纪中叶的成功老龄化理论到 20 世纪末的健康老龄化理论再到 21 世纪之初正式定义的积极老龄化理论，每一理论的提出都是继前一次老龄化理论的升华，都是老龄观的进一步革新，积极老龄化理论的内涵在各种理论的继承与创新中不断丰富和发展。

三、积极老龄化的三大支柱

积极老龄化是在成功老龄化、健康老龄化的基础上提出的，其含义的表达更为完整。2002 年 1 月，世界卫生组织健康发展中心出版的《积极老龄化：从论证到行动》一书，对积极老龄化的概念、内涵进行了比较充分的阐释，不仅延续和发展了"成功老龄化""健康老龄化"的内涵，在"健康"和"参与"两个维度以外又因老年人群的差异性而增加了"保障"维度；而且"参与"也不仅仅指经济参与，而是将社会、文化、体育和公共事务都涵盖其中，目的是使所有进入老年的人，包括那些残疾、虚弱和需要照料的人，都能提高健康的预期寿命和生活质量。②积极老龄化肯定老年人的社会价值，把健康、参与、保障构成一项应对人口老龄化挑战的战略，并明确这三位一体不仅是老年人的需要，而是一种权利。

综合来看，积极老龄化的三个支柱为健康、参与、保障。积极老龄化理论为我们审视我国现行的养老服务体系提供了一个新的视角，社区养老中如何增加健康的元素？老年人的参与是否意味着他们对养老服务类型与环境决

---

① 佟新. 人口社会学（第四版）[M]. 北京：北京大学出版社，2010：247.

② World Health Organization. Active Ageing: A Policy Framework[EB/OL].(2012)[2019-01-20.] http://www.who.int/ageing/publications/active_ageing/en/2002.

定权的增加？家庭、社区、国家各自应该在社会养老服务体系中发挥怎样的保障功能呢？

第二节　积极老龄化在社区养老院服务中的转化

2002 年，"积极老龄化"被第二届世界老龄大会接受并写进《政治宣言》和《行动计划》，成为全球应对 21 世纪人口老龄化问题的政策框架与发展战略。积极老龄化肯定老年人的社会价值，将"健康""参与""保障"作为三大支柱。"健康"是基础，"参与"是重点，"保障"则是老年人"健康""参与"的必要条件，三者是有机统一的整体。以积极老龄化的理念为指导设计社区养老院即是力求将积极老龄化的理论转化为切实可行的服务项目，将健康、参与、保障的理念落到实处。

一、社区养老院的"健康"嵌入：医养结合

根据世界卫生组织给出的解释：健康是指一个人生理上、心理上和社会上的完好状态。传统的"脱离理论"认为，人的能力会不可避免地随年龄的增长而下降。[1] 进入老年期的老人健康水平和自身能力的下降不可避免。积极老龄化理论则提出老人的健康水平和自身能力不能单通过年龄增长来判定。在老年初期，运用医疗保健等方法可以有效降低可能危害老人健康的消极因子，而增加保护老人健康的积极因子，从而使得老人能够在更长的生命阶段保持身体健康、功能正常，享受更高质量的生活。这一理念要求我们为老年群体构建稳定、健全的医疗服务体系，提升其生命和生活质量。[2]

推进积极老龄化，需要在发展养老模式时正确处理医疗护理与基本生活供养之间的关系。"医养结合"作为一种将医疗服务和养老服务进行有机结合的养老模式，秉承了积极老龄化的发展理念，已成为我国社会化养老发展的趋势。有别于传统养老模式，"医养结合"实现了现有的居家养老和机构养老

---

[1]　田毅鹏."单位共同体"的变迁与城市社区重建 [M]. 北京：中央编译出版社，2014：281.

[2]　世界卫生组织著，中国老龄协会译. 积极老龄化政策框架 [M]. 北京：华龄出版社，2003：09.

的基础服务资源与社区内及社区周边的医疗服务资源的整合式供给。通过将健康理念有机溶入养老服务，使老年人能够不离开熟悉环境便能够得到适时的医学保健与治疗，从而改善老年人的身体健康状况，降低失能、半失能率，使其能够享受健康时间更长、生活质量更高的生活。我国社会化养老的主要场所在城乡社区，因此医养结合模式重点发展领域应为社区养老服务中的医疗资源与养老资源的整合。社区养老院即在社区中建立小型多功能的社区养老机构，而在社区养老院嵌入"健康"则是实现社区医疗资源与养老资源的充分整合，使老年人依托社区便可享受养老、医疗双重服务，补齐目前我国社区养老缺失的护理、康复、诊疗等功能，"老有所养"与"老有所医"有机结合，进而保障在社区养老的老年人晚年的生命和生活质量。

综合国内外学者的研究，社区内医养结合模式大致可分为以养融医、合作转诊、上门诊疗三种模式，见表 1-1：

表 1-1　社区养老院医养结合模式

模式	方式	形式	适用范围
以养融医	在社区养老服务机构内设医务室，并配备医生、护士等医务人员，增设医疗服务	老人在社区养老机构内设医务室内接受医疗服务	小病治疗、慢病管理、大病康复护理及日常保健、健康检查
合作转诊	建立社区养老服务机构与社区医疗机构（如社区医院、社区卫生服务中心等）的合作关系	老人在社区养老结构中有医疗需求时转诊到社区医疗机构	小病治疗、慢病管理、大病康复
上门诊疗	建立社区养老服务机构与社区医疗机构（如社区医院、社区卫生服务中心等）的合作关系	社区医疗机构为老人提供家庭病床；社区医疗机构派出医护人员上门服务	长期护理

以养融医模式是社区内的养老机构内增设医务室，配备医生和护士，满足社区内居住型养老机构（养老院、日间照料中心）内居住的老人的医疗需求。合作转诊模式是社区内的养老机构与社区内的医疗机构（社区医院、社区卫生服务中心）建立合作关系，为入住养老机构或在养老机构接受服务的老年人提供医疗转诊服务。上门诊疗是社区内的医疗机构以家庭医生、家庭病床等形式为居住在家庭的老人提供上门医疗服务。以不同类型的老人对社

区医疗服务亦有不同的要求，不同的社区养老机构对于医疗服务整合模式的需求也不尽相同。因此在实践中可因地制宜的选取不同的医养结合模式，链接社区医疗资源。在社区养老院融入医养结合，即"健康"理念嵌入社区养老，在帮助社区老人维持自身的生理、心理和社会适应功能，提高其生命与生活质量的同时，也助力了老人所处社区实现持续、健康和稳定的发展，回应了"健康老龄化""积极老龄化"对当今老龄社会的老年个体健康、群体健康与"社区健康"的呼求。

二、社区养老院与老年人"参与"：多维互动

"参与"是积极老龄化的精髓与核心。积极老龄化政策框架指出，老年人应享有平等参与社会的权利，能够继续参与社会活动，强调老年人继续参与社会、经济、文化和公共事务。[①] 正如 1982 年《维也纳老龄问题国际行动计划》的建议中所指出的："今天的老龄问题不仅是保护和照顾年长者和老年人的问题，而且也是年长者和老年人参与和参加的问题。"[②]

美国学者罗伯特·哈维格斯特（Robert Harverst）提出的"老年学活动理论"认为，老年人具有和青年人大致相同的活动愿望，只是活动的速率和节奏放缓下来而已。在老年期，老年人只要在生理和心理上有足够的能力就应该积极参与社会，通过新的角色与互动来弥补和改善老年人因社会角色中断所引发的消极情绪，从而使自身与社会的距离缩小到最低限度。[③] 对老年个体而言，要实现老年人的发展，无论是内在方面还是外在方面，均是通过老年人的有所作为来实现的，即"老有所为"，而老有所为的重要途径就是社会参与。社会参与既是老人构建支持网络和老年资本的重要途径，也是老人实现自我发展的内在要求。对于社区建设而言，老年人是社区建设重要的人力资源。老人的社会参与不仅仅是从事有酬劳动的再就业，也不仅仅是参与各种文娱活动或其他有益于社会的公益活动，积极老龄化的"参与"强调在社会、

① 世界卫生组织著，中国老龄协会译. 积极老龄化政策框架 [M]. 北京：华龄出版社，2003：10.

② 联合国老龄化议题网站 .1982 年老龄问题维也纳国际行动计划 [EB/OL].http://www.un.org/chinese/esa/ageing/actionplan2.html.

③ 王裔艳. 国外老年社会学理论研究综述 [J]. 南京人口管理干部学院学报，2004(02)：37-39+42.

经济、文化、精神和公益事务等各方面的参与。在不同的社会文化背景下，老年人的社会参与有多种可选择的途径，如延迟退休、从事老年志愿者服务工作、参与社会活动、参加社会组织等。

在现实生活中，制约老年人社会参与的因素往往表现为老年人缺少社会参与行为和过程所必需的物质和权力资源，而在现实场域中作为老人主要生活场所的家庭、社区、养老机构恰恰为老人提供了社会参与的网络和资本，能够有效弥补老年人在社会参与中的弱势地位。新型社区养老院模式将养老院嵌入于社区的社会网络之中，实现了老人与社区、家庭以及社区养老院的多维互动。在小型多功能社区养老院中，老人不仅仅是养老服务的被动接受者，也是养老服务的设计者，更是养老院治理的参与者。一方面，社区养老院赋予了居住其中的老人参与各项老年事务设计的主动权与选择权，如饮食安排、生活场景（"似家"）、服务模式等，而非让老人被动接受既定的固定服务程序。另一方面，社区养老院提供了老人参与治理的机会与平台，当养老院进行与老人权益直接相关的决策时，如养老院选址、食堂改建、接受志愿者服务时充分征询老人的意见与建议，力图将社区养老院建立于老人与机构管理者的认同与共识之上，充分尊重老人的参与权。与此同时，社区养老院还为老人在社区内找寻志趣相投的老年伙伴提供了机会，为老人共同参与社区活动提供了便利。不仅如此，扎根于社区中的社区养老院邻近老人的家庭，地理位置上的便捷性有利于养老院与老人家庭之间建立有效联系，家庭的亲情滋养与机构的专业照护充分衔接与渗透。老人的家庭成员能够定期探望居住在社区养老院的老人，与老人仍能保持密切的情感沟通。老人在家庭、社区以及社区养老院三方的多维互动中实现了其持续的社会参与，如图1-1。

通过老人与家庭、社区和社区养老院的互动，老人的参与行为会使老人与社区及社区养老院形成互惠和信任的关系，而这种互惠和信任的深化能够不断拓展老人的社会参与和支持网络，从而在社区养老院"老有所养"与"老有所医"的基础上，进一步实现老人的"老有所为"与"老有所乐"。

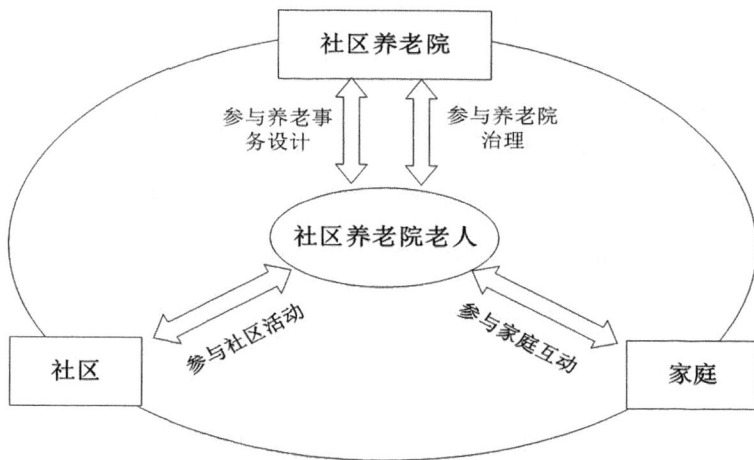

图 1-1　社区养老院的老人"参与"：多维互动

三、社区养老院的"保障"：构建四维体系

所谓保障，是指"在政策和项目解决人们在年老过程中的社会、经济、人身安全上的保障需要和权利的同时，保障老年人在不能维持和保护自己的情况下受到保护、照料和有尊严。国家支持家庭和社区通过各种努力照料其老年成员。"①

福利多元主义认为社会福利供给的主体是多元的，政府不是唯一的福利供给主体，企业、社会组织、家庭及社区都是福利供给主体的重要组成部分。只有多方共同参与社会福利的供给，才能实现福利资源的最优配置以及有效供给。政府、社区、家庭要向老人提供医疗、安全、供养、权益等全方位的保障，从而提高其生命和生活质量，保障老年人的基本权利和尊严。

将积极老龄化框架中的保障理念运用到社区养老的保障体系建设中，可以从政府、社区、家庭、个人四个层面实现社区养老院的外部保障，国家政府层面要制定相关的经济政策与社会政策，并加大政府购买养老服务力度，强化养老服务立法，在制度建构、财政支持、法律保护等方面实现保障；社区层面要整合养老资源，一方面，社区要善于有效利用社区内的闲置房产、

---

① 世界卫生组织著，中国老龄协会译. 积极老龄化政策框架 [M]. 北京：华龄出版社，2003：10.

养老设施等，为社区养老院提供可能的场所和设施；另一方面，社区要与社区内外医疗机构、文化机构等各类社会组织建立良好的合作关系，并搭建包含硬件设施层、基础数据层、服务支撑层、操作应用层等多层次的社区养老服务信息平台，为社区养老院链接各类养老服务资源，推动建立"智慧社区"框架下的"智慧养老院"；家庭层面即要求在社区养老院的保障体系中应考虑家庭对老人的经济供养与亲情滋养，构筑老人与家庭互动的平台，实现社区养老院在经济融通与亲情连线上的有效衔接，最大化发挥家庭养老功能。个人层面则要求老人要为养老储备资金，建立长期护理保险用于养老服务的支付，见表 1-2。

表 1-2　社区养老院的外部保障体系

保障主体	保障内容	社区养老院保障体系构建方向
政府	政策体系、法律保护	系统整合法律支持政策、财税政策等养老政策，建立科学合理且可操作性强的社区养老院外部扶持政策体系；加大养老服务购买力度；强化养老服务立法
社区	养老资源、服务平台	充分利用社区闲置资源；搭建社区养老院养老服务平台，构建社区养老服务资源网络
家庭	经济供养、亲情滋养	实现社区养老院与老人家庭的充分互动，促进老人家庭参与养老服务
个人	养老资金	长期护理保险打通养老服务支付通道

社区养老院的外部保障体系构建，既要发挥政府的外部环境保障的作用，又要充分发挥社区资源整合的优势，同时不能忽视家庭的养老功能，要注重社区养老院与家庭养老的衔接，打通养老服务支付通道，通过多方共同参与构建积极老龄化"保障"理念下的新型社区养老院外部保障体系。

在当前我国养老金水平较低、社会组织发育不成熟的现实背景下，政府购买养老服务仍会在较长一段时间成为推动我国养老服务业发展的主要力量，在以往的社区居家养老中，政府也常扮演着养老资金的主要供给者，社区居家养老服务中心与养老机构对政府的福利政策与资源具有极大的依赖性，政府财源提供的不稳定性与社区、养老机构对其的依赖性常常导致社区、养老机构的自主性受限，随着人口老龄化不断加快，仅仅依靠政府"资助"的方式已不能实现养老服务业的健康可持续发展。在积极老龄化的"保障"理念下，政府要转变福利输送的角色，养老服务要更多地引入市场化元素以期实现更好的服务与政策产出。

在社区养老院的内部保障体系建设上，社区养老院试图整合社区居家养老与传统机构养老。现有的社区居家养老服务中心在保留其福利性日常养老服务的同时，将部分专业性养老服务剥离出来搭载于社区养老院。社区养老院在保留传统机构养老的收费项目的基础上，将由居家养老分离出的部分专业性养老服务作为有偿服务提供给老人，探索构建新型社区养老院养老服务盈利化模式，在满足老人日益多元化的养老需求的同时，也有效提高了养老院用来提供养老住房面积、养老设施、养老服务的运营资金，使得原本受制于规模大小的社区养老院突破了既定住房、床位数等的限制。社区养老院对居家养老与传统机构养老的集成与整合，改变了以往社区居家养老仅依托政府资助以及专业性养老服务缺乏技术支撑而无法满足老人刚性需求的养老服务发展模式，也超越了传统养老机构的养老服务范畴，进而推动了社区养老院建构低度资源依赖的盈利化发展模式，极大地增进了养老服务的效率与效益。

积极老龄化理念下的"保障"是全方位、多层次的保障，要将由政府、社区、家庭、个人协同构建的外部保障体系与社区养老院探索的低度资源依赖的养老服务盈利化内部保障体系相结合，从而构建新型小规模多功能社区养老院保障体系，推动积极老龄化下社区养老院的养老健康可持续发展，如图 1-2。

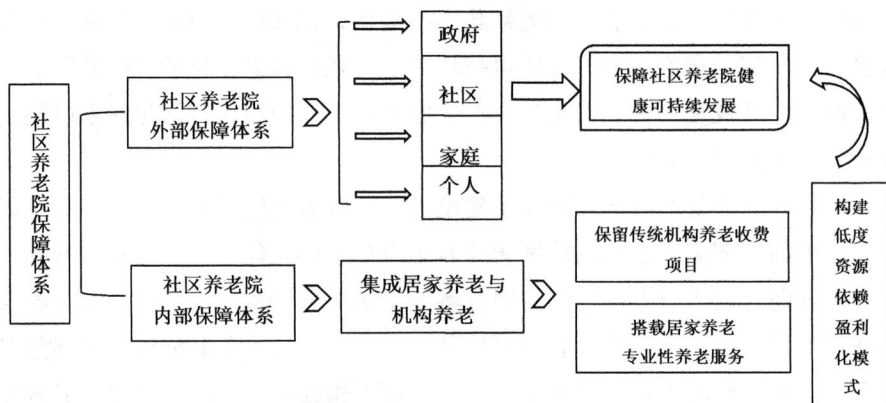

图1-2　社区养老院保障体系

第三节　社区养老院的构想

一、社区养老院的设计理念

养老院是为自理、介助（半失能）、介护（失能）老年人提供生活照料、健康护理、康复娱乐、社会工作等养老服务的专业照料机构，是老人颐养天年的重要场所。在积极老龄化视角下的新型社区养老院构建上，应当遵循以下设计理念：

理念一：全面健康的老年生活。无论处于生命周期的哪个阶段，健康都是衡量一个人生活质量的重要标准，在新型社区养老院的构建中，健康更要作为老年生活的重要建设维度，要搭建内部身体健康、心理健康、社会交往健康、外部环境健康的全面健康指标评价体系，最大化地提升老人的生命与生活质量。

理念二：回归家庭、回归社会。1961年伊莱恩·卡明（Elaine Cumming）和威廉·亨利（William Henry）在《逐渐衰老》一书中指出："老年人减少他们的活动水平，寻求较消极的角色，减少与他人的交往，越来越关心他们的内心生命却被看作是正常的、不可避免的和令人满意的。"进入老年期后，老人退出原本的工作岗位，离开熟悉的工作环境，社交圈变小，入住养老院养老的老人身边也没有子女持久的陪伴，老人容易产生脱离了家庭并被社会遗弃的消极想法，这种老年心理危机严重制约了老人的老年生活。在新型养老院的构建当中，则要求帮助老人回归家庭、回归社会。社区养老院对老人权利与权益充分尊重，以及社区养老院与老人家庭的有效衔接，努力提高老人的社会参与率。

理念三：充分保障下的独立发展。这一理念主要针对我国当前养老服务业高度依赖政府保障的现状提出，新型社区养老院集成了居家养老与传统机构养老，试图探索低度资源依赖的新型养老服务盈利化模式。新型社区养老院要在政府、社区、家庭、个人充分保障的基础上，突破发展环境的限制，推动养老产业化发展。唯有如此，社区养老院才能充分保持自身的主动性与独立性，进而充分保障养老院老人日益多元化的养老诉求，实现社区养老院的健康可持续发展。

二、社区养老院的实现路径

新型社区养老院的构建要在遵循三大设计理念的前提上，探寻积极老龄化的实现路径，如图 1-3：

在积极老龄化的理论视角下，基于"全面健康的老年生活""回归家庭、回归社会""充分保障下的独立发展"三大设计理念，社区养老院力图构建以社区发展为基点、社区老人为核心、社区环境为载体、社区资源为依托、社会力量为保障的新型社区养老机构，由内至外、由近及远，充分整合养老、医疗、教育、社交、文娱等多种养老服务资源，有力聚合个人、家庭、组织、社区、社会、国家等多层养老服务力量，打破居家养老与机构养老的隔离状态，打造"老有所养""老有所医""老有所学""老有所为""老有所乐"的老年群体的生活居所与精神家园。

社区养老院以日常生活区、医疗保健区、服务管理区、公共活动区这四大功能分区为基本构成，由内至外与社区资源、社会力量等形成环环嵌套的养老服务共同体。日常生活区主要包括卧室、起居室、卫生间、开水间、洗衣间、理发间、公共餐厅、公共浴室、商店等部分，社区养老院在此为老人提供日常照料服务，家庭则依托于此通过定时或不定时的家庭成员探望、生活服务介入以及费用给付等为老人提供亲情滋养与经济供养，政府则通过社区养老院与家庭等渠道为入住老人提供各种养老保障。

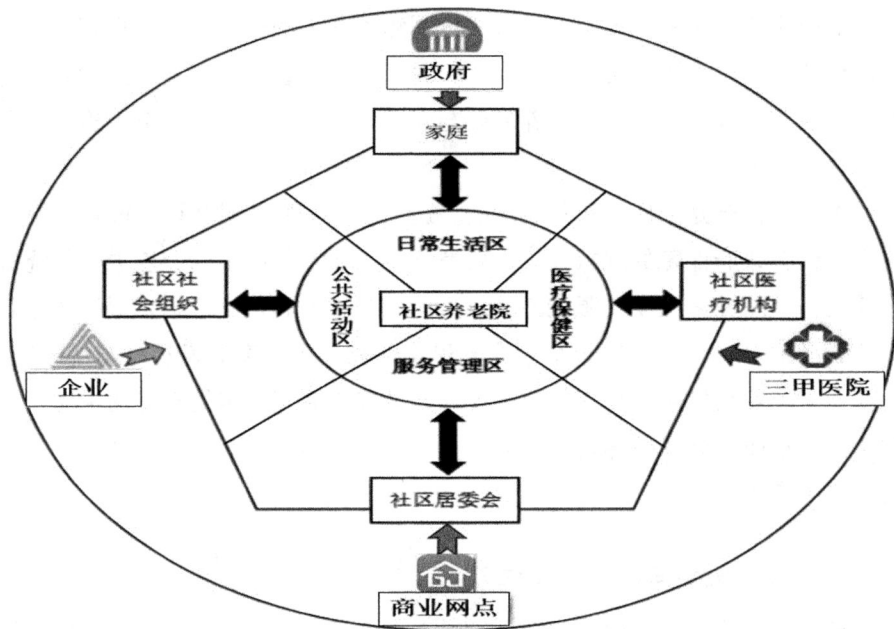

图 1-3 社区养老院的实现路径

医疗保健区由医疗和保健两部分组成，养老院内可以设置医务室、观察室、治疗室、检验室、药械室等，为入住老人提供医疗保健服务，实现"以养融医"，也可根据实际情况选择与社区医疗机构合作，开展"合作转诊"或"上门诊疗"服务。当社区内部医疗条件难以满足社区老人的医疗服务需求时，社区养老院还可通过"医疗绿色通道"及时将老人送至社区外三甲医院就诊，在不同层次上满足老年人的医疗服务需求。

公共活动区包含交流大厅、茶座、聚会室、棋牌室、书画室、阅览室、影音室、运动健身室、教室等场所，社区养老院根据老年人的个性化需求提供老年活动场所，既满足老年人的学习需求，也满足其文娱需求。立足社区，社区养老院还可积极与社区社会组织建立联系，通过让社会组织入驻社区或开展各种养老项目让老人扩大交往空间，参与更加多样的老年活动，结识更多的老年朋友，为老人建立充分的社会支持网络，促进老人的社会交往健康。另一方面，社区养老院应作为居家养老服务盈利化的搭载平台，积极链接企业力量，吸引社会资本进社区，推动社区养老服务市场化，为社区老人提供更高质量、更优服务、更全种类的养老服务。

　　服务管理区主要包括值班室、办公室、会议室、接待室、档案室、设备室等，社区养老院赋予老人老年事务设计、老年服务决策等社区管理活动的参与权、选择权，尊重老年人的意愿，打造"适老化"的社区养老院环境。社区居委会为社区养老院的建设提供强力支持，弥补社区养老院在政务、党务等的功能缺失，并借助社区机构的权威性，协调社区养老院与各方的关系。同时，市、区、街道、社区逐级搭建的养老服务信息平台，为社区养老院的发展提供强有力的资源整合平台和科技保障。

　　新型社区养老院模式通过多元协同、多方共建、多层互联，统合了传统机构养老与居家养老的优势的同时，既克服了居家养老服务专业化不足的缺陷，又弥补了传统养老机构与老年人原有生活资源隔离的弊端，以社区为"底盘"，促进老年人在熟悉的环境中健康老龄化。

第二章　中国老年人社会分层与社区养老院定位

第一节　老年人社会分层及中国养老机构的分化

2019 年 1 月国家统计局发布的数据显示：我国 60 周岁及以上人口达 24949 万人，预计到 2050 年前后，我国老年人口数将达到峰值 4.87 亿，占总人口的 34.9%。[①] 老年人口在我国人口中的比重持续上升。其内部由于经济、职业、健康状况、个人特征等因素导致人口分层分化，这种异质性必然带来不同层次的老年人对养老服务需求的差异化，进而老年人所处的社会层次不同，其对养老机构的需求也不尽相同。另一方面，我国养老机构数量大幅度增加，2018 年举行的国新办新闻发布会数据显示，2017 年全国民办养老机构同比增长 7.8%，[②] 作为全国第 4 个进入人口老龄化城市的南京市，至 2020 年全市养老机构将增加近九成；[③] 养老机构在规模、收费、设施及服务方面的分化也日益突出。低端养老机构设施简陋、安全堪忧，高端养老机构设施奢华，过度供给豪华服务，收费标准远远超过了普通退休人员的支付能力。我国养老服务设施资源配置不佳，养老机构的两极分化趋势明显。养老机构发展的两极化趋势不利于满足我国大多数老年人对机构养老服务的切实需求。

---

① 光明网.我国 60 岁及以上老年人口数量达 2.41 亿 占总人口 17.3%[EB/OL].(2018-02-27)[2019-01-20].https://baijiahao.baidu.com/s?id=1593508486474673559&wfr=spider&for=pc.

② 经济日报.民政部：去年民办养老机构数量同比增长 7.8%[EB/OL].(2018-02-01)[2019-01-20].https://baijiahao.baidu.com/s?id=1591165326616152358&wfr=spider&for=pc.

③ 新浪网.2020 年南京养老机构将增加近九成 [EB/OL].(2017-06-16)[2019-01-20].http://news.sina.com.cn/c/2017-06-16/doc-ifyhfpat4967665.shtml.

一、社会分层与老年人口分层

社会是一个整体，但社会学家们发现由于社会中的个人或者群体拥有的资源不同，他们在社会中也会像地层分化一样形成高低有序的层次，这种现象我们称为社会分层（social stratification）。

（一）社会分层的标准

马克思、韦伯、涂尔干作为经典社会学的三大传统提供了三种基本的社会分层理论观：马克思的"阶级分层论"主要依据对生产资料是否占有以及占有程度进行阶层划分，即经济基础决定阶级地位；[①] 韦伯的"阶层分层论"主张从经济标准、政治标准和社会标准来进行社会分层，即权、名、利，权力、声望和经济三种标准可以重叠也可以通过其中一项进行阶层划分，由此也可衍生出职业、经济、消费分层等；[②] 涂尔干的"分工分层论"，即功能分层论，让适当的人承担适当的工作，从而形成社会职业角色的适当比例。[③] 现在有关分层的理论有自由主义、功能主义、冲突论等，这些都离不开马克思的阶级理论和韦伯的多元分层理论这两个传统。另外，一些有关新马克思主义和新韦伯主义研究发现，马克思的阶级理论和韦伯的分层理论在一些看法上趋向融合，这体现了社会分层的复杂性和多样性视角。[④] 戴维·波普诺按财富、声望、权力等将人口划分为五个阶级：上层阶级、上中层阶级、下中层阶级、工人阶级、下层阶级。[⑤]

对于社会分层的理解，当代的学者们也进行了系列的探索：美国社会学家戴维·波普诺认为社会分层体制是一种根据财富、权力和声望的分配所决定的人们社会地位的排列模式。[⑥] 国内学者郑杭生将社会分层定义为："社会分层是依据一定具有社会意义的属性，把一个社会的成员区分为高低有序的

① 马克思恩格斯全集：第六卷 [M]. 北京：人民出版社，1961：385-390.
② 马克斯·韦伯著，林荣远译. 经济与社会：上卷 [M]. 北京：商务印书馆，1997：338.
③ 埃米尔·涂尔干著，渠东译. 社会分工论 [M]. 生活. 读书. 新知三联书店，2000：293.
④ 王春光，赵玉峰，王玉琪. 当代中国农民社会分层的新动向 [J]. 社会学研究，2018，33(01)：63-88+243-244.
⑤ 李裕平. 中国与美国社会分层比较分析——以陆学艺和戴维·波普诺的社会分层法为例 [J]. 南华大学学报（社会科学版），2013，14(01)：29-33.
⑥ 戴维·波普诺. 社会学（第十版）[M]. 中国人民大学出版社，1999：261.

不同等级、层次的过程与现象。"① 李强认为："社会分层是指社会成员、社会群体因社会资源占有不同而产生的层化或差异现象，尤其是指建立在法律规范基础上的制度化的社会差异体系。"②

综上所述，我们认为社会分层是依据与社会资源相关的一些标准对社会中的个体或者群体进行有序排列的过程与想象，这种过程可能导致也可能体现社会的不平等。

（二）老年人口分层因素对养老服务需求的影响

老年人口并非是个完全均质的群体，老年人口内部也存在分层的现象。老年人内部因经济因素、职业分层、健康状况的差异、年龄差异而层化，不同层级的老年人之间在养老服务需求上分野巨大。

1. 经济分层因素对老年人养老服务需求的影响

在学者的论述中，经济标准往往被首先提及。有学者认为收入作为社会分层的主要标准是基于：一是与收入相关数据的可获得性；二是收入在某种程度上反映出社会成员的政治资源、文化资源、公民权利资源、人力资源等占有情况。③ 老人的社会经济状况在一定程度上可反映其对社会养老机构服务的购买力，因而对入住机构的产生影响。④⑤ 大多老年人认为最亲近者是配偶，老年夫妻关系是儿女所不能替代的。⑥ 配偶收入对老年人生活的幸福感产生影响。⑦

2. 职业分层因素对老年人养老服务需求的影响

学者们普遍认同职业是一个很好的综合性测量指标，职业背景作为一个分层标准可以起到透视社会的经济资源、组织资源和文化资源的分配结构及

---

① 郑杭生. 社会学概论新修（第四版）[M]. 中国人民大学出版社，2013：275.

② 李强. 社会分层十讲（第二版）[M]. 社会科学文献出版社，2011：1.

③ 陈茗，陈长龙，王海龙. 社会分层视野下的老年人幸福度研究——基于厦门市老年人的调查 [J]. 西北人口，2015，36(02)：72-76.

④ 孙鹃娟，沈定. 中国老年人口的养老意愿及其城乡差异——基于中国老年社会追踪调查数据的分析 [J]. 人口与经济，2017(02)：11-20.

⑤ 谢俊杰，游京颖. 城市老年人机构养老选择行为与意愿的实证分析 [J]. 统计与决策，2017(23)：103-106.

⑥ 王婷，王波，刘海英，胡曼丽，张晶. 长春市社区老年人自评健康状况调查 [J]. 中国老年学杂志，2009，29(24)：3291-3292.

⑦ 郝身永，文雯. 配偶收入如何影响自身生活幸福感？——基于中国综合社会调查 (2006) 的实证分析 [J]. 经济与管理研究，2013(03)：29-38.

流动状况的作用，可以直接决定经济收入、反映社会地位及教育情况。因法定退休年龄和身体健康状况的限制，即使老年人正在逐步退出或已经退出劳动力市场，其退休前职业地位的影响依然会延续到老年期：一方面，单位性质影响晚年物质生活状况和养老水平，公有制单位普遍给职工提供更加稳定的工资收入和福利待遇；另一方面，影响老年人社会地位和声望。[①] 在职业类型划分上，目前学者们没有一致标准。[②] 吴晓刚等将调查对象的职业分为六大类：管理人员、专业技术人员、办事人员、商业及服务业人员、体力劳动者、自雇佣者，将工作单位分为国有部门及私有部门。[③] 也有学者将城市老年人分为高知阶层（国家、企事业单位领导人员／专业技术人员）、工人阶层（办公室一般工作人员、商业／服务业／制造业一般职工）、个体阶层（个体户、自由职业者、农牧渔民及其他）三类。职业分层不同的老年人对养老服务的需求差异较大。

3. 健康分层因素对老年人养老服务需求的影响

老年人的健康状况也是研究老年人养老需求的一个重要衡量标准，在健康标准分类方面，《老年人社会福利机构基本规范》依据生活自理能力把老年人分为自理老人、介助老人、介护老人。[④] 有学者依据老人日常生活活动能力、精神状态、感知觉与沟通能力、社会参与能力这四项能力等级评定指标对老年人进行分层。[⑤] 也有按照患慢性病数量对老年人进行层级划分。[⑥] 不同自理程度的老年人对养老的需求层次是不同的。[⑦] 对于健康自理的老年人来说，养老机构的娱乐休闲活动对于他们具有积极意义；对于热衷参与社区活动的老

① 黄玲. 老年人口社会分层问题探析 [J]. 青年与社会，2014(2)：248-251.

② 李强，王昊. 中国社会分层结构的四个世界 [J]. 社会科学战线，2014(09)：174-187.

③ 郑冰岛，吴晓刚. 户口、"农转非"与中国城市居民中的收入不平等 [J]. 社会学研究，2013，28(01)：160-181+244.

④ 中华人民共和国民政部. 中华人民共和国行业标准——老年人社会福利机构基本规范 [EB/OL].(2008-07-18)[2019-01-19].http://shfl.mca.gov.cn/article/zcfg/zcfga/200807/20080700018535.shtml.

⑤ 赵雅宜，丁亚萍，李现文，崔焱. 老年人能力等级的分类与判定 [J]. 中国卫生统计，2015，32(06)：1017-1019.

⑥ 邢华燕，柳璐，张遂柱，鲁晓娟. 郑州市不同养老模式老年人生存质量及影响因素 [J]. 中国公共卫生，2013，29(01)：15-18.

⑦ 贾改珍，王志杰，谷旭，王萍玉，王玖. 农村老年人健康现状与期望养老模式的关系 [J]. 中国老年学杂志，2017，37(13)：3333-3335.

年人来说，他们并不满足于养老机构提供的基本照料服务，[①] 健康状况较差的老年人更倾向于入住护理型的养老机构。[②]

除了上述的经济分层因素、职业分层因素、健康分层因素之外，年龄因素对老年人的养老服务需求也有较为显著的影响，高龄老年人愿意选择入住养老机构的比例低于低龄老人，高龄、离婚、丧偶和从未结过婚、兄弟姐妹多、子女数量少或者没有的老年人更倾向于选择机构养老。[③] 此外，影响老年人养老服务需求的因素还有医疗保障形式、是否拥有养老金等。[④]

二、中国老年人社会分层

根据国家统计局发布的 2015 年《全国 1% 人口抽样调查资料》，从年龄、收入来源、健康状况、受教育状况对中国老年人社会分层的现状进行描述。[⑤]

（一）年龄

按年龄对老年人口进行划分，60—64 岁这一年龄段的老年人数最多，占整个老年人口数的 35.20%，其次是 65—69 岁的老年人，占整个老年人口数的 24.71%，70—74 岁老年人占比 16.36%。75—79 岁占整个老年人口数的 11.95%，80—84 岁占 7.36%，85—89 岁占 3.25%，90—94 岁占 0.98%，95—99 岁占 0.18%，100 岁及以上占 0.02%。从联合国卫生组织 2017 年发布的年龄划分标准来看，44 岁以下为青年人，45 岁至 59 岁为中年人，60 岁至 74 岁为年轻老年人，75 岁至 89 岁为老年人，90 岁以上为长寿老人。[⑥] 因此总体上，当前我国老年人口年龄结构低龄化的特征明显。

---

① 张文娟，魏蒙. 城市老年人的机构养老意愿及影响因素研究——以北京市西城区为例 [J]. 人口与经济，2014(06)：22-34.

② 谢俊杰，游京颖. 城市老年人机构养老选择行为与意愿的实证分析 [J]. 统计与决策，2017(23)：103-106.

③ 谢俊杰，游京颖. 城市老年人机构养老选择行为与意愿的实证分析 [J]. 统计与决策，2017(23)：103-106.

④ 高晓路. 城市居民对养老机构的偏好特征及社区差异 [J]. 中国软科学，2013(01)：103-114.

⑤ 国家统计局人口和就业统计司. 全国 1% 人口抽样调查资料 2015[M]. 中国统计出版社，2016：第 9 卷.

⑥ 央视网. 年龄划分标准 [EB/OL].http://tv.cctv.com/2018/06/10/VIDEV4XfV3dneUaqDX-zRSzRp180610.shtml.

（二）收入来源

全国老年人主要收入来源为家庭其他成员供养的数量最多，占比 36.68%。其次是离退休金养老金，占比 30.21%。劳动收入位列第三，占比 23.47%。最低生活保障金占比 5.05%，财产性收入占 0.53%，其他占 4.07%。收入来源作为经济分层因素之一，可表现出老年人经济状况的分层分化现象，因此可见老年人口内部存在着收入异质性。

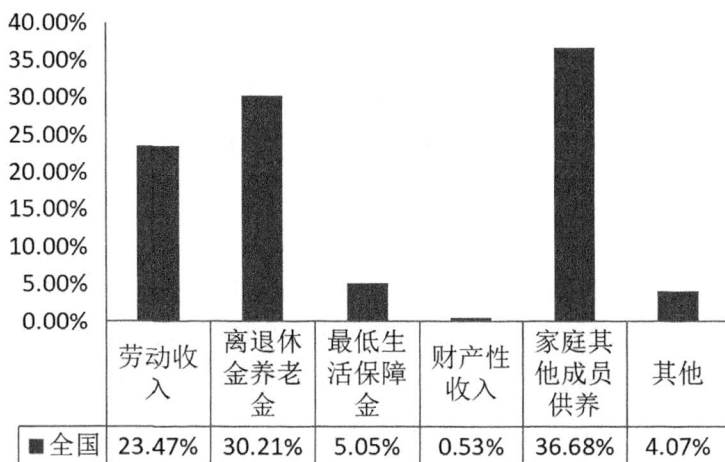

	劳动收入	离退休金养老金	最低生活保障金	财产性收入	家庭其他成员供养	其他
■全国	23.47%	30.21%	5.05%	0.53%	36.68%	4.07%

图 2-1　老年人主要收入来源

（三）健康状况

按健康状况将老年人口进行划分，数据显示我国老年人健康状况为基本健康的老年人较多，占比 41.85%，其次是健康老人，占比 40.51%，不健康但生活能自理的老人占比 15.05%，生活不能自理占比 2.60%。可见，在健康状况层面，老年人口内部也存在着分化，近 20% 的中国老人对养老服务是存在刚性需求的。

（四）受教育状况

2015 年全国 1% 人口抽样调查数据显示，中国老年人总体教育水平不高，且老年人内部教育水平参差不齐。受教育水平为小学的老年人占比最高，达 46.12% 其次是未接受过义务教育的老年人，这部分占比 22.36%。受教育水平为初中的占比 21.31%，受过普通高中教育的老年人仅占 4.92%，受过中职教育的占比 2.09%，受过大学专科、本科、研究生教育的占比分别仅为 1.96%、

1.19%、0.04%。

三、中国养老机构的分化

民政部统计数据显示，截至 2018 年 2 月，我国养老机构总数超过 14.46 万家，相比 2012 年年底的 4.43 万家，增长率达 250%。[①] 我国养老机构在数量上飞速增加，发展模式上分化也日益凸显。

（一）收费

在养老机构收费方面，各省、各区以及不同性质养老机构之间存在较大差距，收费从 500 元左右至 20000 元左右不等，[②] 更有养老机构天价收费现象的存在，如南京一个"天价"养老机构平均每月收费超过 2 万元，[③] 广州的"天价"养老院一张床位最贵达到 40 万元。[④]

（二）规模

目前各地养老机构的规模条件差异化明显。以上海长宁区为例，全区的 34 家养老机构在规模上参差不齐，有 19 家低于 100 张床位，部分则居住环境较差，[⑤] 而同样经济发展水平较高的广州地区，部分养老机构床位数高至 5800 张，建筑物达至 10 栋，最高一栋可达 12 层。[⑥] 位于河北保定市涞水县的京津冀圈最大的养老机构，总体规模接近 13 平方公里，住宅部分约 300 万平方米，总入住老年人数可达 3 万人，最终机构养老规模将达到 300—400 人。[⑦]

---

① 中华人民共和国民政部 .2017 年社会服务发展统计公报 [EB/OL].(2018-08-02)[2019-01-20].http://www.mca.gov.cn/article/sj/tjgb/2017/201708021607.pdf.

② 养老信息网 [EB/OL].http://m.yanglaocn.com/yanglaoyuan/yly/?RgSelect=0&BTSelect=1&NaSelect=1&PRSelect=8.

③ 新浪网 .南京现"天价"养老院 平均每月收费超 2 万元 [EB/OL].(2016-01-31)[2019-01-20].http://jiangsu.sina.com.cn/news/general/2016-01-31/detail-ifxnzanh0427525.shtml.

④ 新浪财经 .广州天价养老院再次开张 最贵床位 20 年交 107 万 [EB/OL].(2013-10-06)[2019-01-20].http://finance.sina.com.cn/consume/20131006/124716911121.shtml.

⑤ 新民周刊 .中国式养老调查：条件参差不齐 养老机构成"短板" [EB/OL].(2012-05-17)[2019-01-20].http://politics.rmlt.com.cn/2012/0517/35877.shtml.

⑥ 网易新闻 .大型公办养老院重在可持续运营 [EB/OL].(2015-06-11)[2019-01-20].http://news.163.com/15/0611/06/ARQDMN4600014AED.html.

⑦ 网易新闻 .京津冀最大养老机构落户河北 环京区成养老新宠 [EB/OL].(2015-09-28)[2019-01-20].http://news.163.com/15/0928/01/B4IGRDDF00014AED.html.

（三）选址

我国目前的养老院从选址上看，大体可以分为选址在城市社区内、选址在城市中非社区内、选址在郊区、选址在农村。位于市区的养老机构在公共设施配置方面存在优势，且大部分营建较早、规模较小、收费相对较高；位于郊区的养老机构在空气环境质量方面存在优势，且硬件条件较好、规模相对较大。[①] 但是当前，我国的一些城市出现了养老供需错位的情况。《北京养老产业发展报告（2015）》显示，距离市中心相对较远的怀柔、延庆、门头沟、顺义区机构入住率都低于30%，而怀柔更是达到了全市最低的16.06%。[②] 上海市的市区养老机构也存在着"一床难求"、郊区养老机构"空置率高"的现象。[③] 市区内的养老机构在医疗、交通设施和离家距离上存在优势，[④] 也有学者认为选址郊区的养老机构的自然环境优势明显。[⑤]

（四）设施

养老机构在硬件设施的提供方面参差不齐，存在分化。部分养老机构消防设施简陋，[⑥] 部分养老机构房屋为简易板房，条件差，[⑦] 更有甚者，部分养老机构洗澡设施存在安全隐患，出现了无冷水烫伤老人的情况。[⑧] 与此相反，部分养老机构设施条件可达酒店五星级标准，配备有普通护养区、临湖护养区、临湖疗养楼、学术交流中心、老年医院等，拥有完备的医疗、生活、娱乐和运动设施，室内设有无线定位仪、24小时应急呼叫系统和摄像头等应急

---

① 宋姗，王德，朱玮，王灿. 基于需求偏好的上海市养老机构空间配置研究 [J]. 城市规划，216，40(08)：77-82+90.

② 周明明，冯喜良. 北京养老产业发展报告（2015）[M]. 社会科学文献出版社，2015(04)：016.

③ 东方网. 上海养老机构配置亟待调整 中心城区"挤爆"郊区"空置"[EB/OL].(2015-06-17)[2019-01-20].http://sh.eastday.com/m/20150617/u1ai8759069.html.

④ 宋姗，王德，朱玮，王灿. 基于需求偏好的上海市养老机构空间配置研究 [J]. 城市规划，2016，40(08)：77-82+90.

⑤ 周尚意，罗梦婷. 北京养老院床位数有效需求的空间差异分析 [J]. 北京规划建设，2017(05)：32-35.

⑥ 全国老龄工作委员会办公室. 部分养老机构：消防设施简陋 工作人员消防意识淡薄 [EB/OL].(2017-07-14)[2019-01-20].www.cncaprc.gov.cn/contents/792/182658.html.

⑦ 腾讯网. 设施简陋条件差 昆明民办养老院处境尴尬 [EB/OL].(2014-01-09)[2019-01-20]. http://km.house.qq.com/a/20140109/000008_all.htm.

⑧ 腾讯网. 养老院澡堂有热水无冷水 老人洗澡被烫重伤去世 [EB/OL].(2012-09-10)[2019-01-20].https://news.qq.com/a/20120910/000040.htm.

设备。[①] 有的硬件设施更为齐全，配有网络室、阅读室、乒乓球室、电梯等。[②] 我国养老机构设施条件出现两极化的现象。2019 年我国出台了《中华人民共和国国家标准养老设施建筑设计规范》对于我国养老机构的配建内容、养老设施、建筑面积、洁具配置、安全措施等进行规范性的要求。[③]

第二节　不同层级老年人对养老机构收费与规模的需求

一、引言

在影响老年人对养老机构的需求的诸多因素中，养老机构的收费是最为敏感的因素。中国老龄科学研究中心 2015 年发布的《中国养老机构发展研究报告》显示，全国养老机构床位空置率平均达至 48%，收费高昂的养老机构数量较多，大量中等经济收入的老年人需求尚未得到满足。[④] 国家发展改革委、民政部 2015 年联合下发《关于规范养老机构服务收费管理促进养老服务业健康发展的指导意见》提出，民办养老机构服务收费标准由市场形成。[⑤] 目前我国养老机构的收费标准差距非常大，且存在养老服务市场收费乱象的问题。此外，近年来养老机构盲目扩大规模，重资产大规模的养老项目层出不穷。一方面是大量机构和各类养老服务项目目不暇接，另一方面老年人现实养老服务需求无法满足，供求失衡背后的深层次原因是忽视老年人对于养老机构收费的接受程度以及老年人对于养老机构规模的真实偏好。在第一节中我们论及老年人内部的分层现象，那么不同层次的老年人对于养老机构收费的心理价位不同，不同层次的老年人又是如何选择养老机构的规模的呢？这一节我们期望运用调研数据进行量化分析，探寻不同层级的老年人对养老机构的收费及规模的真实需求。

---

①　经典重庆网.重庆首家五星级养老院 开业 标准间起步价 2620 元 / 月 [EB/OL].(2012-12-17)[2019-01-20].http://www.classic023.com/newsview-69079.html.

②　新浪网.这养老院就像五星级酒店 [EB/OL].(2015-01-29)[2019-01-20].http://news.sina.com.cn/c/2015-01-29/065931456632.shtml.

③　养老信息网.中华人民共和国国家标准养老设施建筑设计规范 [EB/OL].(2017-10-21)[2019-01-20].http://www.yanglaocn.com/shtml/20171021/1508545661112941.html.

④　吴玉韶，王莉莉，孔伟，董彭滔，杨晓奇.中国养老机构发展研究 [J]. 老龄科学研究，2015，3(08)：13-24.

⑤　发展改革委 民政部联合规范养老机构服务收费管理 [J]. 中国民政，2015(05)：35.

通过对现有研究进行梳理，发现对养老机构收费的约束对老年人选择或入住机构的影响十分显著。[1] 老年人家庭经济状况不同、个人收入水平不同、受教育程度高低、退休前的职业差异等，均会导致老年人对收费标准的接受程度也不同。家庭经济条件较好、文化素质较高的老年人对养老机构的服务和环境十分重视；收入和教育处于中等水平的企业事业单位的工薪阶层退休职工，主要倾向于中等收费的养老机构；收入较低的老年人更加倾向于低收费的养老机构。[2]

关于养老院规模国内并无统一的分类标准。普瑞森公司将养老院床位数分为 60 张以下、60—120 张、120 张以上三档；[3]2013 年民政部发布的《养老机构设立许可办法》中仅对养老机构的最低床位数进行了设定，规定养老机构的床位数不少于 10 张。[4] 据预测，我国养老机构的床位数到 2050 年需增长至 162 万张，方可满足愿意入住养老院且有一定购买能力的城市失能老年人的需求；若满足全部城市失能老年人的需求，床位数则需增长到 2050 年的 3975 万张。[5] 有学者认为养老机构不同类型床位数的有效需求量受两种因素影响，一是养老机构离家距离，二是养老机构收费标准。[6] 若把握不好老年人的差异化需求，则可能造成供给与需求的严重错位，且无法真正落实规划。[7] 本节将在现有研究的基础上，在社会分层理论的框架之下，以经济分层、职业分层、健康分层作为划分维度，运用第一手调研数据，拟合模型，量化分析不同分层的老年人对养老机构收费与规模的偏好，以期探寻目前我国老年人对机构养老规模和价格的切实需求，为国家政策制定及养老机构合理定位

①　颜秉秋，高晓路，马妍，袁海红. 基于 MAS 技术的城市养老机构布局决策支持 [J]. 清华大学学报 (自然科学版)2014，54(07)：973-982.

②　高晓路. 城市居民对养老机构的偏好特征及社区差异 [J]. 中国软科学，2013(01)：103-114.

③　普瑞森医疗设备 . 养老院医疗设备——养老院规模 [EB/OL].(2017-07-08)[2019-01-19]. http://www.sdprsyl.com/895.html.

④　中华人民共和国民政部 . 养老机构设立许可办法 [EB/OL].(2013-06-30)[2019-01-19]. http://www.mca.gov.cn/article/gk/fg/shflhcssy/201507/20150715848516.shtml.

⑤　王莉莉. 中国城市地区机构养老服务业发展分析 [J]. 人口学刊，2014，36(04)：83-92.

⑥　周尚意，罗梦婷. 北京养老院床位数有效需求的空间差异分析 [J]. 北京规划建设，2017(05)：32-35.

⑦　高晓路. 城市居民对养老机构的偏好特征及社区差异 [J]. 中国软科学，2013(01)：103-114.

提供参考依据。

二、研究假设

根据实地调研，我们将养老机构的月收费分为四档：1. 低于 1500 元；2. 1500—3000 元；3. 3001—5000 元；4. 5000 元以上。养老机构的规模分为五档：1. 小型的家庭式（15—30 张床）；2. 30—50 张床；3. 50—100 张床；4. 100—200 张床；5. 200 张床以上的大型养老院。从经济分层、健康分层、职业分层三个维度探索老年人对养老机构收费及规模的需求偏好，提出以下假设：

（一）影响老年人对养老机构收费不同偏好的因素的研究假设

假设 1a. 老年人经济分层因素对养老机构收费偏好产生影响。个人月均收入高的老年人更倾向于收费标准高的养老机构，由于老年夫妻之间的紧密关系，配偶月均收入高的老年人更倾向于收费标准高的养老机构。

假设 1b. 个人收入来源对养老机构收费偏好产生影响。收入来源为退休金的老年人因为收入稳定更倾向于收费标准较高的养老机构。收入来源为政府生活补贴、劳动收入的老年人较为倾向于收费标准低的养老机构。

假设 1c. 老年人健康分层因素对养老机构收费偏好产生影响。因为健康状况较差的老人在医疗费用上支出较大，可能限制了老年人对养老机构的服务的需求。个人健康自评差的老年人倾向选择收费低的养老机构，去年一年的医疗费支出水平高的老人更倾向于选择收费低的养老机构。

假设 1d. 老年人职业分层因素对养老机构收费偏好产生影响。个人退休前的工作单位所有制对养老机构收费偏好影响显著。机关团体事业单位退休的老年人社会地位相对较高、养老金收入相对较稳定，因此机关团体事业单位的老年人对高收费养老机构的需求更强烈。

（二）影响老年人对养老机构规模不同偏好的因素的研究假设

假设 2a. 老年人经济分层因素对养老机构规模偏好产生影响。一般而言，规模大的养老机构配套设施水平较高，收费相对较高。个人月均收入高的老年人更倾向于规模较大的养老机构，由于老年夫妻之间的紧密关系，配偶月均收入高的老年人更倾向于规模较大的养老机构。

假设 2b. 主要个人收入来源对养老机构规模偏好产生影响。主要收入来源为退休金的老年人因为收入稳定更倾向于规模较大的养老机构。收入来源为政府生活补贴、劳动收入的老年人较为倾向于规模较小的养老机构。

假设 2c. 老年人健康分层因素对养老机构规模偏好产生影响。老年人健康分层因素对养老机构规模偏好产生影响。失能、半失能老人行动不便，因此对于养老机构空间的需求不大。因此健康老人更倾向于规模较大的养老机构。

假设 2d. 老年人职业分层因素对养老机构规模偏好产生影响。个人退休前的工作单位所有制对养老机构规模偏好影响显著。机关团体事业单位退休的老年人社会地位相对较高、养老金收入相对较稳定，因此机关团体事业单位的老年人对大规模养老机构的需求更强烈。

三、研究设计

（一）样本与数据来源

课题组于 2017 年 7 月—8 月在湖北省武汉市开展城市老年人养老模式入户问卷调查。此次调查按照多水平、随机抽取群体样本的程序，采取多阶段随机抽样的方法在武汉市 7 个中心城区的 14 个城市社区展开调查。本次调查完全覆盖了武汉市所有中心城区，首先在每个中心城区随机抽取 2 个城市社区，再采取系统随机抽样的方法在每个抽到的社区抽取 45 名 60 岁以上的社区居民作为此次调查的访问对象。本次调查共发放 630 份问卷，回收有效问卷 523 份，有效回收率为 83%。本次调查自设计问卷从老年人个人基本特征、经济分层、健康状况分层、退休前职业分层等四个维度设计问题、收集信息，具体包括受访老人对养老机构收费标准及规模大小进行选择的信息。调研完成后，就问卷中设计的变量指标集中检验，筛选出部分指标作为本文的研究变量，确定了最终的样本和数据。

（二）变量界定

1. 因变量

问卷中将老年人对养老机构收费分为"低于 1500 元""1500—3000 元"、"3001—5000 元""5000 元以上"，这一变量是模型 1 的因变量，将其依次赋以数值："低于 1500 元"=1，"1500—3000 元"=2，"3001—5000 元"=3，"5000 元以上"=4。由于受访因变量 y_1 为有序 4 分类变量，各选项间具有逻辑顺序，因此采用 Ologit 模型进行拟合。

表 2-1　因变量描述性信息

变量	变量取值	频数	百分比（%）
将来可能选择的养老机构收费 y_1	低于 1500 元	286	57.31
	1500—3000 元	182	36.47
	3001—5000 元	28	5.61
	5000 元以上	3	0.60
将来可能选择的养老机构规模 y_2	小型的家庭式（15—30 张床）	203	40.68
	31—50 张床	135	27.05
	51—100 床	89	17.84
	101—200 床	39	7.82
	200 以上的大型养老院	33	6.61

问卷中将老年人对养老机构规模的选择分为"小型的家庭式（15—30 张床）"，"31—50 张床"，"51—100 张床"，"101—200 张床"，"200 张床以上的大型养老院"。这一变量是模型 2 的因变量，将其依次赋以数值，"小型的家庭式（15-30 张床）"=1，"31—50 张床"=2，，"51—100 张床"=3，"101—200 张床"=4，"200 张床以上的大型养老院"=5。由于受访因变量 y_2 为多值互斥选择，我们采用 Mlogit 模型进行拟合，以估计各个分层自变量与因变量的关系。

2. 自变量

表 2-2　自变量说明

变量	均值	标准差	变量说明
经济分层变量			
个人月均收入			
X_{11} 个人月均收入中等	0.41	0.49	0/1 "1" 为个人收入中等；"0" 为其他
X_{12} 个人月均收入高	0.14	0.35	0/1 "1" 为个人收入高；"0" 为其他

续表

变量	均值	标准差	变量说明
配偶月均收入			
X_{21} 配偶月均收入中等	0.31	0.46	0/1 "1" 为配偶收入中等;"0" 为其他
X_{22} 配偶月均收入高	0.17	0.37	0/1 "1" 为配偶收入高;"0" 为其他
主要收入来源			
X_{31} 子女供给	0.04	0.19	0/1 "1" 为子女供给;"0" 为其他
X_{32} 政府生活补助	0.03	0.17	0/1 "1" 为政府生活补助;"0" 为其他
X_{33} 劳动收入	0.05	0.21	0/1 "1" 为收入为劳动收入;"0" 为其他
健康分层变量			
个人健康自评			
D_{11} 一般	0.35	0.48	0/1 "1" 为个人健康自评一般;"0" 为其他
D_{12} 健康	0.47	0.50	0/1 "1" 为个人健康自评健康;"0" 为其他
去年医疗费支出			
V_{11} 1001-3000	0.28	0.45	0/1 "1" 为 1001-3000;"0" 为其他
V_{12} 3001-5000	0.16	0.37	0/1 "1" 为 3001-5000;"0" 为其他
V_{13} 5001-10000	0.10	0.30	0/1 "1" 为 5001-10000;"0" 为其他
V_{14} 大于 10000	0.13	0.34	0/1 "1" 为大于 10000;"0" 为其他
职业分层变量			
退休前职业所有制性质			
P_{11} 国有 / 集体企业	0.63	0.48	0/1 "1" 为退休前职业所有制性质为国有 / 集体企业;"0" 为其他
P_{12} 机关团体事业单位	0.12	0.32	0/1 "1" 为退休前职业所有制性质为机关事业单位;"0" 为其他

本研究的核心变量是经济分层自变量、健康分层变量、职业分层变量:

（1）经济分层自变量

a. 个人月均收入

受访老人根据三个等级划分月均收入：小于 2300 为低收入组、2300—3500 为中等收入组、大于 3500 为高收入组；低收入标准参照的是 2017 年武汉市城市平均退休金水平，低于平均退休金水平的老年人设为低收入组。高收入标准参照个人所得税的起税标准。此变量为三分类变量，代入模型时进行虚拟变量转换，以低收入组为参照组，产生 2 个虚拟变量 X_{11}、X_{12}。

b. 配偶月均收入

配偶月均收入的分类标准与个人月均收入相同。对配偶的月均收入这个 3 分类变量进行虚拟变量转化，以配偶低收入组为参照组，产生 2 个虚拟变量 X_{21}、X_{22}。

c. 主要收入来源

主要收入来源变量四分为退休金、子女供给、政府生活补助、劳动收入。以"主要收入来源为退休金"为参照组，产生 3 个虚拟变量 X_{31}、X_{32}、X_{33}。

（2）健康分层变量

a. 个人健康自评

受访老人的个人健康自评以不健康、一般、健康三个等级划分。以"不健康"为参照组，产生两个二分的虚拟变量 D_{11}、D_{12}。

b. 去年医疗费用支出

去年医疗费用支出为 5 分类变量，代入模型时进行虚拟变量转换，以"小于 1000"为参照组，产生 4 个虚拟变量 V_{11}、V_{12}、V_{13}、V_{14}。

（3）职业分层变量

退休前职业所有制性质：划分为私企 / 其他、国有 / 集体企业、机关团体事业单位三个分类，以"私企 / 其他"为参照组，产生两个二分的虚拟变量 P_{11}、P_{12}。

3. 控制变量

基于已有的文献，本文选取了可能影响老年人对养老机构收费及规模需求的因素作为控制变量，具体包括性别、年龄、文化程度、子女数量、居住状况、配偶健康状况，详见表 2-3。

表 2-3　控制变量说明

变量	均值	标准差	变量说明
性别			0/1 "1" 为男 ;; "0" 为女
年龄			
L_{21} 65-74	0.43	0.50	0/1 "1" 为 65-74; "0" 为其他
L_{22} 75-84	0.20	0.40	0/1 "1" 为 75-84; "0" 为其他
L_{23} 85 及以上	0.05	0.23	0/1 "1" 为 85 及以上; "0" 为其他
文化程度			
L_{31} 初中	0.34	0.48	0/1 "1" 为初中; "0" 为其他
L_{32} 高中 / 中专 / 技校	0.28	0.45	0/1 "1" 为高中 / 中专 / 技校; "0" 为其他
L_{33} 大专及以上	0.13	0.34	0/1 "1" 为大专及以上; "0" 为其他
L_4 子女数量	2	1.20	实际数量（定距）
居住状况			
L_{51} 与配偶，不与子女	0.43	0.50	0/1 "1" 为与配偶，不与子女; "0" 为其他
L_{52} 与子女，不与配偶	0.21	0.41	0/1 "1" 为与子女，不与配偶; "0" 为其他
L_{53} 与配偶、子女一起	0.20	0.40	0/1 "1" 为与配偶、子女一起; "0" 为其他
配偶健康状况			
L_{61} 卧病在床	0.02	0.15	两分 0/1; 1= 卧病在床; "0" 为其他
L_{62} 健在	0.70	0.46	两分 0/1; 1= 健在; "0" 为其他

（三）模型构建

我们分别以"将来可能选择的养老机构收费""将来可能选择的养老机构规模"为因变量，建立两个回归模型。收费模型的因变量为四分类定序变量"低于 1500 元、1500—3000 元、3001—5000 元、5000 元以上"，采用多元有序 Logit 回归。（Ordered Logit，Ologit）模型来拟合自变量对因变量的影响，模型形式为：

$$y_1 = \alpha + eco\beta_1 + health\beta_2 + pro\beta_3 + \varepsilon$$

y_1 为老年人降了可能选择的养老机构收费，取值 1 表示低于 1500 元、2 表示 1500—3000 元、3 表示 3001—5000 元、4 表示 5000 元以上。eco 代表的是经济分层变量向量，health 代表的是健康分层变量向量，pro 代表的是职业分层变量向量。α、β_1、β_2、β_3 为待估参数，ε 为随机扰动项，服从逻辑分布。

规模模型的因变量为五分类离散型数据，类别无天然的顺序关系。由于采用最小二乘法（OLS）所得结果不是最优线性无偏估计量，而离散选择模型的使用可避免估计结果不一致和异方差问题，因此规模模型使用多项 Logit（Multinomial Logit，Mlogit）模型拟合。假设效用函数的误差项是独立分布的，老年人 i 选择养老机构规模 K 的概率 prob(y_{2i}= k) 可以表示为模型 2:

$$\mathbf{P}\boldsymbol{b}\,(y_{2i}=k) = \frac{\exp(\alpha_k X_i + \beta_k D_i + \chi_k P_i + \lambda_k L_i)}{\sum_{m=1}^{4} (\exp(\alpha_m X_i + \beta_m D_i + \chi_m P_i + \lambda_k L_i)}$$

上式中，因变量 y_2 是一个分类变量，代表老年人将来对养老机构规模的选择。X_i 为老年人经济分层变量向量；D_i 为老年人退休前职业分层变量向量；P_i 为老年人健康分层变量向量；L_i 为老年人其他个人基本特征控制变量向量。

四、回归结果与分析

运用 Stata14.0 软件进行回归分析，回归结果见表 2-4、表 2-5 所示，表中汇报了回归系数，软件还计算出相对风险比（relative risk ratios），RRR 为回归系数的指数。

（一）老年人对养老机构收费偏好的影响因素分析

模型 1 的因变量是老年人对养老机构收费的选择偏好，以"低于 1500 元"为参照组。从上文中因变量的描述性分析可知，57% 的老年人选择低于 1500 元，大多数老人倾向选择收费低的养老机构。

1.经济分层自变量的影响

经济分层变量包括个人月均收入、配偶月均收入、主要收入来源。控制其他自变量的影响后，在 $p<0.01$ 的显著性水平上个人月均收入和配偶月均收

入自变量对老年人对养老机构收费的需求产生显著的影响：个人收入高的偏回归系数 β=1.12，大于 0，这表明与个人收入低的老年人相比，个人收入高的老年人对养老机构收费属于较高级别的概率将显著增大；配偶收入高的偏回归系数 β=1.17，大于 0，这表明与配偶收入低的老年人相比，配偶收入高的老年人对养老机构收费属于较高级别的概率将显著增大。也就是说，个人月均收入、配偶月均收入与老年人养老机构收费呈显著的正相关关系，即个人月均收入越高、配偶月均收入越高，越偏好收费高的养老机构。主要收入来源变量在 p<0.05 的水平上显著，偏回归系数 β=-1.54，小于 0，这表明与收入来源为退休金的老年人相比，收入来源为劳动收入的老年人对养老机构收费属于较高等级的概率将显著减小。

2. 健康分层自变量的影响

模型 1 中的经济分层变量包括个人健康自评、去年医疗费用支出两个自变量。控制其他自变量的影响后，在 p<0.1 的显著性水平上个人健康自评对因变量产生显著的影响：个人健康自评为一般的偏回归系数 β=-0.42，小于 0，说明与个人健康自评为健康的老年人相比，个人健康自评为一般的老年人选择较高收费养老机构概率将显著减小。健康状况较差的老人在选择养老机构时却倾向于选择收费水平较低的机构。

3. 职业分层变量的影响

职业分层变量包括退休前工作单位性质。控制了其他自变量的影响后，在 p<0.05 的显著性水平上，退休前工作单位性质变量对收费偏好产生显著影响：国有 / 集体企业的偏回归系数 β=0.64，大于 0，这表明与退休前工作单位性质为私企 / 其他单位的老年人相比，退休前工作单位性质为国有 / 集体企业的老年人更加倾向选择收费水平较高的养老机构。

综上，随着个人月均收入和配偶月均收入的增加，老年人选择收费较高的养老机构的倾向显著增加；主要收入来源为退休金的老年人收入稳定，相对于主要收入来源为子女供给和劳动收入的老年人更加可能选择收费较高的养老机构，退休前工作单位性质为国有 / 集体企业的老年人社会地位高，收入稳定，相对于私企 / 其他单位退休的老年人，选择收费较高的养老机构的概率较大。.

表 2-4 养老机构收费的 Ologit 回归结果

解释变量	系数 / 标准误
自变量	
个人月均收入（个人收入低）	
个人收入中	0.10(0.23)
个人收入高	1.12***(0.38)
配偶月均收入（配偶收入低）	
配偶收入中	0.43(0.29)
配偶收入高	1.17***(0.35)
收入来源（退休金）	
子女供给	-0.74(0.63)
政府生活补助	-15.0 (761.55)
劳动收入	-1.54** (0.68)
个人健康自评（健康）	
不健康	-0.44（0.28）
一般	-0.42*(0.22)
去年医疗费用支出（1000 元及以下）	
1001-3000	0.35(0.26)
3001-5000	0.24(0.30)
5001-10000	0.18(0.36)
医疗费大于 10000	0.53(0.33)
退休前工作单位性质（私企 / 其他单位）	
国有 / 集体企业	0.64**(0.28)
机关团体事业单位	0.49(0.40)

续表

解释变量	系数 / 标准误
控制变量	
性别	0.27(0.23)
年龄（65-74）	
60-64	0.08(0.24)
75-84	-0.25(0.30)
>=85	-0.06(0.53)
子女数量	0.05(0.12)
文化程度（初中以下）	
小学及以下	-0.44(0.30)
高中 / 中专 / 技校	-0.21(0.25)
大专及以上	0.42(0.32)
居住状况（与配偶，不与子女）	
独居	-0.62(0.41)
与子女，不与配偶	-0.09(0.39)
与配偶，子女一起	0.35(0.26)
配偶健康状况（健在）	
去世	0.65(0.43)
卧病在床	0.02(0.68)
N=499	
LR chi²(28)=111.66	
Prob>chi²=0.0000	
Pseudo R²=0.1273	

注 1：收费以"低于 1500 元"为参照组
注 2：* p<0.1, ** p<0.05, *** p<0.01，括号内为标准误

（二）老年人对养老机构规模偏好的影响因素分析

模型2的因变量是老年人对养老机构规模的选择偏好，以"小型的家庭式（15—30张床）"为参照组。从上文中因变量的描述统计表可知，选择"小型的家庭式（15—30张床）"的老人占比40.68%，总体上随着机构规模的扩大，选择的老人逐渐减少。受访的老年人总体上更加偏好规模较小的养老机构。

1. 经济分层自变量的影响

经济分层变量包括个人月均收入、配偶月均收入、主要收入来源三个自变量。控制了其他自变量的影响后，在 $p<0.05$ 的显著性水平下个人月均收入自变量对模型2的因变量产生显著的影响：相对于个人收入低的组别，个人收入中等的老人在床位数200以上的大型养老机构和与小型的家庭式（15—30张床）的养老机构之间选择时的相对风险比为3.44，可见，个人收入中等的老年人比个人收入低的老年人更倾向选择规模为200以上的大型养老机构。

配偶月均收入自变量在 $p<0.05$ 的水平下显著，在控制了其他自变量的影响的情况下，与配偶收入低的组别比较，配偶月均收入为配偶收入中的老年人选择30—50张床的概率与选择小型家庭式（15—30张床）的概率的相对发生比为0.44，相对于15—30张床位的机构，配偶收入中等比配偶收入低的老年人更倾向于选择15—30张床的养老机构。

主要收入来源为政府生活补助的老年人在 $p<0.01$ 的水平下显著，在控制了其他自变量的影响的情况下，主要收入来源为政府生活补助的老人与主要收入来源为退休金的老年人比较，在50—100张床与15—30张床的养老院之间选择的相对风险比为11.07；可见15—30张床位的小型养老院更受到收入来源稳定的老年人偏好。可见，并非收入高经济条件好的老年人就一定偏好规模较大的养老机构。小型养老机构也受到了部分收入稳定的老年人的偏好。

2. 健康分层自变量的影响

健康分层变量包括个人健康自评和去年医疗费用支出。在控制了其他自变量的情况下，个人健康自评在 $p<0.1$ 的水平下显著。与个人健康自评为健康的老年人相比，个人健康自评为不健康的老年人选择50—100张床的概率与选择小型家庭式（15—30张床）的概率的相对风险比为0.46。在控制了其他自变量的影响后，与个人健康自评为不健康的老年人相比，个人健康自评为一般的老年人选择50—100张床的概率与选择小型家庭式（15—30张床）

的概率的相对风险比为 0.55；选择 200 以上的大型养老机构与选择小型家庭式（15—30 张床）的概率的相对发生比为 0.38。可见，健康状况较差的老人对于养老机构的规模需求较低。分析结论验证了原假设。

3. 职业分层自变量的影响

在控制了其他自变量的影响后，退休前工作单位性质在 p<0.01 的水平下显著。国有 / 集体企业退休的老年人与私企 / 其他单位退休的老年人比较，在选择 50—100 张床的机构和小型家庭式（15—30 张床）机构之前选择时的风险比为 2.38。可见，机关团体事业单位退休的老年人对 50—100 张床位的中等规模养老机构更为偏好。

表 2-5 养老机构规模的 Mlogit 回归结果

	30—50 张床	50—100 张床	100—200 张床	200 以上的大型养老机构
自变量				
个人月均收入（个人收入低）				
个人收入中	0.14	0.53	-0.19	1.23**
个人收入高	-0.21	0.72	-0.10	0.65
配偶月均收入（配偶收入低）				
配偶收入中	-0.82**	-0.37	0.40	-0.03
配偶收入高	-0.61	0.44	1.08	-0.23
收入来源（退休金）				
子女供给	0.18	0.88	-13.80	1.09
政府生活补助	-0.75	2.41***	-13.33	0.95
劳动收入	-2.00**	-0.16	-0.96	-0.48
个人健康自评（健康）				
不健康	-0.21	-0.77*	-0.35	-0.53
一般	-0.06	-0.59*	-0.47	-0.96*
去年医疗费用支出（1000 元及以下）				
1001—3000	0.36	-0.10	-0.26	-0.00
3001—5000	0.35	-0.91**	-0.23	0.34

	30—50 张床	50—100 张床	100—200 张床	200 以上的大型养老机构
5001—10000	0.13	-0.60	-0.41	-0.75
医疗费大于 10000	0.78*	0.27	0.37	-0.66
退休前工作单位性质（私企/其他单位）				
国有/集体企业	-0.37	1.24***	-0.58	-0.68
机关团体事业单位	0.47	0.87	-0.11	-0.89
控制变量				
性别	0.10	0.19	-0.43	-1.28**
年龄（65—74）				
60—64 岁	0.46	-0.36	-0.46	0.91*
75—84	0.34	-0.04	-0.84	-0.92
>=85	0.13	1.53**	0.68	-0.18
子女数量	-0.04	-0.39**	-0.37*	0.01
文化程度（初中以下）				
小学及以下	-0.12	-0.20	-0.08	0.65
高中/中专/技校	0.04	0.05	-0.47	0.51
大专及以上	0.17	0.16	0.05	0.89
居住状况（与配偶，不与子女）				
独居	-0.74	-1.03*	-0.59	0.34
与子女，不与配偶	-0.20	0.26	-0.22	0.11
与配偶，子女一起	0.11	0.18	0.01	-0.36
配偶健康状况（健在）				
配偶去世	0.30	0.68	1.60*	0.38
配偶卧病在床	0.45	1.05	-13.17	-13.01

	30—50 张床	50—100 张床	100—200 张床	200 以上的大型养老机构
		N=499		
		LR chi2(112) = 156.46		
		Prob > chi2 = 0.0035		
		Pseudo R2 = 0.1115		

注 1：规模以"小型的家庭式（15-30 张床）"为参照组
注 2：* p<0.1, ** p<0.05, *** p<0.01，括号内为标准误

五、不同分层老年人对养老机构收费与规模需求的研究结论

从经济分层、健康分层及职业分层的维度看养老机构的收费问题，我们发现随着个人月均收入和配偶月均收入的增加，老年人选择收费较高的养老机构的倾向显著增加；主要收入来源为退休金的老年人收入稳定，相对于主要收入来源为子女供给和劳动收入的老年人更加可能选择收费较高的养老机构；健康状况较差的老人在选择养老机构时却倾向于选择收费水平较低的机构。退休前工作单位性质为国有 / 集体企业的老年人社会地位高，收入稳定，相对于私企 / 其他单位退休的老年人，选择收费较高的养老机构的概率较大。

从经济分层、健康分层及职业分层的三个维度审视老年人对养老机构规模的需求，我们发现配偶收入中等的老人比配偶收入低的老人，更加偏向家庭型小规模养老机构，主要收入来源为退休金的老年人相对于政府救助的老人更偏向选择家庭型的小规模养老机构。可见小规模似家的养老机构受到中等收入及以退休金为主要收入来源的老年人的青睐。此外，健康状况较差的老年人并不偏好规模较大的养老机构，而对小规模的家庭养老机构情有独钟。

总体上看，目前我国城市老年人尚不能接受收费较高的养老机构，普遍倾向选择收费低廉的养老机构。同时，大多数老年人对于小规模的家庭型养老机构接受度高。据此，我们建议：一是应从国家政策层面大力扶持城乡社区内的小规模的家庭型养老机构，鼓励企业、社区及私人创办小型的家庭型

养老机构满足我国广大老年人的需求。二是适度控制高收费、大体量的养老机构的发展。这类机构投入巨大，且收费高昂，令大多数退休老人不敢问津。三是建立高龄老人、失能失智老人的机构养老补贴，因为这类人群对养老服务有刚性需求，但由于医疗开支大，可能导致他们无法有效满足自身的养老护理需求。四是社区内的小规模养老院应定位于中等收入人群，收费不宜过高，应充分利用其嵌入社区、紧邻家庭的优势整合社区、家庭、机构三方的养老资源，打造小而美，小而暖的养老氛围。

第三节　不同分层老年人对养老机构选址与设施的需求

一、引言

在我国人口快速老龄化的进程中，养老机构将发挥日益凸显的重要作用。2017 年国务院印发的《"十三五"国家老龄事业发展和养老体系建设规划》中明确提出推动养老机构提质增效，全面提升养老机构服务质量。[①] 我国养老机构总数于 2018 年 2 月超过 14.46 万。[②] 我国养老机构在选址上大体分为城市社区内的养老机构、城市内但非社区内的养老机构、近郊区的养老机构以及农村的养老机构，养老机构的设施条件参差不齐。低端养老机构设施简陋、安全堪忧，高端养老机构设施奢华，过度供给豪华服务。我国养老服务设施资源配置不佳，养老机构的两极分化趋势明显。事实上，养老机构的性质、收费、规模、地理位置、环境等影响老年人的选择意愿。[③] 老年人对机构的选址非常敏感，主要考虑与子女住所的距离。就老年群体整体而言，老年人更倾向于选择离市中心较近的养老院，[④] 市区内的养老机构在医疗、交通设施和离家距离上存在优势，[⑤] 也有学者认为选址郊区的养老机构的自然环境优势明

---

① 国务院 . 国务院关于印发"十三五"国家老龄事业发展和养老体系建设规划的通知 [EB/OL].(2017-02-28)[2019-01-19].http://www.gov.cn/zhengce/content/2017-03/06/content_5173930.htm.

② 中华人民共和国民政部，2017 年 3 季度全国社会服务统计数据 [EB/OL].(2017-11-02)[2019-01-19].http://www.mca.gov.cn/article/sj/tjjb/qgsj/201711/201711021412.html.

③ 高晓路 . 城市居民对养老机构的偏好特征及社区差异 [J]. 中国软科学，2013(01)：103-114.

④ 戴维，铃木博志，长谷川直树 . 北京养老服务机构入住理由及位置选择的初探——关于合理布局建设养老服务机构 [J]. 城市规划，2012，36(09)：77-84.

⑤ 宋姗，王德，朱玮，王灿 . 基于需求偏好的上海市养老机构空间配置研究 [J]. 城市规划，2016，40(08)：77-82+90.

显。[1] 我们试图从社会分层的视角探索不同层次的老年人对养老院选址与设施的真实需求，进而收集老年人对养老院设施的偏好信息，为国家对机构养老扶持政策的制定及我国社区养老院的合理定位提供参考。

目前我国养老机构设施条件参差不齐，本文为收集老年人对养老机构设施的需求，采用的是较为通识的酒店星级划分标准，以配套设施作为划分依据，将养老院分为不同星级。具体见表 2-6。

表 2-6　养老院设施条件的标准 [2]

	干净整洁无异味	三星标准	四星标准	五星标准
配套家具	软垫床、桌椅、床头柜	软垫床、梳妆台或写字台、衣橱及衣架、座椅或简易沙发、床头柜、床头灯、行李架等配套家具	高档软垫床、写字台、衣橱及衣架、茶几、座椅或沙发、床头柜、床头灯、台灯、落地灯、全身镜、行李架等高级配套家具	舒适的软垫床、写字台、衣橱及衣架、茶几、座椅或沙发、床头柜、床头灯、台灯、落地灯、全身镜、行李架等高级配套家具
卫生间/浴室	男女分设、间隔式的公共卫生间和公共浴室	房间内有可供淋浴的卫生间，装有抽水恭桶	房间内有可供淋浴或带有浴缸卫生间，装有高级抽水恭桶	房间内有面积宽敞带有淋浴和浴缸的卫生间，装有高级抽水恭桶
空调设施	适应所在地气候的采暖制冷设备	有空调设施，各区域通风良好，温度湿度适宜	中央空调，各区域通风良好	中央空调，各区域空气质量良好，关注整体空气质量
电话机	有	有	有	有
电视机	画面音质清晰	画面音质清晰，频道不少于16	画面音质清晰，频道不少于16	画面音质清晰，频道不少于24且有顺序编辑
康乐设施	无	有康乐设备，并提供相应服务	有康乐设备，并提供相应服务	有康乐设备和多功能厅，并提供相应服务

---

① 周尚意，罗梦婷. 北京养老院床位数有效需求的空间差异分析 [J]. 北京规划建设，2017(05)：32-35.

② 国家旅游局质量规范与管理司. 中华人民共和国星级酒店评定标准 [EB/OL].(2013-10-31)[2019-01-19].http://zwgk.wugang.gov.cn/govdiropen/jcms_files/jcms1/web40/site/art/2013/10/31/art_3450_1002.html.

二、研究假设

养老机构的选址可以分为四种类型：1. 社区 / 周边（步行 30 分钟）；2. 市区（离家 30 分钟车程以内）；3. 近郊（一小时车程以内）；4. 远郊 / 农村。养老机构的设施条件分为四种类型：1. 干净整洁无异味；2. 三星标准；3. 四星标准；4. 五星标准。本研究侧重从经济分层、健康分层、职业分层三个维度探索老年人对养老机构选址及设施的需求偏好，提出以下假设：

（一）对养老机构选址需求影响因素的研究假设

假设 1a. 老年人经济分层因素对养老机构选址偏好产生影响。选址在社区内的养老机构大多因为房屋位置等限制，规模较小，配套设施水平不高。随着老年人收入的增加，老年人更倾向选择选址在社区外的设施较好的养老机构。低收入老人更倾向于社区养老院。

假设 1b. 老年人健康分层因素对养老机构选址偏好产生影响。健康状况越差的老人对医疗资源具有刚性需求，更倾向于选择医疗资源密集的社区内或市区内的养老机构。

假设 1c. 老年人职业分层因素对养老机构选址偏好产生影响。机关事业单位老年人收入稳定，社会地位相对较高，相对于社区内的机构，更倾向于选择交通方便、医疗资源丰富的市区内或者近郊的养老机构。

（二）对养老机构设施需求影响因素的研究假设

假设 2a. 经济分层因素对老年人的养老机构设施需求影响显著。个人月均收入高的老人更倾向选择设施条件较好的四星、五星标准养老机构；由于老年夫妻之间的紧密关系，配偶月均收入高的老人也可能更倾向设施条件较好的养老机构。

假设 2b. 健康分层因素对养老机构设施条件偏好需求影响显著。个人身体状况差的老人由于身体机能下降，可能更加倾向选择设施条件较好的四星、五星标准养老机构。

假设 2c. 职业分层因素对养老机构设施偏好产生影响。个人退休前的工作单位所有制对养老院设施条件偏好需求影响显著。机关团体事业单位的老人养老金稳定，社会地位相对较高，机关团体事业单位的老人对高端养老机构的需求更强烈。

三、研究设计

（一）样本与数据来源

课题组于 2017 年 7 月—8 月在湖北省武汉市开展城市老年人养老模式入户问卷调查。此次调查按照多水平、随机抽取群体样本的程序，采取多阶段随机抽样的方法在武汉市 7 个中心城区的 14 个城市社区展开调查。本次调查完全覆盖了武汉市所有中心城区，首先在每个中心城区随机抽取两个城市社区，再采取系统随机抽样的方法在每个抽到的社区抽取 45 名 60 岁以上的社区居民作为此次调查的访问对象。本次调查共发放 630 份问卷，回收有效问卷 523 份，有效回收率为 83%。本次调查自设计问卷从老年人个人基本特征、经济分层、健康状况分层、退休前职业分层等四个维度设计问题、收集信息，具体包括受访老人养老机构选址与养老机构设施条件进行选择的信息。调研完成后，就问卷中设计的变量指标集中检验，筛选出部分指标作为研究变量，确定了最终的样本和数据。

（二）变量界定

1. 因变量

表 2-7　因变量描述性信息

变量	变量取值	频数	百分比（%）
将来可能选择的养老机构选址 y_1	社区 / 周边（步行 30 分钟）	345	66.60
	市区（离家 30 分钟车程以内）	81	15.64
	近郊（一小时车程以内）	61	11.78
	远郊 / 农村	31	5.98
将来可能选择的养老机构设施条件 y_2	干净整洁无异味	289	57.92
	三星标准	127	25.45
	四星标准	56	11.22
	五星标准	27	5.41

问卷中将老年人对养老机构选址分为"社区 / 周边（步行 30 分钟以内）"、"市区（离家 30 分钟车程以内）""近郊（一小时车程以内）""远郊 / 农

整合居家养老与机构养老的新型社区养老院模式构建

村"，这一变量是模型 1 的因变量，将其依次赋以数值："社区 / 周边（步行 30 分钟以内）"=1，"市区（离家 30 分钟车程以内）"=2，"近郊（一小时车程以内）"=3，"远郊 / 农村"=4。

问卷中将老年人对养老机构的设施的选择分为"干净整洁无异味"，"三星标准"，"四星标准"，"五星标准"，这一变量是模型 2 的因变量，将其依次赋以数值，"干净整洁无异味"=1，"三星标准"=2，"四星标准"=3，"五星标准"=4。由于受访两个因变量均为多值互斥选择，我们采用 Mlogit 回归法，以估计各个分层自变量与因变量的关系。

2. 自变量

表 2-8　自变量说明

变量	均值	标准差	变量说明
经济分层变量			
个人月均收入			
X_{11} 个人月均收入中等	0.41	0.49	0/1 "1" 为个人收入中等；"0" 为其他
X_{12} 个人月均收入高	0.14	0.35	0/1 "1" 为个人收入高；"0" 为其他
配偶月均收入			
X_{21} 配偶月均收入中等	0.31	0.46	0/1 "1" 为配偶收入中等；"0" 为其他
X_{22} 配偶月均收入高	0.17	0.37	0/1 "1" 为配偶收入高；"0" 为其他
主要收入来源			
X_{31} 子女供给	0.04	0.19	0/1 "1" 为子女供给；"0" 为其他
X_{32} 政府生活补助	0.03	0.17	0/1 "1" 为政府生活补助；"0" 为其他
X_{33} 劳动收入	0.05	0.21	0/1 "1" 为收入为劳动收入；"0" 为其他
健康状况分层变量			
个人健康自评			
D_{11} 一般	0.35	0.48	0/1 "1" 为个人健康自评一般；"0" 为其他
D_{12} 健康	0.47	0.50	0/1 "1" 为个人健康自评健康；"0" 为其他

58

变量	均值	标准差	变量说明
去年医疗费支出			
V_{11} 1001-3000	0.28	0.45	0/1 "1" 为 1001-3000；"0" 为其他
V_{12} 3001-5000	0.16	0.37	0/1 "1" 为 3001-5000；"0" 为其他
V_{13} 5001-10000	0.10	0.30	0/1 "1" 为 5001-10000；"0" 为其他
V_{14} 大于 10000	0.13	0.34	0/1 "1" 为大于 10000；"0" 为其他
职业分层变量			
退休前职业所有制性质			
P_{11} 国有 / 集体企业	0.63	0.48	0/1 "1" 为退休前职业所有制性质为国有 / 集体企业；"0" 为其他
P_{12} 机关团体事业单位	0.12	0.32	0/1 "1" 为退休前职业所有制性质为机关事业单位；"0" 为其他

本研究的核心变量是经济分层自变量、健康分层变量、职业分层变量：

（1）经济分层自变量

a. 个人月均收入

受访老人根据三个等级划分月均收入低收入（小于 2300）、中等收入（2300—3500）、高收入（大于 3500）；低收入标准参照的是 2017 年武汉市城市平均退休金水平，低于平均退休金水平的老年人设为低收入组。高收入标准参照个人所得税的起税标准。此变量为 3 分类变量，代入模型时进行虚拟变量转换，以个人月均收入的低收入组为参照组，产生 2 个虚拟变量 X_{11}、X_{12}。

b. 配偶月均收入

分类标准同个人月均收入相同。对配偶的月均收入这个 3 分类变量进行虚拟变量转化，以配偶低收入组为参照组，产生 2 个虚拟变量 X_{21}、X_{22}。

c. 主要收入来源

收入来源四分为退休金、子女供给、政府生活补助、劳动收入。以 "退休金" 为参照组，产生 3 个虚拟变量 X_{31}、X_{32}、X_{33}。

（2）健康分层变量

a. 个人健康自评

受访老人的个人健康自评以不健康、一般、健康三个等级划分。以"不健康"为参照组，产生两个二分的虚拟变量 D_{11}、D_{12}。

b. 去年医疗费用支出

5 分类变量，代入模型时进行虚拟变量转换，以"小于 1000"为参照组，产生 4 个虚拟变量 V_{11}、V_{12}、V_{13}、V_{14}。

（3）职业分层变量

退休前职业所有制性质：划分为私企/其他、国有/集体企业、机关团体事业单位三个分类，以"私企/其他"为参照组，产生两个二分的虚拟变量 P_{11}、P_{12}。

3. 控制变量

基于已有的文献，本文选取了可能影响老年人对养老机构选址及设施需求的因素作为控制变量，具体包括性别、年龄、子女数量、文化程度、居住状况，详见表 2-9。

表 2-9 控制变量说明

变量	均值	标准差	变量说明
性别			0/1 "1" 为男；"0" 为女
年龄			
L_{21} 65-74	0.43	0.50	0/1 "1" 为 65-74；"0" 为其他
L_{22} 75-84	0.20	0.40	0/1 "1" 为 75-84；"0" 为其他
L_{23} 85 及以上	0.05	0.23	0/1 "1" 为 85 及以上；"0" 为其他
文化程度			
L_{31} 初中	0.34	0.48	0/1 "1" 为初中；"0" 为其他
L_{32} 高中/中专/技校	0.28	0.45	0/1 "1" 为高中/中专/技校；"0" 为其他
L_{33} 大专及以上	0.13	0.34	0/1 "1" 为大专及以上；"0" 为其他
L_4 子女数量	2	1.20	实际数量（定距）
居住状况			
L_{51} 与配偶，不与子女	0.43	0.50	0/1 "1" 为与配偶，不与子女
L_{52} 与子女，不与配偶	0.21	0.41	0/1 "1" 为与子女，不与配偶
L_{53} 与配偶、子女一起	0.20	0.40	0/1 "1" 为与配偶、子女一起

（三）模型构建

本文分别以养老机构选址和养老机构设施为因变量，建立两个回归模型。两个模型的因变量均为四分类离散型数据，类别无天然的顺序关系。由于采用最小二乘法（OLS）所得结果不是最优线性无偏估计量，而离散选择模型的使用可避免估计结果不一致和异方差问题，因此使用多项 Logit（Multinomial Logit，Mlogit）模型拟合。假设效用函数的误差项是独立分布的，老年人 i 选择养老机构选址类型 K 的概率 prob(y_{1i} = k) 可以表示为模型 1：

$$\mathbf{P}\ \boldsymbol{b}\ (y_{1i} = k) = \frac{\exp(\alpha_k X_i + \beta_k D_i + \chi_k P_i + \lambda_k L_i)}{\sum_{m=1}^{4}(\exp(\alpha_m X_i + \beta_m D_i + \chi_m P_i + \lambda_k L_i))}$$

上式中，因变量 y_1 是一个分类变量，代表老年人对养老机构选址的选择。X_i 为老年人经济分层变量向量；D_i 为老年人健康分层变量向量；P_i 为老年人退休前职业分层变量向量；L_i 为老年人其他个人基本特征控制变量向量。

老年人 i 选择养老机构设施类型 K 的概率 prob(y_{2i} = k) 可以表示为模型 2：

$$\mathbf{P}\ \boldsymbol{b}\ (y_{2i} = k) = \frac{\exp(\alpha_k X_i + \beta_k D_i + \chi_k P_i + \lambda_k L_i)}{\sum_{m=1}^{4}(\exp(\alpha_m X_i + \beta_m D_i + \chi_m P_i + \lambda_k L_i))}$$

上式中，因变量 y_2 是一个分类变量，代表老年人对养老院设施条件的选择。X_i 为老年人经济分层变量向量；D_i 为老年人健康分层变量向量；P_i 为老年人退休前职业分层变量向量；L_i 为老年人其他个人基本特征控制变量向量。

四、回归结果与分析

运用 Stata14.0 软件进行回归分析，回归结果见表 2-10、表 2-11 所示，表中汇报了回归系数，软件还计算出相对风险比（relative risk ratios），RRR 为回归系数的指数。

（一）老年人对养老机构选址偏好的影响因素分析

模型 1 的因变量是老年人对养老机构选址的选择偏好，以"社区 / 周边（步行 30 分钟之内）"为参照组。从上文中因变量的描述性分析可知，67% 的老年人选择社区 / 周边（步行 30 分钟），大多数老人倾向选择离家近的社区内或者市区的养老机构。

1. 经济分层自变量的影响

在 P<0.05 的显著性水平上经济分层自变量中个人月均收入与收入来源两个自变量均对老年人的选址需求产生显著的影响。相对于个人月均收入低的老年人，选址离家 30 分钟车程的市区内的养老机构比选址社区内的养老机构对个人月均收入高或中等的老人更加有吸引力。个人月均收入中等的老人与个人月收入低的老人在选择市区内的机构与社区内机构的相对风险比为 2.1；个人月均收入高的老人与个人月均收入低的老人在选择市区内的机构与社区内机构时的相对风险比为 3.3 倍。此外，在 P<0.05 的显著性水平上高收入组别与低收入组别在选择近郊的机构相对于社区内机构的相对风险比为 4.05。可见，虽然频数分析发现总体上大多数选择了选址在社区的养老机构，但是随着老年人个人收入的提高，在养老机构的选择上会较为倾向市区内或近郊的养老机构。

收入来源变量在 p<0.05 的水平上显著。在控制了其他自变量的影响的情况下，收入来源为政府补贴的老人相对于与收入来源为退休金的老人，选择选址在农村或者远郊胜于社区养老院的相对风险比为 8.8；而收入来源为劳动收入的老人相对于收入来源为退休的老人的上述相对风险比为 4.9。由此可见，以政府补贴或劳动收入为主要收入来源的城市的低收入老人对于选址在农村的养老院是有明显偏好的。

2. 健康分层自变量的影响

健康分层自变量对选址偏好的影响不显著，模型的回归结果拒绝研究假设 1b。

3. 职业分层变量的影响

控制了其他自变量的影响后，在 0.05 的显著性水平上，退休前工作单位性质变量对选址偏好产生显著影响。相对于私企退休的老人，机关事业单位退休的老人在选址社的机构与选址市区的机构之间选择时，选择市区内机构的相对风险比为 0.21，选择近郊机构的相对风险比为 0.10；可见，在控制了其他变量后，退休前的职业身份并未增加老人对社区外养老的需求，退休前工作单位性质为机关事业单位的老人反而更加希望在熟悉的环境中养老。研究结论拒绝假设 1c。

表 2-10 模型 1Mlogit 回归结果

选址以"社区 / 周边（步行 30 分钟之内）"为参照组	市区（离家半小时车程内）	近郊（1 小时车程内）	远郊或农村
自变量			
个人月均收入（个人收入低）			
个人收入中	0.74**	0.35	0.14
个人收入高	1.16**	1.39**	0.51
配偶月均收入（配偶收入低）			
配偶收入中	0.39	-0.05	-0.07
配偶收入高	-0.46	0.30	0.54
收入来源（退休金）			
子女供给	0.16	0.75	0.16
政府生活补助	-0.27	0.43	2.16**
劳动收入	0.35	-13.58	1.56**
个人健康自评（不健康）			
一般	0.17	0.22	0.10
健康	0.45	0.42	0.12
退休前工作单位性质（私企 / 其他单位）			
国有集体企业	-0.07	0.39	-0.34
机关团体事业单位	0.04	-1.79**	-2.12*
控制变量			
性别	-0.45	-0.33	-0.76
年龄（60-64）			
65-74 岁	-0.66*	-0.01	0.60
75-84	-0.29	-0.29	0.96
>=85	0.11	0.92	0.35

选址以"社区 / 周边（步行 30 分钟之内）"为参照组	市区（离家半小时车程内）	近郊（1 小时车程内）	远郊或农村
文化程度（初中以下）			
初中	-0.29	0.46	0.89
高中 / 中专 / 技校	0.05	0.86	1.13*
大专及以上	0.29	0.96	-0.32
子女数量	0.15	-0.04	-0.11
居住状况（独居）			
与配偶，不与子女	0.76	-0.39	-0.63
与子女，不与配偶	0.86*	0.11	-0.06
与配偶，子女一起	0.84	-0.31	-0.71
N=499			
LR chi²(66)=91.23			
Prob>chi²=0.0216			
Pseudo R²=0.0921			

注 1：选址以"社区或周边（步行 30 分钟内）"为参照组
注 2：* p<0.1, ** p<0.05, *** p<0.01, 括号内为标准误

（二）老年人对养老机构选址偏好的影响因素分析

模型 2 的因变量是老年人对养老机构设施的选择偏好，以"干净整洁无异味"为参照组。从上文中因变量的描述统计表可知，选择"干净整洁无异味"的老人占比 57.92%，总体上随着机构设施条件提高，选择的老人逐渐减少。

1. 经济分层自变量的影响

经济分层变量包括个人月均收入、配偶月均收入、收入来源。控制其他自变量的影响后，在 p<0.05 的显著性水平上个人月均收入自变量对老年人对养老机构设施的需求产生显著的影响：相对于低收入组（参照组），个人月均

收入高的组在四星标准与干净整洁无异味的养老机构之间选择，相对风险比为 2.79，个人收入高的老人比个人收入低的老人更倾向选择设施条件为四星的养老机构。但是另一方面，高收入组对五星标准养老机构却无需求倾向，其相对低收入组选择五星标准机构的概率与干净整洁无异味标准机构概率的风险比仅为 0.20。可见，四星标准的养老机构较为符合高收入老人的选择标准。即便是高收入人群，对于设施条件奢华的五星级养老院的需求也是极低的。配偶月均收入变量对养老机构设施需求的影响并不显著。

收入来源变量在 $p<0.05$ 的水平上显著。在控制了其他自变量的影响的情况下，与收入来源为退休金的老人比较，收入来源为劳动收入的老人选择三星标准的机构的概率与选择"干净整洁无异味"的机构的概率的相对发生比是 0.32 倍。可见经济分层变量从收入水平和收入来源两个方面对老年人的设施需求产生显著影响。

2. 健康分层自变量的影响

在控制了其他自变量的情况下，与健康自评为不健康的老年人比较，健康自评为健康的老年人在干净整洁无异味和五星标准间选择，相对风险比是 4.13。与去年医疗费用支出 1000 元以下的老年人比较，去年医疗费用支出 3001—5000 的老年人在干净整洁无异味和三星标准间选择，相对风险比为 0.43。可见，健康状况较差的老人对于养老机构的设施需求较低。分析结论拒绝了原假设。

3. 职业分层自变量的影响

在控制了其他自变量的影响后，退休前工作单位性质在 $p<0.01$ 的水平上显著。与私企／其他单位退休的老年人比较，机关团体事业单位退休的老年人选择五星标准的概率与选择干净整洁无异味的设施条件的概率的相对风险比为 10.54 倍。可见退休前为机关团体事业单位的老年人对豪华设施的偏好较强，退休前的职业身份影响了退休后对养老设施条件的需求。研究结论验证了原假设。稳定的收入、较高的社会地位显著的增加了老年人对豪华设施的需求。

表 2-11　模型 2　Mlogit 回归结果

	三星标准	四星标准	五星标准
自变量			
个人月均收入（个人收入低）			
个人收入中	0.20	0.39	-0.53
个人收入高	0.39	1.03*	-1.62*
配偶月均收入（配偶收入低）			
配偶收入中	-0.70	-0.12	-0.04
配偶收入高	-0.52	0.29	0.94
收入来源（退休金）			
子女供给	-0.30	1.07	0.50
政府生活补助	0.14	0.70	1.28
劳动收入	-1.12*	-14.93	-0.60
去年医疗费用支出（1000 元及以下）			
1001-3000	-0.34	-0.25	-0.63
3001-5000	-0.85**	-0.28	-0.20
5001-10000	-0.26	-0.52	-0.25
>10000	-0.27	0.22	-15.05
个人健康自评（不健康）			
一般	-0.19	-0.20	0.71
健康	0.07	0.21	1.42*
退休前工作单位性质（私企/其他单位）			
国有集体企业	-0.31	0.18	0.55
机关团体事业单位	0.61	-0.11	2.33***

	三星标准	四星标准	五星标准
控制变量			
性别	-0.16	-0.52	-0.55
年龄（60-64）			
65-74 岁	0.32	-0.03	-0.31
75-84	0.77**	-0.33	-0.25
>=85	0.75	-0.41	0.53
文化程度（初中以下）			
初中	0.07	0.07	0.03
高中/中专/技校	0.54	0.21	0.91
大专及以上	0.58	0.41	0.85
子女数量	-0.22*	-0.14	-0.09
居住状况（独居）			
与配偶，不与子女	1.30***	1.07	-0.39
与子女，不与配偶	1.07***	1.20	-1.30
与配偶，子女一起	0.79*	0.88	0.41
N=499			
LR chi²(78)=108.99			
Prob>chi²=0.0118			
Pseudo R²=0.1023			

注 1：设施设备以"干净整洁无异味"为参照组
注 2：* p<0.1, ** p<0.05, *** p<0.01，括号内为标准误

五、不同分层老年人对养老机构选址与设施需求的研究结论

（一）从选址偏好看，随着老年人个人收入的提高，老年人会较为倾向选择 30 分钟车程以内的市区内的机构或选址在城市近郊的养老机构。从对机构的设

施偏好看，高收入老人显著偏好四星设施级别的养老机构，但并无更加倾向五星标准的养老机构。可见，对于目前我国高收入人群的目标养老机构定位应为选址在离家 30 分钟车程内，或者近郊区，设施标准为四星标准的养老机构。

（二）从选址偏好看，收入来源为政府补贴或劳动收入的处于经济分层底层的老人愿意选择选址在农村的养老机构，且在设施条件上，显著的偏好最基本的设施条件，即"干净整洁无异味"。可见，对于城市最低收入阶层的老年人可以考虑到设施完备的郊区或农村养老机构养老。

（三）从健康分层情况看，分析结果发现健康状况差的老人对养老机构的设施水平需求低，去年医药费支出水平较高的老人在三星标准和干净整洁无异味的设施条件之间，显著的偏好最为基础的设施条件，即"干净整洁无异味"。由此可见，健康状况差的老年人在医疗费用上的巨大支出可能在一定程度上限制了老年人对养老设施及服务的需求。

（四）从职业分层情况来看，相对于私企／其他类型企业退休的老人，机关事业单位退休的老人更偏好选址在社区内的养老机构，愿意在熟悉的环境中养老。但另一方面，相对于私企／其他类型企业退休的老人，机关事业单位退休的老人对豪华的五星设施养老机构表现出显著的偏好。收入较为稳定、社会地位较高的机关事业单位退休老人可能是豪华养老设施的主要购买者，但在选址上，这类人群又表现出对社区的眷念。

从以上研究结论中我们发现不同社会分层的老年人在对养老机构选址与设施的偏好上也表现出分层的趋势。为了促进我国机构养老的健康发展，国家养老服务政策更加落到实处，切实对接老年人的养老服务需求，我们提出几点建议：一是要遏制养老机构设施的过度奢华之风，从总体上看，大多数老年人对养老机构的设施水平要求不高，国家的机构建设补贴应向"干净整洁无异味"及"三星标准"养老院倾斜，保障大多数老年人的需求得到满足。二是大力发展社区养老院，选址在社区内的养老机构受到我国老年人的普遍欢迎，但社区养老院的设施标准定位不宜过高，主要满足中低收入人群。三是在城市内（非社区内）或近郊建设四星标准的养老机构满足高收入人群对机构养老的需求，可完全市场定价，不应作为国家政策重点倾斜的领域。四是针对健康状况较差的失能、半失能老人应探索建立机构养老补贴制度，保障这部分人群能够在支付医疗费用后仍有能力获得机构养老服务。

第三章　以社区养老院为平台的
居家养老服务盈利化模式

第一节　社区养老院作为居家养老服务市场化的平台

一、公共服务中的新公共管理模式

自 20 世纪 70 年代以来，在经济全球化和人口老龄化的双重压力之下，西方福利国家对原有的公共服务体系进行了一系列的改革。国家与市场、国家与社会组织，与公民之间在福利领域的权利与责任进行了新的划定。罗斯在《相同的目标，不同的角色——国家对福利多元组合的贡献》一文中阐释了西方学者对福利与国家新的思考：国家在提供福利上的确扮演着重要角色，但绝不是对福利的垄断。罗斯主张福利是全社会的产物，市场、雇员、家庭和国家都有提供福利的责任。放弃市场和家庭，让国家承担完全责任是错误的。

这一时期，新自由主义以其强劲的思想张力侵入到西方社会经济与政治领域，逐渐占据了英美等国主流经济学的地位，并在 80 年代至 90 年代从学术理论嬗变为国际垄断资本主义的经济范式和政治性纲领。[①] 英、美等国的右翼政府纷纷上台，英国首相撒切尔夫人是其中的代表人物。她强调应更多地发挥自由市场经济的作用，减少国家对经济生活的干预。[②]

20 世纪 90 年代之前，公共部门管理的新模式在多数发达国家已经出现，这种新模式有着较多的称谓，如：新管理主义、新公共管理、以市场为基础

---

① Rose,B,Common Goals but Different Roles: The State's Contribution to the Welfate Mix. Rose. R.&Shiratori, R.(Ed), The Welfare State East and West, Oxford: Oxford University Press, 1986.

② R. 米什拉 . 资本主义社会的福利国家 [M]. 郑秉文，译 . 北京：法律出版社，2003:26.

的公共管理、后科层模式、企业型政府以及新公共管理主义。其核心是认为公共部门与私营部门在管理上是相通的。并认为公共部门应借鉴私营部门的管理模式，将市场导向和竞争机制引入公共部门，建立"企业家政府"。[①]

如何将新公共管理理论应用于公共服务领域？美国学者奥斯本提出了改革政府的十项原则：(1)掌舵而非划桨；(2)重授权而非事必躬亲；(3)注重引入竞争机制；(4)注重目标使命而非繁文缛节；(5)重产出而非投入；(6)具备"顾客"意识；(7)有收益而不浪费；(8)重预防而不是治疗；(9)重参与协作的分权模式而非层级节制的集权模式；(10)重市场机制的调节而非依靠行政指令的控制。[②]

二、新公共管理与养老服务

新公共管理主义关注服务的效率与政策产出的质量，主张引入市场元素，放权给企业、非营利机构、社会组织和社区。政府可以是养老服务的供给方，但并非意味着仅仅政府才能供给养老服务。尤其在我国当前人口老龄化进程加快，养老服务需求日益多样化的背景之下，应鼓励私营部门参与养老服务的供给，引入市场竞争机制来提升养老服务的质量与效率。在养老服务领域，政府应该更多地去扮演一个"治理型政府"，而非"实干型政府"。在养老服务方面，新公共管理主义有如下几种实现方式：

（一）政府购买养老服务

政府购买养老服务是指政府将部分由政府直接提供的养老服务通过类似企业工程招标的方式公开招标，具有资质的社会服务机构、企业公开竞标，政府将养老服务交给具有资质的机构来完成，政府根据中标者提供养老服务的数量与质量支付费用。

（二）政府与社会组织合作生产养老服务

政府与社会组织合作生产养老服务，具体形式有养老机构的公建民营、服务外包、管理外包等形式。管理外包是指，政府投入建设养老机构，并保

---

① 美奥斯本，盖布勒.改革政府——企业家精神如何改革着公共部门[M].周敦仁等，译.上海：上海译文出版社，2006：36-50.

② 美奥斯本，盖布勒.改革政府——企业家精神如何改革着公共部门[M].周敦仁等，译.上海：上海译文出版社，2006：36-50

留对养老机构的所有权，私人部门获得机构一定时期的管理权与经营权。服务外包是公办的养老机构或公办的社区养老服务中将辅助性的服务外包给私人部门。

（三）特许经营模式

特许经营是指引入市场力量提供养老服务。具体包括居家养老服务的民营化与机构养老的民营化。在此过程中，政府的作用主要是宏观规划和指导，企业、社会组织、民间机构是服务的主导方。

三、政府购买居家养老服务的边界

（一）我国政府购买居家养老服务的发展历程

我国政府购买居家养老服务始于 2013 年，国务院办公厅出台了《关于政府向社会力量购买服务的指导意见》《关于开展养老服务业综合改革试点工作的通知》，指出政府向社会力量购买服务的必要性，把握了政府向社会力量购买服务的总体方向，同时提出要加快发展健康养老服务，探索公建民营、政府购买养老服务等多种养老服务供给方式。2014 年 9 月，财政部等部门联合发布《关于做好政府购买养老服务工作的通知》，明确指出到 2020 年，要建立比较完善的政府购买养老服务制度，形成高效合理的养老服务资源配置机制和供给机制。

随着政府购买服务在中国的实践探索和推进，政府部门不断发挥其应有的职能，通过社会政策或社会保障制度调节收入分配，促进了资源的合理配置和社会服务的专业化发展。在政府购买居家养老服务中，出资方和供给方出现分离，由原来的都是政府包办，到现在的由政府出资，有能力的社会组织承办，保障了弱势群体的权益，促进了居家养老服务的专业化发展。政府购买居家养老服务在实践中积极推动了养老服务专业化的发展，也切实地满足了弱势老人的养老需求。

（二）政府购买养老服务存在边界

政府购买服务在推动我国公共服务专业化水平的提升进程中发挥了引擎作用。但随着我国养老服务需求的不断增长，养老服务需求日益多样化，政府购买居家养老服务的功能边界也需要厘清。

1. 政府财政投入的有限性与居家养老服务需求增长之间的矛盾

社区居家养老服务是我国主流的社会养老服务形式，我国居家老人对于居家养老服务的需求不断增长，如果仅仅依靠有限的政府购买服务，必将难以满足老年人的服务需求。此外，政府购买养老服务资金来源于地方财政资金，各地地方财政实力差异巨大，地方政府对于养老服务的投入也存在很大的差距，因此政府财政投入的有限性与居家养老服务需求增长之间的矛盾日益凸显。

2. 养老服务服务内容单一与养老服务需求多样性之间的矛盾

政府购买居家养老服务是以政府为主导的养老服务供给模式。政府往往对购买的形式、内容、数量等做了严格规定，社会组织只是政府意志的执行者，缺乏自主性和创新力。此外由于政府财政投入的限制，目前仅仅提供专业化程度低的日常照料类服务，服务内容单一。专业服务人员数量少，专业技能薄弱，大部分工作人员只能提供基本的生活护理服务，缺乏专业的心理疏导和医疗照护技能。对于高龄老人或失能、半失能老人以及痴呆老人来说，专业化的居家养老服务才能满足他们的需求。社区居家养老服务的需求和供给之间存在着巨大的缺口，因此，社区居家养老服务市场化发展有其必要性。市场化发展一方面有利于满足老人的多样化和个性化需求。另一方面政府从服务的提供者转变为专门的监督者，有利于服务绩效的良好评估；另外，市场的良性竞争有利于老人们的自由选择，促使服务提供者改善服务质量。

3. 服务对象的覆盖范围窄难以满足多层次老年人的需求

政府对享受养老服务的对象有着严格的限制，目前居家养老免费服务对象仅限于无子女、无经济来源、无生活自理能力的"三无老人"、"低保"补助的老人、孤寡老人等，他们没有或有很少一部分生活来源，所以他们的费用主要由政府承担的。在政府购买养老服务的对象之外，我国中高收入老人的养老服务需求也需要对接。因此，政府购买养老服务难以满足多层次老年人的需求。

四、社区居家养老服务的市场化

居家养老服务可以按照有偿和无偿分为福利性和市场性服务。也可以将居家养老服务划分为无偿服务，低偿服务和有偿服务。但不论哪种服务，都不是提供者无偿提供，只是承担者费用支付的形式不同。城市居家养老服务商业化模式是将居家养老服务作为一种商品提供给消费者，通过市场调节配置为老年人提供产品或者劳务，购买对象可以为政府、社区、企业、个人，经营单位通过商业化、精准化管理和运作获得利润，达到社会效益和经济效益双赢的结果。

（一）社区居家养老服务盈利模式的必要性与可行性

1. 社区居家养老服务盈利模式的必要性

首先，从政府的财力看，政府完全供给的模式无法满足不断增长的养老服务需求。随着社会的发展，老年人的需求不再停留在就餐和生活方面，对于日常生活照顾、精神慰藉、心理支持、健康恢复、伤病护理、紧急救助、临终关怀等方面的需求日益增长，财政资金难以支撑所有的服务费用，急需引入市场力量，实现养老服务的多元供给。其次，从老年人的需求层面看，我国老年人群内部分化严重，对养老服务的需求差异非常大，市场化供给模式才有可能实现养老资源的优化配置，满足多元化的养老服务需求。再次，养老服务市场化的引入可以避免政府单一供给造成的服务低效等问题，市场的供给可以通过不同供给主体之间竞争降低养老服务成本，提升养老服务质量。

2. 我国居家养老服务市场化的可行性

我国养老服务市场本身蕴涵着巨大的养老服务需求基量。社会企业参与养老服务供给能够有效地整合养老服务资源。社会企业能够在养老服务方面提供低成本、高效率的公共产品，并能同时解决自身发展可持续性等问题。我国社区居家养老服务市场化既有利于缓解养老服务中的政府失灵，市场及志愿失灵等问题，又可以促进养老服务企业、社会组织的发展。目前，我国社会企业、社会组织参与居家养老服务的客观条件基本成熟，包括具有一定的资金实力，拥有专业服务队伍，掌握较为先进的管理经验，具备相关实践经验。因此，我国社区居家养老服务市场化发展具有可行性。

（二）社区居家养老服务的盈利化模式

1. 国内社区居家养老盈利化实践

社区居家养老要分类分群、因地制宜、因人而异，对孤寡和困难老人提供无偿或低偿服务，对一般人群可以提供低偿或有偿服务。例如宁波采用"分群分类服务"的方式。青岛市建立了市、区、街、居四级居家养老服务工作网络，对一般老人实行有偿服务，对困难老人等特殊对象，以政府购买服务的方式实行家政服务，以八大湖社区为典型代表。① 台湾在 2001 年长期护理事业就已经进入了产业化阶段，2007 年台湾当局通过了一个"10 年长期护理方案"，建立起包括官方、非营利机构、营利机构和社区在内的多元化福利服务提供体系。②

2. 国外社区居家养老盈利模式

（1）美国的 PACE 模式

PACE 模式是指在社区中实施的一种医疗照顾辅以社区服务的模式。它所创建的全员参与式的老年社区照护体系提供了汇集急症处理、疾病预防和长期护理三大方面的服务。这种方式使家庭、专家和被照护者有足够的灵活性，不仅能够满足老年群体个人健康照护的需求，还使他们能够持续在社区安全生活。在资金方面，医疗照顾经费主要来源于医疗保险和医疗救助，而在社区服务费用上一部分是免费的，其他费用需要个人进行支付。

（2）日本的小规模多功能养老机构模式

日本的小规模多功能养老机构模式是在日本介乎保险的政策框架之下建立的居家养老模式。设计理念是满足老年人在熟悉的生活环境中养老的需求，小规模、多功能，为居家老人提供基于个体需求的综合服务方案。日本小规模多功能养老机构的服务项目主要包括定期巡回、随时对应型访问护理看护服务和小规模多功能型居家养老服务两大的服务板块，将上门服务、机构内的日间服务、以及短期居住型服务有机整合。

（3）英国的社区照顾模式

英国的社区照顾模式是介于家庭养老和传统机构养老之间的一种模式。指对身心健康上有需要的老年群体，在社区中通过正式或非正式的社会服务系统提供援助式的服务。例如老年公寓、托老所和老年社区服务中心等可以为老年人群体提供生活照料、物质支援、心理支持和整体关怀等方面的服务。在资金方面，以政府出资承担为主，社区、家庭和个人补充为辅。

---

① 高红. 城市老年人社区居家养老的社会支持体系研究——以青岛市为例 [J]. 南京师大学报 (社会科学版)，2011(06)：42-47.

② 戴卫东. 台湾地区人口老龄化下长期护理政策及走向 [J]. 人口学刊，2011(04)：61-67.

（4）新加坡"三合一家庭中心"模式

新加坡"三合一家庭中心"模式是通过家庭实现居家养老的一种模式。在社区中，将托儿所、学生托管中心和托老所有机结合在一起，使得幼儿、老人以及放学后无法得到照顾的学生得到集中管理，促进三个年龄群体间的融合。在资金方面以中央公积金为主，辅以政府投入。

各国的居家养老服务发展模式不仅受到本土传统文化的深刻影响（例如，日本强调家庭意识，故而保留家庭养老传统），也与本国社会保障制度紧密相关。如英国体现了福利国家的特征，政府承担了主要的费用，新加坡重视扩展家庭的存在。美国和日本依托的是社会保险，居家养老服务的资金主要来源由医疗保险衍生而来的长期护理保险的保险金。

五、"嵌入式"养老：居家与机构的整合

"嵌入式"养老是机构养老和居家养老结合的新产物，以社区为载体，以资源嵌入、功能嵌入和多元的运作方式嵌入为理念，通过竞争机制在社区内嵌入一个市场化运营的养老实体，为老年人就近养老提供专业化、个性化、便利化的养老服务。[①]

（一）"嵌入式"养老的优势

1. 小规模优势

嵌入式养老一般是利用社区内的闲置用房或居民的自有房屋，一般规模较小，可以满足老年人似家环境的需求。避免大型养老机构环境的单调与枯燥。嵌入式养老模式在管理模式上可以提高居住老年人的参与性；由于规模小，机构内日常事务的管理可以更加人性化；这种模式对机构面积要求低，利于在我国城乡社区内进行复制。

2. 亲情滋养优势

嵌入式养老机构位于老年人生活的社区之内，距离老年人原有生活的家庭近，既能满足老年人对专业化养老服务需求，又能够较好地与家庭养老进行衔接，方便子女及亲属探望，也利于老年人与原有的生活环境与社会关系保持可持续的联络。

[①] 胡宏伟，汪钰，王晓俊，张澜. "嵌入式"养老模式现状、评估与改进路径 [J]. 社会保障研究，2015(02)：10-17.

（二）"嵌入式"养老实现路径

1. "互联网+"社区养老

通过"互联网+"，建立智能化养老平台。运用互联网技术、物联网技术、大数据等前沿技术，比如在适当的区域进行摄像头的安置，将视频影像传递到社区云计算管理系统中进行储存，对社区服务人员也能够产生强有力的约束，还能够方便老年人的家属及时了解老年人在家中的生活起居的现状。给老年人使用可穿戴设备，通过对老年人每天的数据信息，运用大数据分析方法将信息通过图表生成一张老年人专属的健康状况表，让老年人的亲属更直观地了解老人的身体健康状况；使用 GPS 定位系统对老年人的行动轨迹进行监测，以防止走丢或发生意外。同时，社区可以通过"互联网+"的技术建立与大型医疗机构和社区医疗机构的联系，为社区老年人提供便利的医疗维护服务，高效整合多层面的医疗服务和健康管理的资源，最终实现"互联网+"社区养老模式能够覆盖到老年人日常生活的方方面面。[①]

2. 建立社区养老院

以积极老龄化的理念设计我国社区养老院的服务体系，对现行的居家养老服务进行集成与整合，将健康、参与、保障落实到养老服务项目的设计中。[②]在健康服务设计中，对老年人定期进行健康评估，将老年人进行健康分类，对健康评估和健康分类的结果进行个性化的健康处理。在参与路径安排中，同时强化个人参与、组织参与和社区参与三种路径，为老年人提供多种参与方式；在保障体系设计中，构建政府、社区、家庭、个人共同参与体系，各个保障主体各司其职。

3. 嵌入小型医疗、养老机构

根据社区环境特征将养老机构与医疗机构"嵌入"老年人所在社区，通过对居民建档、慢病随访、对失能半失能老人提供专业化照料与看护、家庭医生签约等具体工作，能够及时完整地获得社区居民第一手健康数据。[③]家庭签约式服务模式下，病人来看病时可以凭预约单到窗口挂号，医生优先治疗。家

---

① 黄淼. 新时代社区养老的新思维及优化路径 [J]. 中国统计，2017(12)：26-28.

② 袁妙彧，方爱清. 积极老龄化视角下的新型社区养老院模式构建 [J]. 学习与实践，2018(02)：109-116.

③ 杨嘉莹. 结构性嵌入：医养结合在社区居家养老中的实践逻辑 [J]. 哈尔滨工业大学学报（社会科学版），2017，19(05)：60-65.

庭医生为病人及家庭成员建立健康档案，实现对口健康管理。这种模式下老人在熟悉环境下享受专业化养老医疗服务、满足老人家庭团聚的情感需求和保持原有社区关系归属感，打通老人生活圈和养老圈。

第二节　以社区养老院为依托的居家养老盈利化实践

社区内的小型养老院因受到床位数的限制在经营上难以实现规模效应。居家养老盈利化发展可以作为社区养老院经营新的利润增长点。社区养老院可以突破选址面积及床位数的限制向周边辐射居家养老服务。部分专业化的居家养老服务以市场化的渠道供给也能够满足居住在家中的对专业化养老服务有刚性需求的老人。课题组自 2015 年以来深度调查了北京、南京、深圳的九家养老机构，这些养老机构均在尝试开展居家养老服务盈利模式。我们对负责机构运营的主要管理者进行半结构访谈，他们大多是养老机构的创办者，同时也具体负责养老机构的日常运营，对于本机构居家养老与机构养老整合方式，居家养老盈利化实践过程中存在的困境甚为了解。

表 3-1　受访对象一览表

受访人职位	所属机构名称	机构所在地	机构成立时间
院长	月坛无围墙养老院	北京	2004 年
院长	北京寸草春晖养老院	北京	2011 年
主任	北京来广营	北京	2015 年
院长	深圳新现代颐康之家	深圳	2013 年
院长	真美好养老院	南京	1998 年
院长	金德松居家养老	南京	2009 年
院长	鼓楼区朝夕相处居家养老服务中心	南京	2001 年
工作人员	陆云居家养老	南京	2010 年
主任	杨园街	武汉	2012 年

我们以半结构访谈的方式对受访对象进行 30—40 分钟的访谈，并在现场收集了与研究问题相关的文本资料、图片资料等。访谈提纲主要包含以下几个方面的问题：

一是介绍社区养老院的基本情况（面积、规模、人数等）。

二是社区养老院原有的机构养老服务开展的基本情况。

三是社区养老院进行居家养老服务的盈利化探索的具体盈利化模式有哪些？

四是社区养老院在开展盈利化探索时遇到的主要困难有哪些？

运用 NVIVO11 进行编码首先将访谈稿导入软件的材料来源板块，然后逐字逐行编码，并形成具有研究意义的节点，将具有相同内容归属的文字编入相同的节点；分析节点的分布及节点数，将具有联系的节点用节点树连接，建立树状节点，形成三个层级的编码。另外，收集到的图片资料也纳入编码。三位研究人员对资料进行编码，编码的一致性分析结果满足对资料进行质性研究的要求。

一、四种典型的居家养老收费项目

运用 NVIVO11 对 9 家养老院的访谈资料进行编码，发现从居家养老服务的收费项目看，9 家机构基本聚焦到四种收费项目，分别是助浴、社区康复、日托和配餐服务，如表 3-2 中所示。

表 3-2 居家养老盈利收费项目编码表

一级编码	二级编码	三级编码
收费项目	助浴 参考值 3	无
	社区康复 参考值 7	1. 上门康复居家护理 2. 陪同就医
	日托 参考值 36	1. 免费性日托 2. 营利性日托
	配餐 参考值 13	1. 站内就餐 2. 送餐上门

从表 3-2 中对居家养老服务收费项目进行编码的情况看，9 家机构的访谈记录中涉及收费项目的参考值为共 59 个。访谈资料中被提到最多的收费项目是日托，参考值为 36 个，提供日托服务会根据老人的身体状况区分为不同的等级，不仅有早送晚接，部分机构还提供短寄服务。其次是配餐的参考值为 13 个，配餐服务 9 个机构都有涉及，包括在站内就餐和送餐上门两大类。再次是社区康复的参考值为 7 个，最后是助浴参考值为 3 个。

我们对养老院的类型从四个基本维度进行划分：地域、选址、规模、功能定位。

表 3-3　养老机构地域、选址、规模、服务人群定位一览表

机构名称	地域	选址	规模	服务人群定位
月坛无围墙养老院	北京	社区内	39	失能失智
北京寸草春晖养老院	北京	社区内	110	失能失智
北京来广营	北京	城市内	166	半自理
深圳新现代颐康之家	深圳	社区内	75	半自理
真美好养老院	南京	社区内	76	失能失智
金德松居家养老	南京	社区内	—	—
鼓楼区朝夕相处居家养老服务中心	南京	社区内	—	—
陆云居家养老	南京	社区内	—	—
杨园街	武汉	社区内	—	—

9 家养老机构选址、规模及服务人群定位见表 3-3 所示。我们将每个养老机构分别创建为一个案例节点，分类案例节点，并分配属性。将 9 个案例节点按照选址、规模、服务人群定位进行分类，并对案例节点进行编码，养老机构类型编码见表 3-4 所示。

表 3-4　养老机构类型编码

一级编码	二级编码	三级编码
养老机构类型	养老院分布地域 参考值9	1. 北京；2. 深圳；3. 南京；4. 武汉
	养老院选址 参考值9	1. 选址在城市社区内；2. 选址在城市但不在社区内；3. 选址在郊区
	养老院规模 参考值9	1. 床位数小于50；2. 床位数50—100 3. 床位数101—150；4. 床位数151—200, 5. 床位数200以上
	养老院服务人群定位 参考值9	1. 定位自理老人；2. 定位半自理老人 3. 定位混合兼收；4. 定位失能失智老人

（一）城市与居家养老服务收费项目

我国不同城市间的经济发展程度参差不齐，地方政府对养老服务的财政补贴政策差异较大。因此不同城市的社区养老院在进行居家养老服务盈利化探索时会受到地域的影响。北京、南京、深圳等地对居家养老服务的补贴力度较大，在很大程度上推动了这些城市居家养老服务市场化的发展。我们通过对调研资料进行整理分析，试图发现城市和居家养老服务收费项目之间的联系。

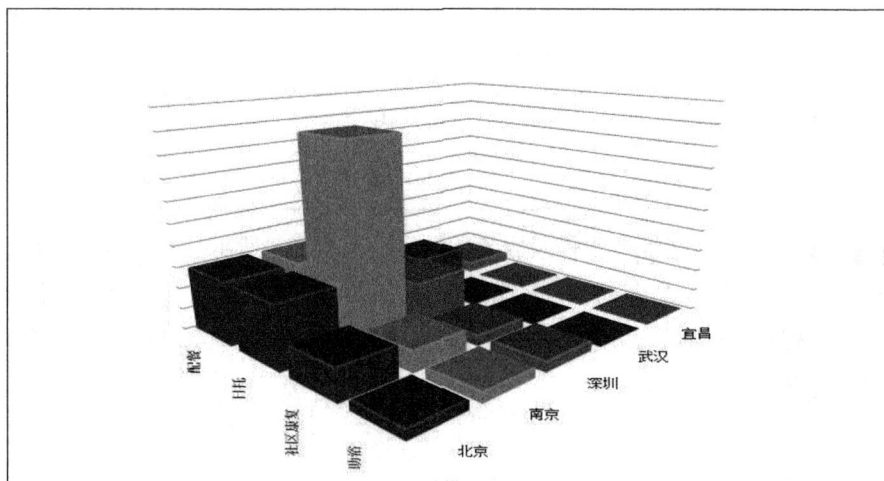

图 3-1　居家养老收费项目与地域

图 3-1 是居家养老收费项目—地域的三维节点矩阵，表示养老机构所在的城市：北京、南京、深圳、武汉和宜昌，服务项目，节点数目。图 3-1 可见北京、南京、深圳的养老机构普遍开始开展居家养老服务的收费项目。而武汉、宜昌的社区养老院大多仅仅在配餐服务上尝试收费，导致这种差异的主要原因是北京、南京、深圳三地的地方性促进政策提高了老年人对居家养老服务的购买力。

1. 北京市居家养老补贴政策

北京市居家养老补贴标准如表 3-5 所示：

表 3-5　北京市居家养老补贴标准

补贴类型	补贴标准
困境家庭老年人生活服务补贴	1. 享受低保待遇的老年人，每人每月 300 元； 2. 低收入家庭中未享受低保待遇的老年人，每人每月 200 元； 3. 属于非低收入家庭且未享受低保待遇、个人年收入低于本市低保标准的老年人，每人每月 150 元；4. 属于本市计划生育特殊困难家庭且不符合前述 1/2/3 款条件的老人，每人每月 100 元。
失能老年人护理补贴	1. 重度失能的老人不低于每人每月 600 元；2. 二级残疾老年人不低于每人每月 400 元；3. 残疾等级为一级、二级的听力、言语残疾老年人，不低于每人每月 200 元。
高龄老年人津贴	1.80 周岁至 89 周岁的老年人，不低于每人每月 200 元；2.90 周岁至 99 周岁的老年人，不低于每人每月 500 元；3.100 周岁及以上的老年人，不低于每人每月 800 元。

北京市的居家养老补贴政策主要针对三类老人：一是困境家庭老人；二是失能老人；三是高龄老人。其中失能老人居家照护服务补贴用于购买以下服务：生活照料：主要包括上门修脚、理发、洗澡等服务；精神关怀：主要包括为失能老年人及其主要照护者提供陪伴、精神慰藉等服务；健康指导：主要包括健康咨询、安全用药提醒、膳食营养指导等服务；生活护理：日常生活技能训练、褥疮清理等服务；送餐费补贴：每次 5 元，每天最多 2 次；签约家庭医生：每次 80 元，每月最多 2 次，服务内容为建立健康档案、系统物理检查、健康评估等。

此外，北京市建立了老年人助餐补贴制度，重点对托底保障群体、困境保障群体、重点保障群体，实施分类助餐补助。对已备案的老年餐集中配送中心、社区（村）食堂、老年餐桌等养老助餐服务单位予以运营补贴。

2. 深圳市居家养老补贴标准

深圳市的社区居家养老服务面向深圳户籍的居家老人，提供多样化的服务。居家养老服务根据老人的实际情况分为无偿服务、低偿服务和有偿服务。无偿服务的对象为具有深圳户籍的"三无"老人；低偿服务的对象为具有深圳户籍老年群体中的高龄老人、特殊群体老人；有偿服务的对象为有经济来源并需要居家养老服务的老人或者社区居民。社区居家养老以"立足社区、面向老人、专业服务"为特点，服务内容主要包括：生活照料、家政服务、康复服务、日托服务、心理咨询、精神慰藉、临终关怀等。

对具有深圳户籍老年群体中的高龄老人、特殊群体老人，政府实行货币化居家养老服务补助。享受补助的条件、标准如下：

表 3-6　深圳市居家养老补贴标准

补助条件	补贴标准
60 岁及以上享受低保且生活不能自理（介护，下同）的老人	500 元 / 月
60 岁以上非低保对象但生活不能自理老人（介护）	300 元 / 月
60 岁以上分散供养的"三无"老人、低保老人、重点优抚老人	300 元 / 月
80 岁以上老人	200 元 / 月

3. 南京市的居家养老补贴标准

南京市对部分老年人实行助餐补贴服务，主要针对五类老人，对于他们每餐给予 1.5 元的补贴。对于 75 岁以上的空巢或独居老人给予每餐 0.5 元的补贴，同时助餐点也会给予老人就餐优惠。五类老人指的是本市户籍，本人或其代理人提出申请，在本区范围内入住养老机构且符合下列条件之一的：60 周岁以上特困供养人员；失能、半失能、失智的低保及低保边缘的老人；经济困难的失能、半失能老人；70 周岁及以上的失能、半失能计生特扶老人；失能、半失能百岁老人。

此外，南京市对半自理、失能失智老人的照护服务也有相应补贴其中半失能老人每月 400 元、失能老人每月 700 元。2017 年按照调整要求，从 5 月开始，为经济困难的半失能、失能老人购买居家照护服务，购买标准分别由去年的 300 元 / 月和 400 元 / 月提高到 400 元 / 月和 700 元 / 月。5 月 1 日起，全市所有 75 周岁以上的独居老人都能享受安装紧急呼叫终端补助。

北京、深圳、南京居家养老服务的补贴政策是直接补需方，并根据不同类型的老年人制定了差异化的补贴标准。这种做法极大的提高了部分老年人购买居家养老服务的能力，进而推动了居家养老服务收费项目的落地与推广。

（二）机构的选址、规模与居家养老服务收费项目

选址是养老机构进行基本建设前最为重要的环节。养老院的选址对于机构后续运营影响重大。通常养老机构会基于功能定位，进行市场调研，根据预算及资源情况来选址。实际上，选址不同的养老机构开展居家养老服务时侧重有所不同。养老机构按照选址划分大致可以分为三种类型：第一类是选址在城市社区内的养老机构；第二类是选址在城市内但不在社区内的养老机构；第三类是选址在郊区的养老机构。

图 3-2 是居家养老收费项目——机构选址的三维节点矩阵，表示机构的选址分别为：在社区内、在城市不在社区内、在郊区，居家养老收费项目，节点数目。

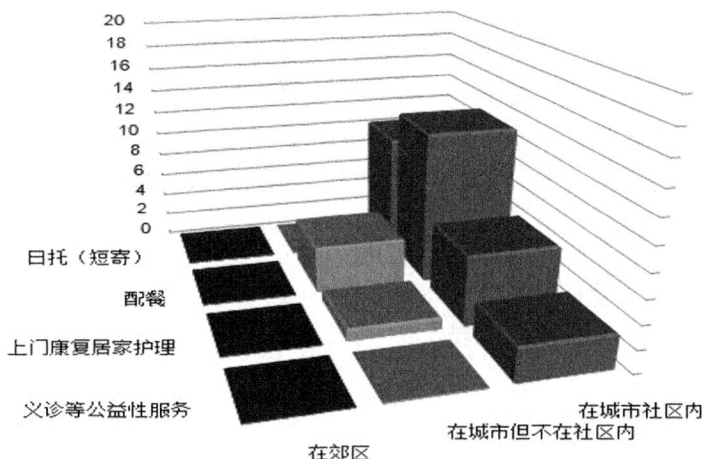

图 3-2 服务项目——选址

从图 3-2 可知，养老院的选址与养老院开展居家养老收费项目有着极强的关联性。如节点矩阵显示，选址在城市社区内的养老院在开展居家养老盈利化项目上具有明显的优势。根据调查显示，9 家开展居家养老服务收费项目的养老院中 8 家在社区内，1 家在城市内但不在社区内。图 3-3 是居家养老收费项目——机构规模的三维节点矩阵，表示机构的选址分别为：在社区内、在城市不在社区内、在郊区，居家养老收费项目，节点数目。

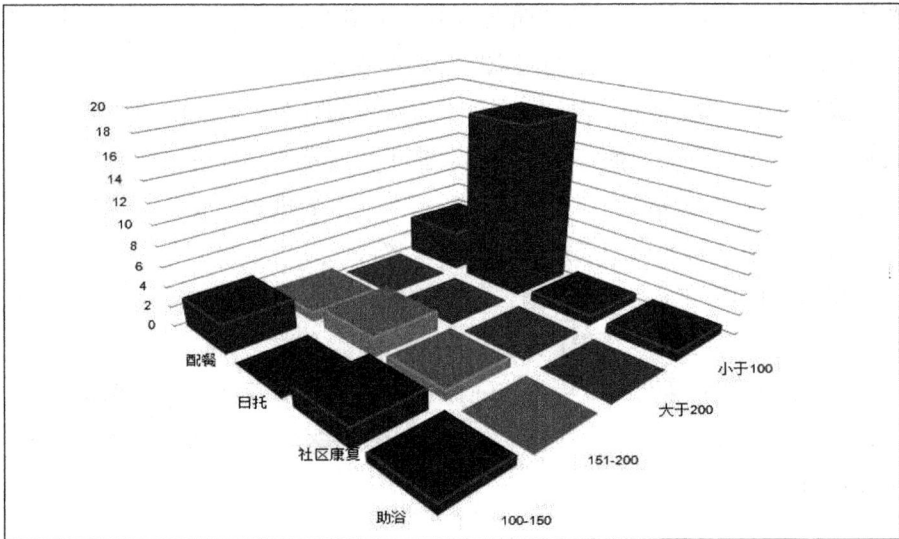

图 3-3　服务项目——机构规模

从养老院规模的分类来看，床位数小于 100 的养老院有 7 家，并且这 7 家养老院均位于社区内，床位数大于 100 小于 150 的养老院有 1 家，床位数大于 150 小于 200 的有 1 家。从图 4-3 可知，相对于床位数多的大型养老院，社区内的床位数小于 150 的中小型养老机构更倾向于开展居家养老收费服务项目。

选址在郊区的养老院一般规模较大，设施齐全，但地理位置远离城市中心，这类养老机构缺乏开展居家养老服务的地理优势。需要居家养老服务的老人大多生活在城市社区内，选址在郊区的养老院远离密集的居家养老人群，缺乏居家养老服务的受众人群，无法将自身拥有的资源辐射到周边。因此，选址在郊区的大型养老院通常将服务资源集中投入在机构养老服务上，专注于机构养老服务，难以在居家养老服务的盈利化上实现突破。

选址在城市内，尤其是在城市社区内的养老院由于其地理位置的优势，天然的临近居家老人的生活区，靠近居家养老服务的受众人群，能够利用机构养老的专业化优势切实的满足居家老人的服务需求，具备开展居家养老服务盈利化的条件。选址在社区内的养老机构能够有效的整合社区内的各种资源，如社区志愿者、社区居委会、社区居家养老服务中心等，为其开展居家养老盈利化服务提供基础条件。此外，社区内的中小型养老机构一般床位数较少，养老院维持经营难以形成规模经济。因此，社区内的中小型养老机构多倾向于将辐射周边居家养老服务作为机构新的盈利点。在社区内的中小型养老机构开展居家养老服务也有利于在周边地区提升机构知名度，拓展机构养老的市场。

（五）养老机构功能定位与居家养老服务收费项目

调查的 9 家机构中有 3 家机构服务人群定位为半自理老人，3 家机构服务人群定位为失能失智老人。半自理老人一般是指大脑思维清楚，有较为完全的语言表达能力，但由于体质较差或患有慢性疾病，以致正常行为能力退化的老人。失能失智老人是指是指日常生活、行为依赖抚手、拐杖、轮椅和其他辅助器具；年老体弱，行动、生活不便，生活需要护理的老人。

图 3-4 是居家养老服务收费项目与养老机构功能定位的三维节点矩阵图，代表机构的功能定位包括：自理老人、失能失智老人、混合兼收和半自理老人；机构的四种服务项目：配餐、日托、社区康复和助浴；节点数。

从图 3-4 可知，定位为混合兼收或自理老人的养老院不倾向于提供居家养老服务，定位为半自理老人和失能失智老人的养老院较为倾向于提供居家养老的收费服务项目。

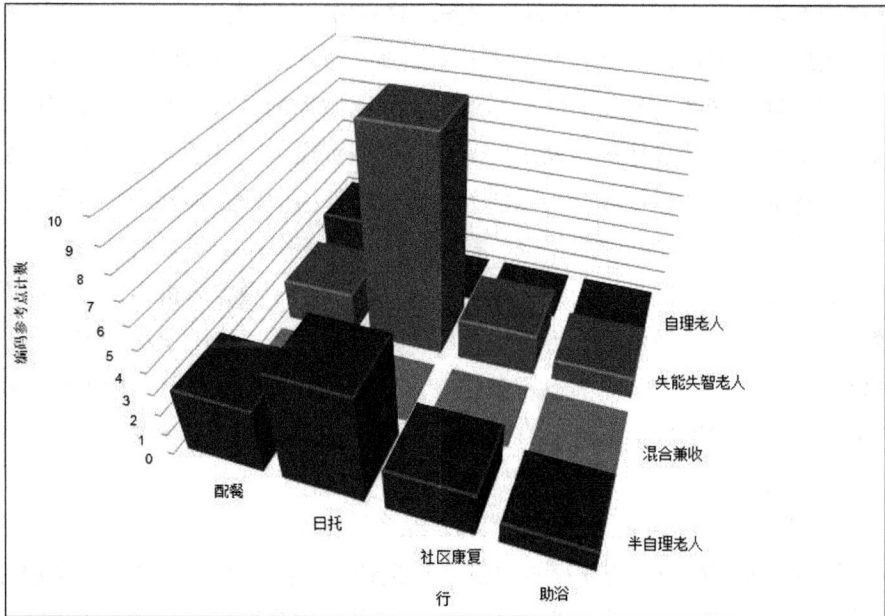

图 3-4　服务项目与机构功能定位

第一，设施好，成本高。定位为半自理老人和失能失智老人的养老院需要专业化的护理人员和康复设施，机构的硬件软件投入较高。养老机构向居家老人提供收费服务，能够提高机构养老服务设施的利用率，也能够在一定程度上提高机构内的服务人员的收入。因此，这类机构倾向在提供机构养老服务的同时辐射周边提供居家养老收费服务，实现机构资源利用最大化。

第二，刚性需求的养老服务宜推行收费模式。居住在自己家中的半自理老人、失能失智老人对专业的护理服务有刚性需求，因此，定位于半自理老人、失能失智老人的社区养老院能够为这类老人提供收费服务，如日托、配餐、助浴和康复类服务等，满足这类老人居住家中也能获取专业服务的需求。

二、居家养老服务盈利化的收费标准

在本节的第一部分我们分析了不同城市、不同选址与规模、不同功能定位的社区养老院在居家养老收费项目上的探索。在政府宏观政策的支持下，部分城市将一些技术含量较高的服务（例如社区康复服务）和一些老人需求量较大的服务（例如日托、配餐和助浴）以低偿或有偿的方式逐渐推广开来，这种尝试一方面拓宽了原有社区养老院的盈利渠道，一方面为机构所在社区及周边社区的居家老人提供专业的养老护理服务。在居家养老实现收费的过程中，收费标准应该如何制定是一个值得思考的问题。居家养老服务收费标准的制定首先应参照当地政府的相关政策规定，再根据当地老年人的需求及支付能力制定合理的收费标准。本部分调查中收集到的收费标准的资料按照收费项目进行分类。

（一）日托服务的收费标准

根据对资料的整理和分析，我们发现不同的受访者谈及日托服务时所指的内容并不相同。实际上受访机构的日托服务可以划分为为盈利性日托和免费性日托两大类。表 3-7 中对比了两类日托的服务人群及服务内容。

表 3-7　日托服务分类

类型	服务人群	服务内容	供给方
免费型日托	自理老人	下棋、打牌（活动室）；陪聊天；测血压、测血糖；定期电话拜访	社区
盈利型日托	半自理、失能失智老人	康复护理；供应午餐；夜间陪护；术性服务（修脚、理发）；临时托老（短寄）	专业的养老服务机构

1. 免费型日托

免费型日托主要针对自理老人，大多提供娱乐性的服务。比较常见的包括设在老年人服务中心的棋牌室，可供老人喝茶、聊天、下棋。还有老年人活动室中设有的可供老人免费使用的娱乐设施，一些有条件的社区会为老人提供测血糖和测血压的服务。这类服务大多利用社区现有的空间为老人提供了一个可以活动的场所，服务人群多为自理老人。行动不便的半自理老人和失能失智老人并不能从这类日托服务中受益。免费型日托大多由社区提供。

2. 营利型日托

营利型日托服务主要针对居家的半自理老人和失能失智老人，提供的服务一般分为站内服务和居家服务两种，收费方式有按天收费和按月收费两种。营利性服务提供的服务内容具体包括康复护理、夜间陪护、技术型服务（修脚、理发等）和临时托老。营利性服务一方面为养老机构拓展了盈利空间，通过为半自理老人和失能失智老人提供盈利性服务可以实现机构本身的盈利化；另一方面，半自理老人和失能失智老人能够利用这类服务满足刚性需求。这类服务多由专业的养老服务机构供给。

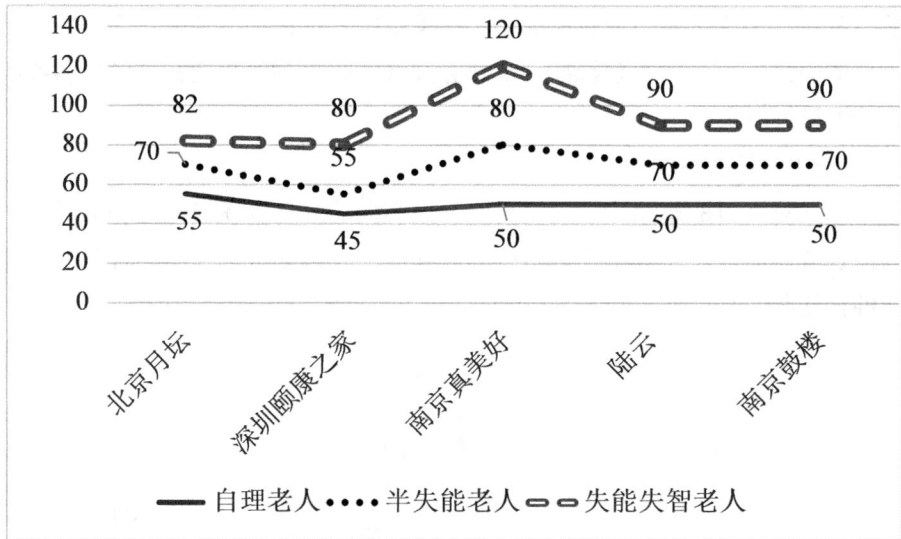

图 3-5　各机构日托收费情况（元/天）

营利型日托在北京、南京、深圳三个城市推行较早，三座城市的社区养老院在制定日托收费标准时均按照老年人的自理程度进行差异化的设定，详如图 3-5。北京以月坛无围墙养老院为例，根据不同护理等级的老人按天收费标准为自理老人 55 元/人/天，半失能老人 70 元/人/天/，失能老人 82 元/人/天。南京以真美好养老院、陆云居家养老院和鼓楼居家养老服务中心为例，针对自理老人收费标准统一为 50 元/人/天，半自理老人分别为 80 元/人/天、70 元/人/天、70 元/人/天，失能失智老人真美好养老院的收费标准为 120 元/人/天，其余两家均为 90 元/人/天．深圳以颐康之家为例，按天收费自理老人为 45 元/人/天，半自理老人为 55 元/人/天，这家机构日托不接受失能失智老人。

上述机构除了提供到机构的日托服务外，还可提供上门陪护服务，这类服务是为了解决一些半自理或失能失智老人单独在家无人照料的问题，具体收费情况如表 3-8 所示：

表 3-8 机构上门陪护收费情况

机构名称	收费情况（元/时）		
	自理老人	半自理老人	失能失智老人
真美好	20	30	50
陆云	20	25	30
金德松	100/次	160/次	200/次

（二）配餐服务的收费标准

配餐服务是居家养老收费项目中最为普及的一项。大多数养老机构在社区内设立社区食堂为社区内老人提供配餐服务，鼓励社区自理老人和半自理老人到站点就餐，对失能失智老人也提供送餐上门的服务。老年人群体多数依靠养老金和子女补贴生活，因此在对老人进行收费时价格是个很重要的因素，价格过高老人负担不起，价格过低机构也会入不敷出。

1. 武汉杨园街社区食堂配餐价格

以武汉杨园街社区为例，在政府的支持下社区设立了幸福食堂，政府引导，社区组织参与，社区居民自治。杨园街社区将社区食堂向社区周边开放，不仅辐射社区老年人，而且也辐射到周边的上班群体。通过对非老年群体用餐的盈利化实现对社区老人用餐的补贴，从而使整个幸福食堂运转起来。该社区食堂对老人收费为早餐 2.4 元，午/晚餐 7 元，便宜实惠。幸福食堂的运营既包括完全市场化的模式，又兼顾了对社区老年人的福利性的保障。在解决了周边上班群体的用餐问题的同时，社区食堂给社区老年人用餐带来了实惠。杨园街社区食堂盈利化模式值得推广与借鉴。

2. 北京市社区养老院配餐价格

课题组调查的资料中北京的三家养老院均提供了配餐服务，三家机构分别为北京寸草春晖养老院、北京月坛无围墙敬老院和北京来广营养老院，详见表 3-9 所示。

表3-9　北京市养老机构配餐收费情况

机构	收费（元/餐）
北京寸草春晖养老院	营养餐15，一荤一素一汤一饭10
北京月坛街道无围墙敬老院	软食15，碎食22，流质22，半流质18，糖尿病餐/回民餐18
北京来广营养老院	小餐桌18

北京寸草春晖养老院提供午餐和晚餐，膳食搭配会在社区公告栏中公布出来，每周搭配不一样的菜谱，为老人提供营养餐，可以刷老年卡，价格也很实惠。月坛无围墙养老院针对失能失智老人的不同情况提供定制化的餐饮服务，食物被细化为软食、碎食、半流质、流质和糖尿病餐，为不同身体状况的老人提供了较为专业化的配餐服务，价格在15元—22元之间。同时也提供送餐上门的服务，需要支付一定的配送费，一般为3元/餐。北京来广营养老院小餐桌的价格为18元/餐。北京市养老机构的配餐价格在10元—22元之间，有些机构根据不同老年群体的需求提供差异化的配餐方案。

3.南京社区养老院配餐价格

南京通过"政府出政策、社区让空间、企业来运作"，依托大型助餐企业、社区居家养老服务中心、小饭桌等社会组织，以"中心厨房＋助餐点"方式，开展"就餐、配餐、送餐"服务。调查的四家养老机构的配餐价格均为10元以内。送餐服务收取少量送餐费用，使一些卧病在床的老人也享受到了配餐优惠。具体收费情况如表3-10所示：

表3-10　南京市养老机构配餐收费情况

机构	收费	
	站点就餐（元/餐）	配送（元/餐）
陆云	一大荤、一小荤、两蔬、一汤、一米饭7	3
真美好	早餐3.5，午餐10，晚餐8	2
南京鼓楼	10	2
金德松	一大荤一小荤一素一汤一饭10	3

居家养老配餐补贴政策是南京配餐服务发展的重要推动力，南京市将老人划分为"五类"，分别为低保（低保边缘）老人、农村五保（城市三无）老人、经济困难的失能半失能老人、70 岁以上计生特扶（失独）老人、百岁老人。对这五类老人给予每餐 1.5 元的补贴，此外，对于 75 岁以上的空巢或独居老人给予每餐 0.5 元的补贴。南京市各个区在此基础上根据各区的情况对上述类别老人给予一定补贴。

综上，目前配餐已经成为居家养老的重要盈利手段，依据老人是否为政策扶助对象、政策补贴力度、配餐种类划分的差异，各地的配餐服务收费标准有所差别。总体而言，南京的配餐服务政策使其配餐收费实现了阶梯化，也使老人获得了实实在在的实惠，值得推广。

（三）助浴服务的收费标准

由于老年人身体机能弱化，多伴有慢性病，洗浴场所地面湿滑，洗浴时若无人照看，很容易发生老人跌滑事故。尤其对于半自理老人或失能失智老人而言，自己无法独立洗浴，需要有专业的护理员在旁辅助。近年来，居家老人对助浴服务的需求越来越大。社区养老院有专业的洗浴场所和设备，并配备专业的护理人员协助老人洗浴。

1. 助浴服务的内容与标准

助浴服务可以分为站点服务和上门服务两大类，站点服务即在机构内提供可供老人洗浴的设施，并且在老人需要的时候协助其老人完成洗浴；上门服务是指机构指派员工到老人家中帮助老人完成洗浴。表 3-11 中列示了上门服务和站点服务的服务内容。

表 3-11 助浴服务内容

服务内容	
上门服务	理发 / 刮脸；洗头；修手指脚趾；卧床老；身体清洁；口腔清洁；更衣、更换床单位、整理衣物
站点服务	理发 / 刮脸；洗头；修手指脚趾；淋浴

机构大多针对上门服务和站点服务制定了服务标准。上门服务的标准如下：

（1）协助老人做好洗浴前的准备工作，准备换洗衣物，调好水温，关好门窗。

（2）做好自理老人洗浴时的安全防护，防止老人跌倒。

（3）半失能老人洗浴时根据需要由1—2名护理员提供服务；失能老人洗浴时须有2名护理员提供服务。

站点服务的标准如下：

（1）协助老人做好洗浴前的准备工作，准备换洗衣物，调好水温，关好门窗。

（2）应了解老人身体健康状况，掌握洗浴过程中的各项注意事项，确保老人洗浴安全。

（3）做好助浴后老人衣物、洗浴间清洁整理工作。

（4）半失能老人洗浴时根据需要由1—2名护理员提供服务；失能老人洗浴时须有2名护理员提供服务。

2.助浴服务的价格

在提供助浴服务之前，机构会事先按照老人的身体状况对老人进行分级，一般分为自理老人，半自理老人和失能失智老人。老人身体状况上的差异会给助浴服务带来不同的难度，因此，在收费上也有所差别。图3-6、图3-7列示了各机构上门助浴和站点助浴的收费标准。自理老人上门助浴的价格均为30元/次；半失能老人上门助浴的价格差距也非常小，但针对失能老人，上门助浴的价格差距较大，从鼓楼居家养老服务中心的30元/次到陆云居家养老服务中心的100元/次。站点助浴，月坛社区养老院的收费标准统一为50元/次，其他几家机构自理老人的价格大致为20元/次，半失能老人的价格为30元/次，失能老人的价格为50元/次。

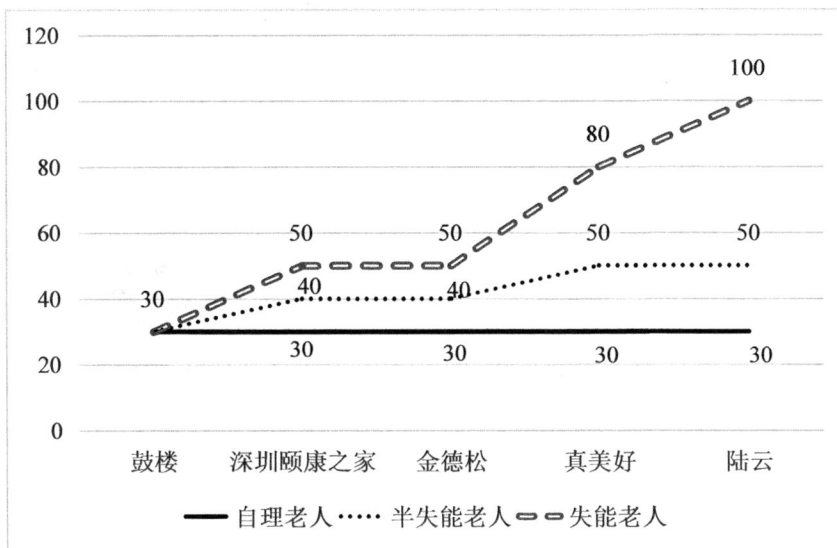

图 3-6 各机构上门助浴收费情况（元／次）

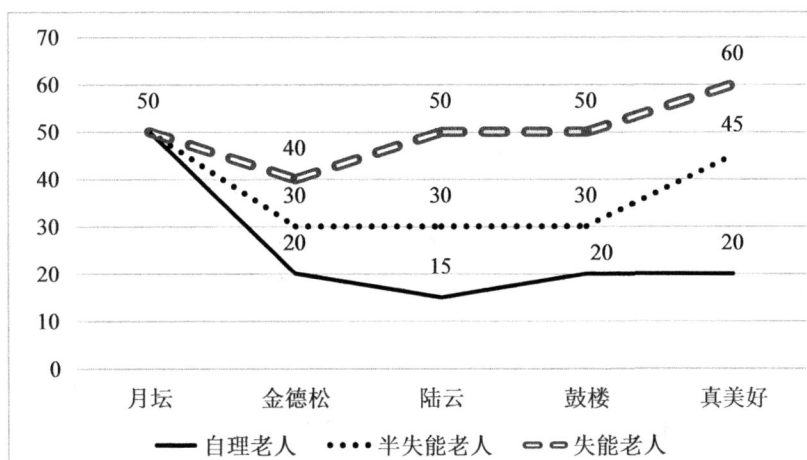

图 3-7 各机构站点助浴收费情况（元／次）

（四）社区康复服务的收费标准

目前社区养老院开展的社区康复服务一般较为基础，主要包括测量血糖、血压，修脚，陪同就医、取药，上门谈心等服务，少数医疗条件较好的养老机构也为老人提供一些较为专业的康复治疗服务。一些社区养老院开始尝试对社区康复服务进行有偿服务，满足居家的老年人对健康护理方面的需求，在实践中日益受到老年人的接受与欢迎。虽然社区康复服务各地在实践中存在着一些差异，总体上可分为上门服务和站点康复服务两大类型。根据课题组调查资料的整理分析，社区康复的上门服务主要分为以下几类，具体收费标准如图 3-8 所示：

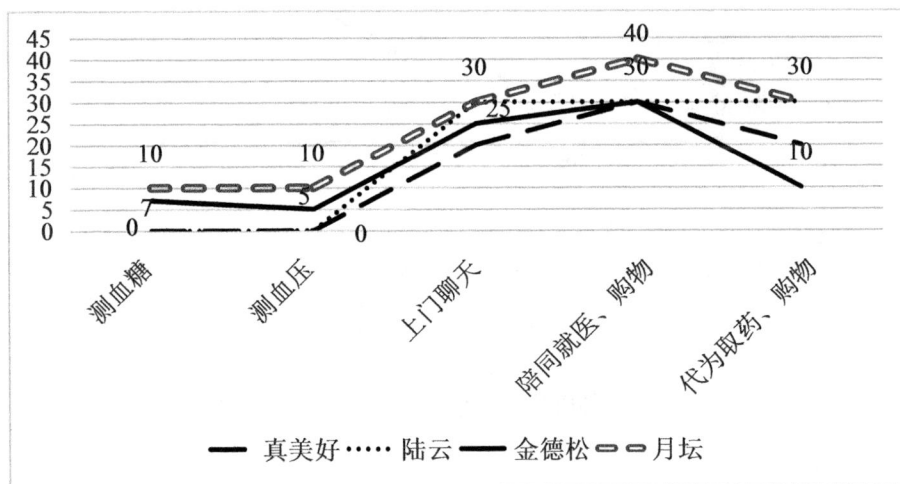

图 3-8　各机构上门康复收费情况（元 / 时）

据图 3-8 所示，各地上门康复服务大多按小时计费，各家机构收费标准较为接近。陪同就医和购物各机构收费约为 30 元小 / 时，代为取药、购物收费约为 30 元 / 小时。陆云养老院实行会员制，每年缴纳 20 元会费，血糖血压服务、医疗康复服务以及心理咨询服务免费，修脚 10 元 / 次，理发 5 元 / 次。

站点服务主要包括康复护理、心理护理、保健服务和照护培训。北京月坛无围墙敬老院主要针对失能失智老人，提供的服务也具有专业性，其提供的康复护理为肢体康复和失能失智老人康复训练。心理护理主要是针对老人的心理问题进行辅导，不同于一般的上门陪聊服务，心理护理主要是为了帮助老人解决老人的心理障碍问题。保健服务主要包括测量血糖、血压，理发，修脚等服务。照护培训主要是针对老年人家属或保姆开展的关于老人的照护技巧培训。站点服务收费情况如表 3-12 所示，陆云实行会员制，康复护理、心理护理等服务包括在内，针对会员测血糖血压免费，会员在消费其他收费服务时享受打折优惠。

表 3-12　各机构站点服务收费情况

机构名称	服务收费（元/次）			
	康复护理	心理护理	保健服务	照护培训
真美好	50	50	测血压免费；测血糖 5；修脚 10；理发 10	50
金德松	—	50	测血糖 10；测血压 5	—
月坛	120	40	20	60
深圳福田颐康之家	—	35	测血糖、血压免费；修脚 35；理发 35	—
陆云	年费	年费	测血糖血免费；修脚 15；理发 5	—

从调查结果看，总体上各家社区养老院提供的社区康复服务价格差异不大，收费水平均不高，这主要是因为目前社区养老院开展的社区康复服务主要集中于简单的护理保健服务，专业水平不高，各机构并无自己的特色。对于社区内的失能失智老人、半自理老人，这些康复服务尚不足以支撑他们的日常生活功能。

三、居家养老服务盈利化的典型模式

（一）会员制盈利模式——以南京市陆云居家养老服务中心为例

1. 承办主体及服务人群

陆云居家养老服务中心成立于 2013 年 11 月 27 日，是一家民办非企业单位，位于南京市鼓楼区。陆云居家养老服务中心定位的服务人群包括有慢性病的老年人、在家无人照料的半自理老人、认知症初期的老人等。

2. 资金来源

陆云居家养老服务中心从初创开始就是走市场化的发展路径，并没有依赖政府购买社会服务的项目。2013 年开始南京政府规定，所有的社区要拿出 40% 的办公用房引入社会组织做居家养老服务。陆云居家养老服务中心与街道签订合同，街道出养老用房，陆云居家养老服务中心自主运营，南京市政府根据居家养老服务中心的面积以及社会组织的运营情况给予补贴。陆云居

家养老服务中心从 2013 年成立开始，就起步探索经营老人托管项目，并开始获得小额盈利。

3. 会员制服务

（1）会员福利

陆云居家养老服务中心会员的入门标准是 10 元 / 年。一年仅收 10 元钱的会员卡中包含了免费服务项目（定期电话拜访，测血糖、血压，生日会），此外，会员在消费其他服务项目时还能够享受会员优惠。具体服务项目及打折情况如下表 3-13 所示：

表 3-13　陆云服务项目收费情况（单位：元）

服务项目	会员	非会员
修脚	7	12
理发	5	7
配餐	7	10
上门助浴	20/ 时	30/ 时
家政介绍	10% 中介费	20% 中介费
网上代购	5	10
网上冲浪	1	2

（2）阶梯会员与套餐服务

陆云居家养老服务中心以 10 元入门级年卡吸引老年群体入会，并推出了 50 元 / 年的银卡、100 元 / 年的金卡供老年人自主选择。陆云居家养老服务中心进一步探索了套餐模式，收费分为 48 元、148 元、248 元不等，在每个收费档位中包含一整套服务，老人可以根据自身的实际需求购买定制服务。比如 48 元，包括测一次血糖和两顿饭。148 元就是在这个基础上再增加。阶梯会员与套餐定制服务可以满足差异化的养老服务需求，老年人根据自身的经济条件和服务需求，自主选择不同的会员待遇和套餐服务。

（3）会员制的功能

会员制极大的稳固了陆云居家养老服务中心的客户人群，为其依托居家养老服务中心整合养老服务资源提供了保障。比如，陆云居家养老服务中心与家政公司合作。陆云养老服务中心和家政公司签订长期合同，机构是需求方，家政公司是供应方。以此为其会员和社区中的其他老人介绍家政服务，收取10%左右的中介费用。在服务人员上，陆云养老服务中心购买服务人员的时间段。陆云服务中心会员基数大，业务繁多，居家养老服务有很强的灵活性，仅靠机构的少数员工往往供不应求，然而招聘大量员工又会增加机构的运营成本。购买服务人员的时间段，与服务人员长期合作，为项目内的老人提供服务，实现了对人力资源的整合。

（二）连锁经营盈利化模式

连锁经营是指对若干以统一的店名、统一的标志、统一的经营方式、统一的管理手段，共享规模效益的经营方式。养老机构采取连锁经营模式既可以在不同的社区内就近复制统一经营的养老机构，满足老年人在熟悉的环境中养老的需求。又利于在社区层面整合资源与信息，实现养老资源的集成。养老机构连锁经营利于优化资源配置、提高市场占有率、强化企业形象、提高竞争实力、降低经营费用。基于连锁经营的诸多优势，一些养老机构也积极地采取连锁经营的盈利化模式促进养老机构的发展。通过对调查资料的分析发现养老机构是否采取连锁经营的盈利化模式与居家养老的服务收费项目有较强的关联性。

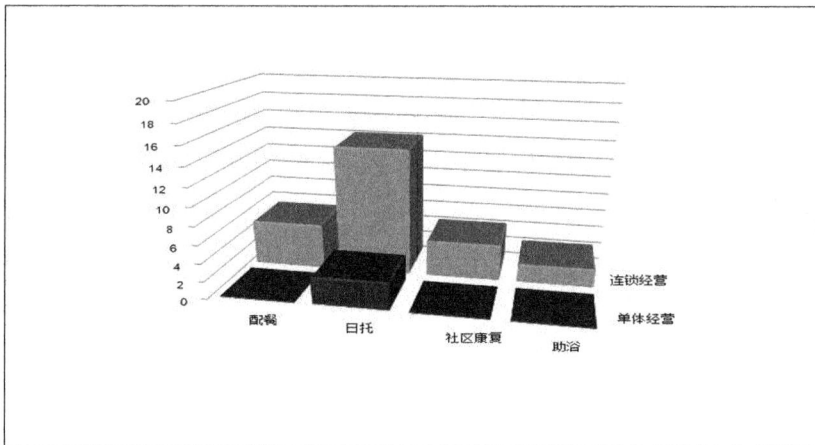

图3-9　经营模式——收费项目

图 3-9 是经营模式——养老收费项目的三维节点矩阵，表示居家养老服务收费项目，机构的经营模式，包括：连锁经营和单体经营。

据图 3-9 所示，相对于单体经营的养老机构实行连锁经营模式的养老机构更加倾向于向机构周边辐射居家养老服务。首先，连锁经营模式通常是由总部总体设计与规划进行多机构运营，总部对整个养老院的发展有战略性的规划，倾向于将机构养老与居家养老服务进行整合规划。其次，连锁经营模式最大的优势是能够有效实现各机构之间的资源、设施的共享，入职社区机构的人员可以在总部统一进行培训，由总部统一调配使用，极大地节约了人力成本。这些硬件软件条件均为养老机构拓展居家养老服务市场创造了条件。再次，连锁经营模式的养老院大多是大型的养老院，床位数目较多，经营的重点在于机构养老，这些大型养老机构可以通过开展居家养老服务了解服务受众，培养潜在的机构养老人群。这些优质的居家养老服务项目有助于提升养老院的形象和知名度。最后，连锁经营模式的养老院能迅速抢占市场，增加市场占有率，发展趋势优于单体经营的养老院。

第三节　社区居家养老服务市场化优先发展项目

为了进一步收集老年人对社区居家养老服务的需求信息，为居家养老服务市场化发展提供基础信息。课题组通过对武汉市 7 个中心城区的 14 个城市社区的 523 位老年人进行问卷调查，收集得到老年人对 20 项现行居家养老服务项目的支付意愿，并分析得出社区居家养老服务市场化可以优先发展的四大社区居家养老服务项目：送餐配餐服务、中西医康复训练服务、功能性的日间照料服务、清洁洗涤 / 助浴服务；我们力图通过分析老年人养老需求的优先次序，探明哪些居家养老服务项目可考虑优先从目前无偿模式中剥离出来，搭载到社区养老院的机构平台上。本节的研究试图为市场力量进入社区养老服务供给领域提高信息参考。

一、研究设计与样本构成

（一）研究方法

课题组于 2017 年 9 月—10 月在湖北省武汉市展开养老服务市场化问卷调

查。整个调研过程分为前期准备阶段，中期实践阶段，后期整理阶段。第一阶段为准备阶段，这一阶段进行了问卷设计，并发放 50 份问卷进行试调研，通过试调研发现问卷中的问题，及时修改。第二阶段是正式调研，正式调研在武汉市 7 个中心城区的 14 个城市社区展开。第三个阶段为问卷录入和数据分析阶段。

本次调查覆盖武汉市 7 个中心城区，再采取分层随机抽样的方法确定调查对象，首先在每个中心城区随机抽取 2 个城市社区，在每个抽到的社区内采取系统抽样的方法抽取 45 名 60 岁以上的社区居民，作为此次调查的访问对象。本次调查共发放 630 份问卷，回收有效问卷 523 份，有效回收率 83%。团队对问卷进行现场回收，问卷数据的录入与分析统一使用 STATA14.O 进行。

（二）样本构成

1. 地域分布

本次的调查对象覆盖了武汉市洪山区、江岸区、武昌区、江汉区、汉阳区、青山区、硚口区共 7 个中心城区，14 个城市社区，分别是洪山区邮科院社区、元宝林社区，江岸区公园社区、和美社区，武昌区东亭社区、电力新村社区，江汉区中大社区、友谊社区，汉阳区南国明珠社区、陶家岭社区，硚口区发展社区、长寿社区，青山区和平社区、光明社区。

表 3-14　社区调查一览表

社区名称	地域	面积	人口
邮科院社区	洪山区	24 万平方米	4000
元宝林社区	洪山区	33 万平方米	6651
公园社区	江岸区	8.8 万平方米	9615
和美社区	江岸区	21 万平方米	9371
电力新村社区	武昌区	8 万平方米	4986
东亭社区	武昌区	17 万平方米	11182
中大社区	江汉区	4.6 万平方米	2515
友谊社区	江汉区	5 万平方米	5360

续表

社区名称	地域	面积	人口
南国明珠社区	汉阳区	6 万平方米	6636
陶家岭社区	汉阳区	2 万平方米	7010
发展社区	硚口区	2 万平方米	6040
长寿社区	硚口区	9.5 万平方米	6878
和平社区	青山区	30 万平方米	9050
光明社区	青山区	7.68 万平方米	9757

2. 样本基本构成

表 3-15 调查对象基本情况统计

	频数	百分比
性别 男	157	30%
女	366	70%
年龄 60—64	167	31.9%
65—74	220	42.1%
75—84	105	20.1%
85 及以上	31	5.9%
政治面貌 中共党员	128	24.5%
民主党派	7	1.3%
群众	388	74.2%
婚姻状况 未婚	5	1%
已婚	359	68.6%
离异	15	2.9%
丧偶	144	27.5%
户口 武汉城市	467	89.3%
武汉农村	28	5.4%
外地城市	16	3%
外地农村	12	2.3%

续表

		频数	百分比
文化程度	未受过正式教育	54	10.3%
	小学	81	15.5
	初中	174	33.3%
	高中 / 中专 / 技校	146	27.9%
	大专	48	9.2%
	本科及以上	20	3.8%
居住状况	独居	85	16.3%
	和配偶一起，不和子女一起	225	43%
	和子女一起，不和配偶一起	111	21.2%
	和配偶、子女一起	100	19.1%
	其他	2	0.4%
身体状况	很不健康	19	3.6%
	比较不健康	78	14.9%
	一般	180	34.4%
	比较健康	207	39.6%
	非常健康	37	7.1%
	不太清楚	2	0.4%
月均收入	0—600	15	2.9%
	601—2300	219	41.9%
	2301—3500	216	41.3%
	3501—5000	56	10.7%
	5001 及以上	17	3.2%
收入来源	退休金	461	88.1%
	子女供给	20	3.8%
	政府生活补助	17	3.3%
	劳动收入	23	4.4%
	其他	2	0.4%

（1）从性别和年龄结构来看，本次调查对象大多数为女性，占比 70%；在年龄结构上，60—74 岁之间的老人居多，其中 60—64 岁的老人占 31.9%，65—74 岁的老人占 42.1%，85 岁以上的高龄老人仅占 5.9%。

（2）从被调查老人的婚姻和居住方式来看，27.5% 的老人处于丧偶的婚姻状态，独居老人占比 16.3%，仅与配偶居住的老人占比 43%，一半以上的老人没有与子女同住。

（3）从户籍所在地和教育程度来看，被调查者大多是武汉城区的老人，占比 89.3%。老人的教育程度呈现出橄榄球状，中等教育程度（初中、高中 / 中专 / 技校）的老人占比高，大多数老人受过一定程度的教育。

（4）从老人的身体状况和收入情况来看，选择身体状况"一般"和"比较健康"的老人居多，分别占比 34.4% 和 39.6%。老人的月均收入集中在 601—2300 元和 2301—3500 元两个层次，分别占比 41.9% 和 41.3%；收入在 5001 元以上的老人仅占比 3.2%，还有 2.9% 的老人月均收入在 600 以下。

二、居家养老服务优先市场化的四大项目

（一）社区居家养老服务项目支付意愿

党的十八大报告提出，要在"老有所养"上取得进展，要"积极应对人口老龄化，大力发展老龄服务事业和产业"。发展老龄产业，最为关键的是要了解本地区人口老龄化的现实迫切要求，了解老年的养老需求及其养老的支付能力和支付意愿，在此基础上，整合社会资源，发挥政府力量和社会力量的各自优势。因此，本次调查就目前较为普及的 20 项居家养老服务收集老年人的支付意愿。

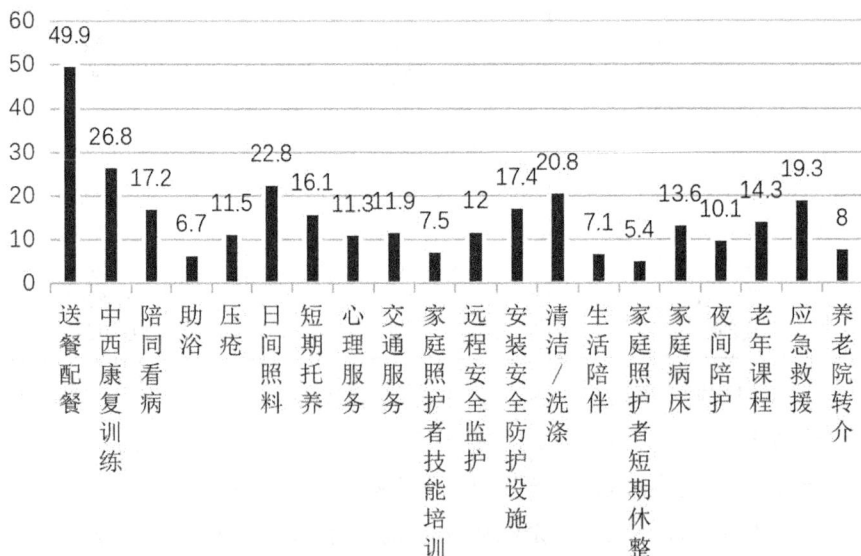

图 3-10　社区居家养老服务支付意愿分析图（单位：百分比）

图 3-10 显示的是老人愿意付费的百分比。由图可知，此次调查中，老人付费意愿最高的居家养老服务为送餐配餐，49.9% 的老人愿意为此支付少量费用。其次是中西医康复训练服务，26.8% 的老人愿意为此支付少量费用。再次是日间照料和清洁 / 洗涤，22.8% 的老人愿意为日间照料支付少量费用，20.8% 的老人愿意为清洁 / 洗涤支付少量费用。除这四项服务之外，老人对应急救援、安装安全防护设施以及陪同看病服务的支付意愿也相对较高。其他的居家养老服务，老人愿意为此付费的意愿程度均在 10% 左右，支付意愿较低。

综上所述，老人愿意付费的项目大多集中在与日常生活紧密相关的基础类服务上，如送餐配餐、日常照料、清洁 / 洗涤；另外，调查中发现老人对身体健康和安全也极为重视，所以对中西医康复训练、应急救援、安装安全防护设施、陪同看病等服务的支付意愿也较为强烈。

（二）社区居家养老服务优先收费项目

我国居家养老服务项目的市场化发展应优先发展老年人需求迫切、供给不足的服务项目，从本次调查收集的调查数据看，社区居家养老服务市场化可以优先发展四大社区居家养老服务项目为送餐配餐服务、中西医康复训练服务、功能性的日间照料服务、清洁洗涤 / 助浴服务。

1. 送餐配餐服务

"送餐配餐"是社区居家养老服务的一项重要内容，其形式多样。很多地区在城乡社区开设了老年餐桌，为老年人提供安全的配餐、就餐服务。

从表 3-16 的调查数据可知，女性比男性更愿意为送餐配餐服务支付少量费用，和高龄老人（85 及以上）相比，低龄老人的支付意愿更强烈，60—64 岁之间老人的支付意愿最为强烈。从教育程度来看，未受过正式教育老人的支付意愿最弱，其次是受过大专教育的老人，其他教育层次老人的支付意愿差别不大。从身体的健康状况来看，自评健康"很不健康"的老人，为送餐配餐项目支付费用的意愿最强。从收入水平来看，随着老年人收入的增加，对送餐配餐服务的支付意愿会增强。因此，女性、低龄、健康状况差、收入高的老年人对送餐配餐服务的支付意愿强。

表 3-16　四大优先发展服务项目支付意愿情况

项目	维度	指标	意愿（愿意）	项目	维度	指标	意愿（愿意）
送餐配餐	性别	男	47.77%	日间照料	性别	男	17.83%
		女	50.82%			女	24.86%
	年龄	60—64	51.50%		年龄	60—64	23.95%
		65—75	49.55%			65—75	20.91%
		75—84	49.52%			75—84	23.81%
		85 及以上	45.16%			85 及以上	25.81%
	教育程度	本科及以上	55.00%		教育程度	本科及以上	15.00%
		大专	39.58%			大专	12.50%
		高中/中专/技校	55.48%			高中/中专/技校	22.60%
		初中	51.15%			初中	24.14%
		小学	50.62%			小学	28.40%
		未受过正式教育	37.04%			未受过正式教育	22.22%
	健康状况	非常健康	51.35%		健康状况	非常健康	16.22%
		比较健康	45.89%			比较健康	23.67%
		一般	52.78%			一般	22.22%
		比较不健康	52.56%			比较不健康	25.64%
		很不健康	57.89%			很不健康	21.05%
	收入水平	0—600	46.67%		收入水平	0—600	26.67%
		601—2300	45.66%			601—2300	21.00%

项目	维度	指标	意愿（愿意）	项目	维度	指标	意愿（愿意）
		2301—3500	53.24%			2301—3500	25.46%
		3501—5000	53.57%			3501—5000	19.64%
		5001 及以上	52.94%			5001 及以上	17.65%
中西康复训练	性别	男	24.84%	清洁洗涤	性别	男	20.38%
		女	27.60%			女	21.04%
	年龄	60—64	31.74%		年龄	60—64	22.16%
		65—75	27.27%			65—75	22.73%
		75—84	20.00%			75—84	14.29%
		85 及以上	19.35%			85 及以上	22.58%
	教育程度	本科及以上	40.00%		教育程度	本科及以上	15.00%
		大专	25.00%			大专	18.75%
		高中 / 中专 / 技校	36.99%			高中 / 中专 / 技校	28.77%
		初中	19.54%			初中	17.24%
		小学	27.16%			小学	17.28%
		未受过正式教育	18.52%			未受过正式教育	20.37%
	健康状况	非常健康	18.92%		健康状况	非常健康	16.22%
		比较健康	24.64%			比较健康	21.74%
		一般	29.44%			一般	24.44%
		比较不健康	30.77%			比较不健康	16.67%

续表

项目	维度	指标	意愿（愿意）	项目	维度	指标	意愿（愿意）
		很不健康	26.32%			很不健康	5.26%
	收入水平	0—600	33.33%		收入水平	0—600	13.33%
		601—2300	22.83%			601—2300	18.72%
		2301—3500	26.39%			2301—3500	19.91%
		3501—5000	39.29%			3501—5000	33.93%
		5001 及以上	35.29%			5001 及以上	23.53%

2. 中西康复训练项目

中西康复训练是针对老年人身体健康所开展的服务，结合中医和西医的一般疗法，在社区开展康复锻炼、健身活动、肢体按摩、拔火罐、测血压、测血糖等服务，从而促进老人身体机能的恢复。目前中西康复训练已经成为社区居家养老服务中最为重要的项目之一。调查数据表明，在 20 项居家养老服务中，老人对该服务的需求和支付意愿较高的。

表 3-16 显示与男性比，女性对于中西医康复训练服务的支付意愿更高。随着年龄的增长，老年人对中西康复训练的支付意愿反而下降了。60—64 岁组别的老年人对中西康复训练项目的支付意愿最高，85 岁及以上的组别的支付意愿最低。从受教育程度来看，受教育程度较高老年人对这项服务的需求较大，受过本科及以上教育的老人愿意为此项服务付费的比例高达 40%。从健康状况来看，身体状况一般以及比较不健康的组别对这项服务表现出较高的支付意愿。从收入水平来看，各组别对这项服务的付费意愿大致相当，并未发现收入高的组别付费意愿更强。女性、低龄、受教育程度高、健康状况较差的老年人对中西医康复训练服务的支付意愿较强。

3. 功能性日间照料服务

借鉴香港、台湾地区鼓励企业和社会组织开办功能性日间照料中心，服务社区及周边半失能老人及失智老人。社区及周边白天需要护理和照顾的老人白天在中心由专业护理人员进行专业护理，夜间回到自己家中居住。功能性日间照料中心进行市场化运作，按天或按月收费，费用一般包括护理费、餐费和床位费。

表 3-16 数据显示：和男性相比，女性对功能性日间照料服务的支付意愿较强，85 岁及以上的高龄老人更愿意为日间照料项目付费。从健康状况看，除了非常健康的老人之外，其他几个组别的需求大致相同。教育程度对这项服务的支付意愿的影响并不明显。从收入水平来看，低收入的老年人对功能性日间照料的付费意愿反而比高收入的老年人更强烈。因此，高龄、有健康问题、低收入的老年人对功能性日间照料服务的支付意愿更强。

4. 清洁洗涤项目

清洁洗涤服务既包括居室清洁卫生、洗衣服等服务，也包括为行动特别不便的老人提供洗头、洗澡等服务。在 20 项居家养老服务项目中，老年人对这项服务的支付意愿较为强烈。从表 3-16 数据可知，男女两性对于这项居家养老服务的支付意愿大致相当。从年龄层面看，75—84 岁老人的支付意愿比其他年龄层次的老人要弱。受教育程度和健康状况的差异对这项服务的支付意愿的影响并无明显规律。随着老年人个人收入的增加，老年人对清洁洗涤服务的支付意愿逐渐增强。

三、社区居家养老服务市场化发展的相关建议

社区居家养老服务市场化可以优先发展四大社区居家养老服务项目：送餐配餐服务、中西医康复训练服务、功能性的日间照料服务、清洁洗涤 / 助浴服务。

女性、低龄、健康状况差、收入高的老年人对送餐配餐服务的支付意愿强。女性、低龄、受教育程度高、健康状况较差的老年人对中西医康复训练服务的支付意愿较强。高龄、有健康问题、低收入的老年人对功能性日间照料服务的支付意愿更强。高收入的老年人对清洁洗涤项目的支付意愿更强。

因此，我们建议要积极颁布地方性法规规范养老服务市场行为。明确在养老服务市场行为中各方主体的权、责，养老服务市场才能有序发展。出台扶持居家养老服务企业、社会组织发展的相关政策，具体包括场地优先利用、税收优惠、运营补贴，尤其针对优先发展的四大居家养老营利性项目加大扶持力度。同时，应强化居家养老服务的标准化管理，加强行业管理、行业自

律和市场监管。

第四节　送餐配餐服务的支付意愿分析

一、送餐配餐是优先盈利化发展项目

我国"十三五"规划提出"建立以居家养老为基础、社区养老为依托、机构养老为补充的多层次养老服务体系"，社区居家养老将是我国社会养老的主流模式。而要真正在社区实现"就地养老"，"老有所养"，就必须落实好社区居家养老服务。从居家养老服务的发展现状看，我国居家养老服务在很大程度上还是一种"自上而下"的推行模式，服务模式还停留在政府买单的阶段，市场化的社区居家养老服务非常滞后。[①] 居家养老服务虽然应该以福利性为基础，但我国未富先老的国情决定了政府不可能单独承担和提供养老服务，居家养老服务体系的良好发展离不开市场化。[②③] 也有学者认为老年人习惯了"免费"养老模式，购买服务的意识还不浓厚。[④⑤] 缺乏盈利模式，是我国社区居家养老服务市场化面临的最大难题。

基于居家养老服务市场化遇到的问题，也有很多学者从国内国外的养老服务实践出发，提出了可操作的养老服务盈利化模式。如郭竞成以美国、日本、德国、新加坡和英国为例进行了居家养老模式的国际比较与借鉴；[⑥] 穆光宗、高红等结合国内社区的经验，认为社区居家养老要分类分群、因地制宜、因人而异，对孤寡和困难老人提供无偿或低偿服务，对一般人群可以提供低偿或有偿服务；[⑦⑧] 黄敏则直接将市场化盈利模式的对象定位于可支配收入高、消费能力强的高学历、高收入、高消费老年群体。[⑨] 学者们普遍认同经济状况

① 丁志宏，王莉莉. 我国社区居家养老服务均等化研究 [J]. 人口学刊，2011(05)：83-88.

② 冯晓娟. 我国城市居家养老模式的发展 [J]. 社会科学家，2012(04)：67-70.

③ 赵乐. 社区居家养老服务中政府与市场角色定位分析 [J]. 社会工作 (下半月)，2010(05)：52-55.

④ 邢凯旋. 推动居家养老服务市场化 [J]. 中国民政，2015(15)：33.

⑤ 丁志宏，王莉莉. 我国社区居家养老服务均等化研究 [J]. 人口学刊，2011(05)：83-88.

⑥ 郭竞成. 居家养老模式的国际比较与借鉴 [J]. 社会保障研究，2010(01)：29-39.

⑦ 穆光宗. "居家养老"社会服务模式探析 [J]. 国家治理，2014(21)：25-31.

⑧ 高红. 城市老年人社区居家养老的社会支持体系研究——以青岛市为例 [J]. 南京师大学报 (社会科学版)，2011(06)：42-47.

⑨ 黄敏. 老龄时代新型养老商务服务模式研究 [D]. 复旦大学，2013.

是影响老年人支付居家养老服务的主要原因。但目前尚无文献对居家养老服务中老年人支付意愿进行较为全面的分析。

我们在社区的实地调查中发现，社区居家养老的多项服务中，送餐配餐服务满足社区老年人的切实需求，受到社区老人的欢迎，是居家养老服务盈利化发展的优先项目。从全国范围来看，2010 年"中国城乡老年人口状况追踪调查"数据显示：相较于 2000 年，城镇老年饭桌或送餐服务的需求增长了 5.1 倍。[①]2014 年，全国老龄办发布的《十城市万名老年人居家养老状况调查报告》显示，42.2% 的老年人需要餐桌服务。[②] 但是，这一服务在受到老年人欢迎的同时也面临着如何实现长期发展的问题。南京市的一项调查显示，老年人对养老服务的支付意愿较低，90% 以上的老年人希望居家养老服务以无偿或低偿的方式提供，而无偿提供的方式无法支持送餐配餐服务可持续发展。

社区居家养老送餐配餐服务，就是社区及周边餐饮服务机构、根据老年人饮食需求，为老人科学配餐、提供餐食的一项为老服务。专门研究送餐配餐服务的文献不多，刘颂认为老年人付费意识缺乏是一个很大的问题，并从收入和消费观念上进行了解释。迟玉芳聚焦于老年餐桌的发展过程、运营过程以及运营中存在的问题，认为价格限制了低收入老年人的需求；另外，独居老人、高龄老人以及夫妻二人单独居住的纯老家庭对老年餐桌的需求较高。[③]这些研究对老人是否选择送餐配餐服务、是否愿意付费的原因进行了探析，具体包括年龄、收入、居住方式、传统观念等影响因素，为我们的研究提供了理论基础。但是，目前很多研究缺乏实地调查和具体的数据支撑，仅停留在大众熟知的理论层面，其客观性和全面性不足。

本节在试图探明影响社区老人对居家养老服务付费的主要因素的基础上，将送餐配餐服务作为社区居家养老服务的典型切入点，试图研究影响老年人对送餐配餐服务付费的主要因素，发现居家养老送餐配餐服务的市场化盈利点，引导老年人转变消费观念，实现社区居家养老服务的市场化和盈利化，促进其有序可持续的发展。

① 　王琼. 城市社区居家养老服务需求及其影响因素——基于全国性的城市老年人口调查数据 [J]. 人口研究 ,2016,40(01):98-112.

② 　中国新闻网. 中国发布十城市万名老年人居家养老状况调查结果 [EB/OL].http://www.chinanews.com/sh/2014/02-27/5892322.shtml.

③ 　迟玉芳. 老年餐桌运营发展研究 [J]. 社会福利 (理论版),2015(11):11-15.

二、研究设计与数据来源

（一）研究假设

社区居家养老服务及配餐送餐服务支付意愿的影响因素与研究假说：

基于文献研究，本节将影响老年人对配餐送餐服务支付意愿的因素分为人口类因素、经济类因素以及家庭类因素。人口类因素包括性别、年龄、受教育程度、政治面貌、健康状况（包括医疗费用支出），经济类因素包括个人月均收入、主要收入来源，退休前职业性质；家庭类因素包括婚姻状况、子女数、居住方式。

人口学的大量文献认为性别、年龄、受教育程度、政治面貌、健康状况对养老服务需求产生显著影响。也有文献认为年龄、性别等对老年人是否选择送餐配餐服务产生影响。[1][2] 因此我们假设人口类因素性别、年龄、受教育程度、政治面貌及老年人的健康状况对其支付送餐配餐服务的意愿产生显著影响。

按照经济学理论，需求由购买能力和购买意愿组成，没有购买能力的需求不是真正意义上的需求，老年人的购买能力直接影响支付意愿，并进而制约其服务支付行为。根据已有的关于送餐配餐服务的研究，收入也是学者们普遍关注的因素。因此，我们假设个人月均收入越高，支付意愿越强；主要收入来源为自己的退休金的老年人有更强的支付意愿。此外由于我国不同职业性质退休的老年人获得的养老金渠道不同，因此，在我国老年人退休前的职业性质反映了受访老年人的养老保障水平，我们假设机关事业单位退休的老人的支付意愿更强。

家庭内支持、代际互动，配偶的情况、子女与配偶是否与老年人同住，子女数量可以在一定程度上代表家庭养老的强度，[3][4] 也会影响老年人对配餐送餐服务的需求，进而影响老年人的支付意愿。

---

[1] 李放，王云云. 社区居家养老服务利用现状及影响因素——基于南京市鼓楼区的调查 [J]. 人口与社会，2016, 32(01): 51-60.

[2] 田北海，王彩云. 城乡老年人社会养老服务需求特征及其影响因素——基于对家庭养老替代机制的分析 [J]. 中国农村观察，2014(04): 2-17+95.

[3] 孙涛. 儒家孝道影响下代际支持和养老问题的理论研究 [J]. 山东社会科学，2015(07): 131-135.

[4] 赵继伦，陆志娟. 城市家庭养老代际互助关系分析 [J]. 人口学刊，2013, 35(06): 41-46.

（二）数据来源与样本特征

本次调查覆盖武汉市洪山区、江岸区、武昌区、江汉区、汉阳区、青山区、硚口区共7个中心城区，采取分层随机抽样的方法确定调查对象。首先在每个中心城区随机抽取2个城市社区，再在每个随机抽到的社区内运用系统抽样的方法抽取45名60岁以上的社区居民，作为此次调查的访问对象。本次调查共发放630份问卷，回收有效问卷523份，有效回收率83%。团队对问卷进行现场回收，问卷数据的录入与分析统一使用STATA14.O进行分析。录入完成后，就问卷中设计的变量指标集中检验，筛选出部分指标作为本文的研究变量，确定了最终的样本和数据。

表3-17　样本总体特征（N=502）

变量名	频数	占比（%）	变量名	频数	占比（%）
性别			政治面貌		
男	148	29.48	中共党员	125	24.90
女	354	70.52	非党员	377	75.10
年龄			婚姻状况		
60—64 岁	158	31.47	已婚	349	69.52
65—74 岁	213	42.43	其他	153	30.48
75—84 岁	103	20.52	健康状况		
85 岁以上	28	5.58	不健康	96	19.12
教育程度			一般	177	35.26
小学及以下	125	24.90	健康	229	45.62
初中	171	34.06	主要收入来源		
高中/中专/技校	140	27.89	退休金	446	88.84
大专及以上	66	13.15	子女供给	20	3.98
月均收入			政府补助	13	2.59
较低	223	44.42	劳动收入	23	4.58
中等	208	41.43	退休前职业性质		
较高	71	14.14	机关团体事业单位	62	12.35
医疗费用			国有、集团企业	311	61.95

续表

变量名	频数	占比（%）	变量名	频数	占比
1000 以下	166	33.07	私营及其他	129	25.70
1001—3000	139	27.69	居住方式		
3001—5000	83	16.53	独居	79	15.74
5001—10000	48	9.56	与配偶不与子女	217	43.23
1 万以上	66	13.15	与子女不与配偶	108	21.51
			和配偶子女	98	19.52

调查样本的总体分布如表 3-17 所示：从人口统计学层面看，受访者女性占比 70.52%；年龄分布上以 65—74 岁组别占比最高，达到 42.43%，85 岁以上的高龄老人占比较小；受访老人在受教育程度上分布均衡，各层次的老年人占比差距不大；从健康状况看，受访老人接近一半的认为自己的身体还比较健康，去年医疗费用在 3000 元及以下的老人占比 60% 以上；受访老年人的政治面貌以非党员（包括民主党派和群众）为主。

从经济收入层面看，受访老人大多收入处于较低或中等水平，月均收入处于较高水平（3501 元以上）的老人仅占比 14.14%。受访者的收入来源为退休金的占绝大多数；从退休前的职业性质看，国有、集体企业退休的老人占比最高，达 62%，其次是私营和其他类型退休的老人，仅 12.35% 的老人是机关团体事业单位退休。

从老年人家庭层面看，大部分老人是已婚状态，未婚、离异、丧偶的老人合计仅占 30% 左右。居住方式上，受访老人与配偶一起居住的最多，占比 43.23%，独居老人占比 16% 左右。

（三）模型构建与变量说明

首先，我们试图考察各影响因素对老年人居家养老服务支付意愿的影响；其次，在所调查的居家养老服务中，有近 50% 的老人愿意为送餐配餐服务付费，送餐配餐服务可成为促进居家养老服务盈利化过程中优先发展的项目。我们以送餐配餐这一典型的居家养老服务为重点切入，试图探明影响社区老人对送餐配餐服务付费意愿的主要影响因素。因此，本文拟构建两个模型，模型 1 的因变量为"是否愿意为居家养老服务付费（是 =1）"，模型 2 的因变量为"是否愿意为送餐配餐服务付费（是 =1）"。由于因变量为二分定类变量，我们用 Logistic 回归模型进行拟合。逻辑回归模型的基本方程如下：

$$Logit(y) = \ln(\frac{P}{1-P}) = \beta_0 + \beta_1 x_1 + \ldots\ldots + \beta_i x_i = \beta_0 + \sum \beta_i * x_i$$

模型中 y 为"是否愿意为居家养老服务付费""是否愿意为送餐配餐服务付费"，自变量有性别、年龄、教育程度、政治面貌、健康状况、医疗费用、职业性质、婚姻状况、子女数、月均收入、主要收入来源、居住方式，如表3-17所示：性别为二分类变量，女性为参照组；年龄为四分类变量，65—74岁组别为参照组；教育程度为四分类变量，大专及以上组为参照组；政治面貌为二分类变量，政治面貌为非党员的组别为参照组；健康状况为三分类变量，健康状况为"健康"的组别为参照组；去年医疗费用支出为五分类变量，以1000及以下组别为参照组；职业性质为三分类变量，私营及其他组为参照组；月均收入我们以武汉市2017年平均退休金水平2300和个税起征点3500为节点，将月均收入0—2300的定为较低收入组，2301—3500的定为中等收入组，3500以上的定为较高收入组，以较低收入组为参照组；收入来源为四分类变量，收入来源为退休金的组别为参照组；婚姻状况为二分类变量，已婚为参照组；子女数为数值型变量，均值为1.99，标准差为1.23；居住方式为四分类变量，和子女配偶一起居住的组别为参照组。

表 3–18 变量定义及赋值

变量名	定义及赋值
性别	0= 女性 1= 男性
年龄	1=60—64 岁 2=65—74 岁（参）3=75—84 岁 4=85 岁以上
教育程度	1= 小学及以下 2= 初中 3= 高中 / 中专 / 技校 4= 大专及以上（参）
政治面貌	1= 中共党员 0= 非党员（参）
婚姻状况	1= 已婚（参）2= 其他（未婚、离异、丧偶）
健康状况	1= 不健康 2= 一般 3= 健康（参）
职业性质	1= 机关团体事业单位 2= 国有、集团企业 3= 私营及其他（参）
子女数	均值为 1.99，标准差为 1.23
居住方式	1= 独居 2= 和配偶不和子女 3= 和子女不和配偶 4= 和配偶子女（参）
月均收入	1= 较低（参）2= 中等 3= 较高
收入来源	1= 退休金（参）2= 子女供给 3= 政府补助 4= 劳动收入
去年医疗费用支出	1=1000 及以下（参）2=1001-3000 3=3001-5000 4=5001-1 万 5=1 万以上

三、影响送餐配餐服务需求的因素分析

在被问及"是否愿意在居家养老服务中收取少量费用"这一问题时，有84.66%的老人表示愿意，15.34%的老人表示不愿意；在被问及"是否愿意为送餐配餐服务付费"这一问题时，此次调查中有50.60%的老人表示愿意，另有49.40%老人表示不愿意。为了深入分析哪些因素影响了老年人对居家养老服务付费的意愿，我们建立了二元逻辑回归模型，回归分析结果详见表3-19。

表3-19　老年人居家养老服务支付意愿影响的逻辑回归结果

	模型 1		模型 2	
	B	SE	B	SE
性别（男）	-0.65**	（0.30）	-0.27	(0.22)
年龄				
60—64 岁	0.24	(0.37)	0.22	(0.24)
75—84 岁	-0.72*	(0.38)	-0.05	(0.29)
85 岁以上	0.54	(0.68)	0.11	(0.49)
政治面貌				
中共党员	-0.51	(0.35)	0.35	(0.24)
婚姻状况				
其他	-0.13	(0.54)	0.98**	(0.39)
受教育程度				
小学及以下	-0.64	(0.59)	0.52	(0.39)
初中	-0.53	(0.55)	0.64*	(0.34)
高中 / 中专 / 技校	-0.42	(0.56)	0.61*	(0.33)
子女数	0.03	(0.13)	0.03	(0.11)
居住方式				
独居	-0.55	(0.63)	-1.53***	(0.46)
与配偶不与子女	-0.30	(0.39)	-0.52**	(0.26)
与子女不与配偶	0.24	(0.61)	-1.14***	(0.41)

续表

	模型 1		模型 2	
健康状况				
不健康	0.35	(0.41)	0.21	(0.27)
一般	0.11	(0.31)	0.23	(0.22)
工作性质				
机关团体事业单位	0.47	(0.48)	0.01	(0.38)
国有、集团企业	1.59***	(0.34)	0.51**	(0.25)
月均收入				
中等	-0.43	(0.32)	0.13	(0.22)
较高	1.04*	(0.59)	0.43	(0.36)
收入来源				
子女供给	-0.80	(0.60)	-0.97*	(0.56)
政府补助	1.07	(0.89)	0.84	(0.64)
劳动收入	-0.24	(0.60)	-0.69	(0.51)
医疗费用				
1001—3000	0.71*	(0.38)	0.28	(0.25)
3001—5000	-0.02	(0.40)	0.10	(0.29)
5001—10000	-0.01	(0.51)	-0.02	(0.35)
10000 以上	-0.11	(0.43)	0.28	(0.32)
Constant	1.73**	(0.73)	-0.85*	(0.49)
Observations	502		502	
Adjusted R-squared	0.1447		0.0593	

说明：1. 模型 1 的因变量是"是否愿意在居家养老服务中收取少量费用（是=1）"，模型 2 的因变量是"是否愿意为送餐配餐服务付费（是=1）"。

2. B 为 Logistic 回归系数，（SE）为标准误差。

3. *** p<0.01, ** p<0.05, * p<0.1

以上回归分析结果显示，在模型 1 中，性别、年龄、工作性质、月均收入、医疗费用支出这五个自变量对因变量产生了显著的影响；在模型 2 中，婚姻状况、受教育程度、居住方式、工作性质、收入来源这五个自变量对因变量产生了显著的影响。

（一）从人口统计学因素来看，在模型 1 中老年人的性别、年龄、医疗费用支出对老年人是否愿意为居家养老服务付费有着显著的影响。女性更愿意为居家养老服务付费；75—84 岁的老人相对于 65—74 岁的老人，其支付意愿更弱；年医疗费用在 1001—3000 元之间的老人比年医疗费用在 1000 元及以下老人的支付意愿更强，这一方面是由于医疗费用达到 3001—5000 元、5001—10000 元、10000 以上的老人在样本量中占比较少，合计占比 39.24%，另一方面，医疗费用反映了老人的健康状况，医疗费用越高健康状况可能越差，自理能力下降，对养老服务的需求增加。在模型 2 中老年人的性别、年龄、健康状况等因素并未对老年人的支付意愿产生显著的影响。只有老年人受教育程度显著的影响影响老年人对配餐、送餐服务的支付意愿。数据分析结果发现，老年人的支付意愿并没有随着教育程度的提高而增强，相反，在控制了其他自变量后，受教育程度为初中的老人的支付意愿是受教育程度为大专及以上组别的 1.89 倍；受教育程度为高中 / 中专 / 技校的老人的支付意愿是受教育程度为大专及以上组别的 1.83 倍。可见，目前的送餐配餐服务并没有获得受教育程度高的老年人的认可。

（二）从家庭因素来看，老人的婚姻状况、子女数、居住状况并未对老人是否愿意为居家养老服务付费的整体模型产生影响，但老人的婚姻状况及居住方式对其是否愿意为送餐配餐服务付费有着显著的影响。婚姻状况为其他，即未婚、离异、丧偶的老人更加愿意为送餐配餐服务付费，愿意付费的概率是已婚老人愿意付费概率的 2.661 倍，可见婚姻状况不同的老年人在生活方式上还是存在着差异。未婚、离异、丧偶的老人缺少伴侣的陪伴，在膳食方面不太注意和讲究，相比之下更需要送餐配餐的服务。从居住状况来看，在控制了其他自变量的影响后，仅与配偶一起居住的老人的支付意愿是与配偶和子女共同居住的老人的 0.59 倍，仅与子女一起居住的老人的支付意愿是与配偶和子女共同居住老人的 0.32 倍；独居老人的愿意支付配餐送餐服务的意愿仅为与配偶和子女共同居住老人的 0.22 倍。从居住方式上分类，与配偶和子女共同居住的老人支付意愿最高，独居老人的支付意愿反而最低。这一结果与以往的研究并不矛盾，大多数研究认为独居老人对养老服务的需求较高，本研究表明独居老人虽然是最为迫切需要社区居家养老服务的人群，但由于其独自居住，消费观念难以受到子女的影响，生活中也无配偶交流，在参与社区活动积极性和支付意愿上均表现得最为被动。

（三）从经济因素来看，个人的职业性质、月均收入对模型 1 有着显著的影响，国有、集团企业退休的老人愿意为居家养老服务付费的概率是私营及其他的退休老人付费概率的 4.893 倍，收入较高的老人愿意付费的概率是收入较低老人愿意付费概率的 2.831 倍。对于模型 2，个人月均收入并没有对支付意愿产生非常显著的影响，这可能因为目前武汉市送餐配餐的总体收费收费标准低，个人月均收入的影响难以凸显出来。老年人退休前的职业性质和主要收入来源对送餐配餐的付费意愿有显著的影响。国有、集团企业退休的老人愿意为送餐配餐付费的概率是私营及其他退休老人付费概率的 1.671 倍，主要收入来源为子女供给的老人愿意为送餐配餐服务付费的概率是收入来源为退休金老人的 0.38 倍，说明有自己退休金的老人更愿意为送餐配餐的服务付费。老年人经济上独立，有稳定的收入来源才可能支付付费型的居家养老服务。可见，对于模型 1 和模型 2，经济因素的影响都是显著存在的。从消费理论来看，持久性收入对消费产生最为显著的影响，而退休前的职业性质、主要收入来源两个自变量实际是与老年人收入的持久性、稳定性紧密相关的，收入的稳定性和对未来收入的预期都会影响人们的消费选择。这一回归结果验证了我们对于收入与老人付费意愿关系的假设。

四、关于送餐配餐服务的研究结论及政策建议

我们基于 502 个样本数据，运用逻辑回归模型，就社区老年人对居家养老服务的支付意愿和对送餐配餐服务的支付意愿进行实证分析，研究获得了以下具有应用价值的结论：

（一）在控制了其他自变量后，上一年医疗费支出高的老年人对居家养老服务的购买意愿更强，说明身体状况较为不健康的老年人对付费型的、专业程度高的居家养老服务具有强烈的需求。在控制了其他自变量后，受教育程度较高的老人对送餐配餐服务的支付意愿反而较低。这个结论的启示有两个

方面：一是学历高的老人对目前的送餐配餐服务兴趣不大，高学历老人可能因为对膳食标准要求更高，目前的送餐配餐服务尚不能满足这类型居家老人的需求。二是目前社区居家养老送餐配餐服务的在价格上似乎得到了老人们的接受，但在品质上对高学历老人并无吸引力。

（二）在控制了其他自变量后，与子女和配偶共同居住的老人对于送餐配餐服务表现出最强的支付意愿，独居老人的支付意愿最低。这个结论说明实际上对支付意愿产生主要影响的因素是消费观念，与子女和配偶共同居住的多代共居模式并没有对居家养老服务中的配餐服务进行替代，相反，多代居，子女的消费观念的影响，有配偶陪伴反而会促进老年人转变消费观念，对于送餐配餐这种新型的服务类型接受程度高，支付意愿强。与子女共同居住对于老年人并无明显的养老服务上的替代效应，情亲滋养，代际交流互动是老年人与子女共同居住的主要优势。而独居老人则可能由于孤独的家庭氛围，日常缺乏交流与沟通，使得其真实的需求与实际的意愿之间出现断裂。此外，独居老人在经济上也可能是弱势，或者内心对未来的不稳定预期，缺乏安全感，都可能导致其对付费的居家养老服务表现出较低的支付意愿。

（三）在控制了其他类型的变量后，经济因素对老年人是否愿意为居家养老服务付费的影响较为显著，说明目前我国城市老年人的总体收入偏低，老年人经济实力需要进一步加强，居家养老的盈利化模式才有发展的契机。在控制了其他自变量以后，有退休金的老年人更愿意为送餐配餐服务付费，这说明独立稳定收入来源是老年人支付送餐配餐服务的保障。

因此，我们建议应积极发展居家养老服务的盈利化模式，政府、社区不再直接提供养老服务，积极培育社会组织、企业提供社区居家养老服务。政府购买保障弱势人群，大胆创新居家养老服务盈利模式。积极颁布法规规范居家养老服务市场行为。明确在居家养老服务市场行为中各方主体的权、责，养老服务市场才能有序发展。应进一步提高老年人退休收入水平和稳定性，为付费型居家养老服务保障经济来源。社区居家养老送餐配餐服务应重点关注独居老人的现实需求及其在表达服务需求上的被动性。可通过独居老人送餐配餐补贴等制度刺激鼓励独居老人接受送餐配餐服务。再则，尝试通过政策激励，鼓励多代居的居住形式，代际互动不能替代居家养老服务，却能够增加老年人的活跃度，引导老年人消费观念的更新，有利于老年人积极借助社区及市场服务，提升老年生活品质。

第四章　社区养老院的医养结合模式

第一节　养老院选址、规模及功能定位
对医养结合模式选择的影响

2021 年 5 月第七次人口普查国家统计局发布的数据显示：我国 60 岁及以上人口为 26402 万人，占 18.70%。其中 65 岁及以上人口为 19064 万人，占 13.50%。[①] 老年人口在我国人口中的比重持续上升。2015 年全国 1% 人口抽样调查数据显示：我国老年人口中基本健康的老人占 42%，不健康但能自理的老年人占比是 15%，生活不能自理的老年人占老年人总量的 3%。可见近 20% 的中国老人对医疗服务存在刚性需求。然而，长期以来我国医疗服务体系与养老服务体系互相割裂，既增加了老年人慢性疾病的治疗成本，又降低了医疗资源的利用效率。2013 年以来，国家和地方密集出台了一系列鼓励医养结合产业发展的政策。十九大报告中习近平已明确提出医养结合应是我国养老服务的重点发展方向。2015 年 11 月，国务院常务会议审议通过了由国家卫生计生委、民政部等九部门共同起草的《关于推进医疗卫生与养老服务相结合的指导意见》。《意见》明确提出了推进医养结合的时间表：到 2017 年，要初步建立医养结合的政策体系、标准规范和管理制度，建成一批兼具医疗卫生、养老服务资质和能力的医疗卫生机构或养老机构。[②]

在国家宏观政策和地方政策的引导之下，基于各地老年人的实际需求，

---

① 搜狐网.权威发布：我国 60 岁以上老年人口 26402 万人，达 18.70%，[EB/OL].(2021-05-11)[2021-08-01].https://www.sohu.com/a/465746624_100241629.

② 中国新闻周刊网.医养结合之路 [EB/OL].(2017-11-13)[2019-01-21].http://mini.eastday.com/mobile/171113150945099.html#.

20多个省市进行了一系列医养结合的实践探索。但由于养老服务与医疗服务准入门槛高低不同、盈亏平衡点的位置不同、以及医疗服务前期投入高、操作风险大等原因，地方政府、养老机构、医疗机构在"医养结合"的实践中困境重重。医疗服务与养老服务到底应该如何结合？不同类型的养老机构又如何因地制宜地选择切实可行的医养结合模式呢？我们收集各地的实践资料并对其进行归纳、分析与比较，试图发现不同选址、不同规模以及差异化功能定位的养老机构在医疗服务供给能力与医疗服务需求上的不同，以及由此构建差异化的医疗资源与养老资源的共享模式。

一、医养结合理论基础与国际国内实践

综合照料理论认为将分散的、碎片化的社会服务进行整合供给，能够提高管理效率。社会服务的整合可以从两个维度上实现，一是横向整合，即不同类型社会服务供给主体的竞争与合作，比如养老院与医院的合作属于横向整合。二是纵向整合，即相同类型的社会服务供给主体之间的竞争与合作，是同一种社会服务在服务链各阶段供给主体之间的协作与沟通。在医养结合服务中社区卫生服务中心与三甲医院之间的分工与协作，即是纵向整合。

20世纪70年代以来，养老服务整合理念在国际上得以广泛推广，传统的养老服务与医疗服务单独垂直供给的模式被代之以养老院与医院，养老院与社区，医院与社区以及家庭之间的互动与衔接。在人口深度老龄化的日本，养老服务的特点是将预防、医疗、照护与环境等要素以被照料者为中心统合起来，促进正式和非正式支持系统在老龄健康保障中的有效联动，提供更贴近老人需求的、无缝链接的、高质量的整合服务。[①] 始于1971年的美国PACE计划（The Program of All-Inclusive Care for the Elderly）是将医疗服务整合到社区居家养老服务中的探索，由跨学科的医疗团队，包括医生、护士、社会工作者以及治疗师为居住在社区内失能、半失能老人提供生活照料、康复护理、初步诊疗等综合性服务。[②]

[①] Shortell, etc. Remaking health care in America:building organized delivery systems[J].San Francisco: Jossey-Bass Publishers,2002(2):15-36.

[②] Eng C. Future Consideration for Improving End-of-Life Care for Older Persons: Program of All-Inclusive Care for the Elderly (PACE) [J]. Journal Of Palliative Medicine,2002,5(2):305-309.

国内学者将医养结合界定为医疗机构与养老机构之间的多方式结合，或医疗资源与养老机构、社区、家庭老年照护服务的相互融合、相互促进。针对医养结合模式的分类，2015 年国家卫计委从宏观上提出四种可行的模式：一是原有医疗卫生机构开展养老服务；二是原有的养老机构增设医疗服务资质；三是医疗机构与养老机构协议合作；四是依靠社区卫生服务网络，推行家庭医生。[①] 从嵌入性理论视角，利用结构性嵌入和关系性嵌入原理，有学者将医养结合分为医养结合科层组织模式、医养结合契约模式、医养结合网络模式三种类型。[②] 国内学者也对医养结合的成功个案进行了推介：如上海市佘山镇模式注重社区内资源整合，[③] 重庆医大附一院内开设青杠老年护养中心、河北医科大学第二医院增设养老中心均是医疗机构开展养老服务。而北京市第一社会福利院开设福利医院，则是养老机构增设医疗服务。[④]

综合照料理论为医养结合提供了理论支持，日本和美国也在医养结合模式上进行了较为成功的探索。我国政府和学者对我国医养结合的模式分类提出了一些思路，近年来各地也积累了一些实践经验。但是对于各地的实践经验缺乏抽象化提炼，对不同医养结合模式的适用性问题进行归纳分析的文献尚不多见。

二、研究方法与数据收集

（一）研究设计与研究工具

扎根理论（Grounded Theory，GT）认为科学研究的过程应该从观察现象到收集资料，从系统性的资料中探寻现象的本质，进而归纳成为系统的理论。与实证主义研究方法的本质不同之处在于，扎根理论不是对现有理论假设的验证，而是从收集到的原始资料中归纳出新的思想的过程。扎根理论是对实

---

① 刘清发，孙瑞玲. 嵌入性视角下的医养结合养老模式初探 [J]. 西北人口，2014，35(06)：94-97.

② 王宁. 城市社区养老需求与社区养老服务体系建设 [J]. 重庆科技学院学报（社会科学版），2011(11)：77-79.

③ 曾巧凤，彭兴伟. 上海市社区养老服务现状调研及问题分析 [J]. 学理论，2015(25)：95-96+99.

④ 张建凤，李志菊，王芳云，李娟，尹明，江梅. 合肥市社区空巢老人社区卫生服务需求及影响因素的研究 [J]. 护理研究，2010，24(07)：647-650.

证主义研究方法的回应。① 扎根理论运用在探索性研究中，首先是对调查收集的原始资料进行初始编码，在初始编码的基础上形成研究的框架，然后进行主轴编码，主轴编码框架形成后最后进行选择性编码，构建理论体系。②

质性研究者需要对复杂、多层面、不同类型的资料进行整理，NVIVO11是目前国际上主流的质性分析工具，能够协助研究者将大量的研究资料系统化。NVIVO11可以将零散的资料进行编码，形成节点。这些节点帮助研究者将资料进行类别化，研究者将类属于相同范畴的文档进行归类，并经过裂解、重新萃取出新的概念，赋予新的定义即可创建新的节点。节点与节点之间形成联系，形成树状结构，建立以布尔逻辑为基础的系统以及概念网络系统。本研究将当前我国养老机构的医养结合模式作为研究对象，将养老院的管理者作为访谈对象，采取半结构访谈的方式获取资料，再将访谈稿逐字导入NVIVO11，编码、归纳，以扎根理论为基础对医养结合的模式进行提炼与分析。

（二）访谈对象与资料收集

自2013年以来各地都在进行医养结合的探索，课题组自2015年以来深度调查了北京、南京、武汉、宜昌、深圳、广州的十四家养老机构，其中武昌福利院为公办养老院，其他均为民营养老机构。这些机构均在不同程度上开展医养结合实践。我们对负责机构运营的主要管理者进行深度访谈，他们大多是养老机构的创办者，同时也具体负责养老机构的日常运营，对于本机构医养结合的实践过程、推进的关键点及存在的困境甚为了解。

表4-1　受访对象一览表

受访人职位	所属机构名称	机构所在城市	机构床位数	机构成立时间
院长	真美好养老院	南京	76	1998年
院长	允德乐龄老年公寓	南京	150	2007年
主任	来广营养老院	北京	166	2015年

---

① 王晓峰，刘帆，马云博. 城市社区养老服务需求及影响分析——以长春市的调查为例 [J]. 人口学刊，2012(06)：34-39.

② 田北海，王彩云. 城乡老年人社会养老服务需求特征及其影响因素——基于对家庭养老替代机制的分析 [J]. 中国农村观察，2014(04)：2-17+95.

受访人职位	所属机构名称	机构所在城市	机构床位数	机构成立时间
院长	月坛无围墙养老院	北京	39	2004 年
院长	寸草春晖养老院	北京	110	2011 年
经理	国寿社区养老院	深圳	30	2015 年
院长	深圳新现代颐康之家	深圳	75	2013 年
院长	武昌福利院	武汉	500	2016 年
院长	白沙洲康福养老院	武汉	65	2016 年
院长	徐东大家庭养老院	武汉	198	2013 年
院长	侨亚孝庄养老院	武汉	656	2012 年
院长	武昌南湖医院	武汉	160	2016 年
经理	泰康粤园	广州	1200	2017 年
院长	桐林新村养老院	宜昌	30	2014 年

我们以半结构访谈的方式对受访对象进行 30—40 分钟的访谈，并在现场收集了与研究问题相关的文本资料、图片资料等。访谈提纲主要包含以下几个方面的问题：

1. 介绍养老院的基本情况（面积、选址、床位数、入住率等）；

2. 机构中入住老人的基本情况（总人数、年龄分布、性别分布、自理能力分布等）；

3. 养老院自身及其周边的医疗资源情况（医务室、社区卫生服务站、三甲医院等）；

4. 养老院医养融合的主要服务内容以及养老院的医疗服务重点；

5. 养老院的医养融合发展面临的主要难题，解决这些问题的关键点以及相关建议。

（三）编码

运用 NVIVO11 进行编码首先将访谈稿导入软件的材料来源板块，然后逐字逐行编码，并形成具有研究意义的节点，将具有相同内容归属的文字编入相同的节点；分析节点的分布及节点数，将具有联系的节点用节点树连接，建立树状节点，形成三个层级的编码。三位研究人员对资料进行编码，编码的一致性分析结果满足对资料进行质性研究的要求。

三、医养结合模式与养老机构类型

（一）四种典型的医养结合模式

运用 NVIVO11 对 14 家养老院的医养结合访谈资料进行编码，从中可以归纳提炼出四种典型的医养结合模式，如表 4-2 中所示。

表 4-2　医养结合类型的编码

一级编码	二级编码	三级编码
医养结合类型	以养融医 参考值 20	以养融医的医疗设施与人员 以养融医的服务内容 以养融医的费用支付
	以医融养 参考值 4	以医融养的设施与人员 以医融养的服务内容
	合作转诊 参考值 24	合作转诊链接的医疗资源 合作转诊的人员配置 合作转诊的服务内容
	养老院＋医院 参考值 16	医院的医疗条件设施 医院的医养结合服务特色

从表 4-2 中对医养结合模式类型进行编码的情况看，14 家养老院的访谈记录中涉及合作转诊模式的参考值最多，为 24 个，其次是以养融医 20 个，再其次是养老院＋医院模式，涉及以医融养模式的参考值仅为 4 个。14 家养老机构中 7 家养老院选择合作转诊模式，养老院与二级以上的医院、社区医院、卫生服务站等医疗机构建立合作关系，养老机构与医疗机构的资源可以充分利用，医疗机构对养老机构提供技术支持，这种模式有利于降低养老院内部的医疗设施配置成本，也可在一定程度上避免养老院的医疗风险。3 家养老院开展的以养融医模式，这种模式在养老服务机构的基础上，增设医疗护理服务。养老机构内配备医务室，配备医生、护士等医务工作人员。这种模式的优势是能够为入住机构的老人提供 24 小时医疗服务，且南京、北京、上

海等地的护理院已经试行医保支付。3家养老机构采取的是医院＋养老院模式，自建康复医院，不仅能够满足入住养老院的老人的医疗需求，同时对外营业。这种模式医疗资源丰富，但投入高，属于重资产项目。仅1家养老院选择以医融养模式，医院将康复科、老年科改成养老院，或在医院增设护理院。这种模式在医疗康复技术上具有一定优势，一般针对需要重度护理的老人。

（二）养老机构选址、规模与功能定位

我们对十四家养老院的类型从三个基本维度进行划分：选址、规模、服务人群定位。

表4-3　养老机构选址、规模、服务人群定位一览表

机构名称	选址	床位	定位	机构名称	选址	床位	定位
真美好养老院	社区内	76	失能失智	桐林新村养老院	社区内	30	半自理
允德乐龄老年公寓	城市内	150	半自理	泰康粤园	郊区	1200	混合兼收
来广营养老院	城市内	166	半自理	武昌福利院	城市内	500	混合兼收
月坛无围墙养老院	社区内	39	失能失智	白沙洲康福养老院	城市内	65	自理
寸草春晖养老院	社区内	110	失能失智	徐东大家庭养老院	城市内	198	半自理
国寿社区养老院	社区内	30	半自理	侨亚孝庄养老院	郊区	350	混合兼收
新现代颐康之家	社区内	75	半自理	武昌南湖医院	城市内	160	失能失智

数据来源：根据调研资料整理。

养老院选址的位置、规模大小、服务人群的定位对于养老机构选择医养结合模式均有显著的影响。此外，选址、规模及功能定位之间也是交互影响

的。14 家养老机构选址、规模及服务人群定位见表 4-3 所示。我们将每个养老机构分别创建为一个案例节点，分类案例节点，并分配属性。将 14 个案例节点按照选址、规模、服务人群定位进行分类，并对案例节点进行编码，养老机构类型编码见表 4-4 所示。一级编码为养老机构类型，二级编码有养老院选址、养老院规模、养老院服务人群定位。在养老院选址之下又产生 3 个三级编码；在养老院规模之下生成 5 个三级编码；在养老院服务人群定位之下产生 4 个三级编码。

表 4-4　养老机构类型编码

一级编码	二级编码	三级编码
养老机构类型	养老院选址 参考值 14	1. 选址在城市社区内 2. 选址在城市但不在社区内 3. 选址在郊区
	养老院规模 参考值 14	1. 床位数小于 50，2. 床位数 50—100 3. 床位数 101—150，4. 床位数 151—200， 5. 床位数 200 以上
	养老院服务人群定位 参考值 14	1. 定位自理老人 2. 定位半自理老人 3. 定位混合兼收 4. 定位失能失智老人

四、养老院选址、规模对医养结合模式选择的影响

选址是养老机构进行基本建设前最为重要的环节。养老院的选址对于机构后续运营影响重大。通常养老机构会基于功能定位进行市场调研，根据预算及资源情况来选址。选址不同的养老机构在医养结合上应有不同的侧重。养老机构按照选址划分大致可以分为三种类型：一类是选址在城市社区内的养老机构；第二类是选址在城市内但不在社区内的养老机构；第三类是选址在郊区的养老机构。养老院的规模大小也是养老院分类的重要标准，规模不同的养老院医疗服务需求差异巨大，其对医养结合模式的选择必然不同。

图 4-1 是养老院选址——医养结合模式的三维节点矩阵，是四种医养结合模式：合作转诊、养老院＋医院、以养融医、以医融养；养老机构的选址类型：城市社区内、在城市但不在社区内、在郊区，节点数。

图 4-2 是养老院床位数——医养结合模式的三维节点矩阵，是四种医养

结合模式：合作转诊、养老院＋医院、以养融医、以医融养，养老机构的床位数：小于 50、50—100、101—150、151—200、200 以上，节点数。

从图 4-1 可知，养老院的选址与医养结合模式选择之间存在极强的关联性。选址在城市社区内的养老机构选择合作转诊与以养融医两种模式。选址在郊区的养老机构选择养老院＋医院模式。从图 4-2 可知，床位数小于 50 的小型养老院一般仅能选择合作转诊一种形式；床位数大于 200 的养老机构也单一选择了养老院＋医院模式；床位数为 50—150 的养老机构选择合作转诊与以养融医两种模式；床位数在 150—200 之间的养老机构的医养结合模式表现出多样化的特征。

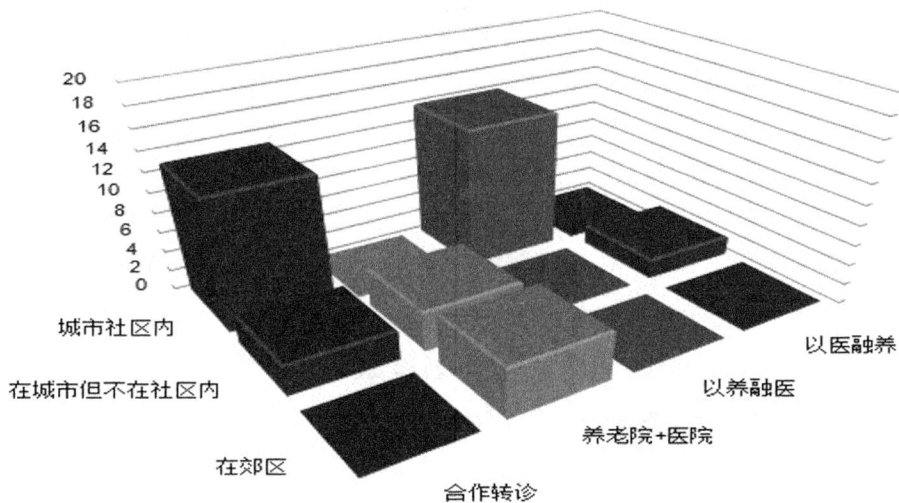

图 4-1　养老院选址——医养结合模式

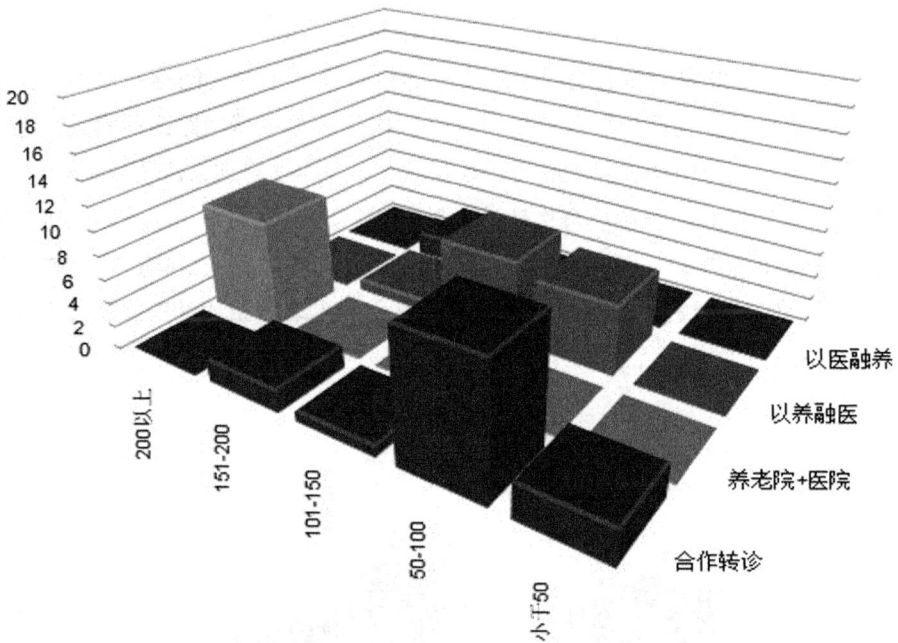

图 4-2　养老院床位数——医养结合模式

（一）选址社区内的养老机构

选址社区内的养老机构多选择合作转诊或以养融医。

1.选址社区内小型养老机构宜合作转诊

从养老院规模的分类看，床位数小于 50 的小型养老院仅采取合作转诊模式。实际上如果从规模与选址的关系上分析，床位数小于 50 的小型养老院绝大多数选址在城市社区内。这类型机构由于床位数少，一般难以承受内设医务室，以及配备医生、护士等医疗设施及医护人员的成本。社区内的小型养老院一方面自身的医疗设施条件十分有限，另一方面又天然地靠近城市社区内及社区周边的医疗资源。因此，养老院多与社区医院、社区卫生服务中心、社康中心合作，在社区内部实现医疗资源与养老资源整合。社区内合作转诊是这类机构普遍选择的医养结合模式。表 4-5 中列示的 5 家小型社区养老院均采用合作转诊模式。其中深圳新现代颐康之家和白沙洲康福养老院的床位数大于 50，也实行合作转诊模式。深圳的国寿社区养老院与新现代颐康之家两家小型社区养老院，在选址及建设规划阶段就与社康中心毗邻，较好地在区域上连接了社区内部的养老资源与医疗资源，这种选址规划环节的医养融合值得推广与借鉴。

表 4-5　选址在社区内的小型养老院

养老院名称	床位数	合作转诊模式链接社区医疗资源
国寿社区养老院	30	社区内的社康中心合作（毗邻）
新现代颐康之家	75	社区社康中心（毗邻）
月坛无围墙养老院	39	汽北社区卫生服务中心合作。（距离 500km）
桐林新村养老院	30	与桐林新村卫生服务站合作。（距离 600km）
白沙洲康福养老院	65	白沙洲卫生服务中心合作。（距离 800 米）

数据来源：根据调研资料整理。

合作转诊模式的优势是养老机构内部的医疗成本低，依赖的是社区内的医疗资源，实质是社区内医疗资源与养老资源的整合配置与综合利用，其功能发挥有赖于社区医疗资源的数量与质量。但目前我国城市社区医疗资源在使用效率和服务质量上均存在不足。

社区里面的医生小病医不了，大病更是不敢医，还有也怕冒风险。"我们当时和这个社区社康中心谈医养结合的时候，他们那一个院长迟迟不愿意签字（深圳每个社区社康中心挂靠一个三甲医院），觉得'哎呀，怕出事'"。所以真正要实现合作转诊，社区医疗实力要加强。（A 院长）

上述访谈资料说明，如果没有高质量的社区医疗资源做保障，合作转诊模式也可能是医养结合多种模式中实施起来协调难度最大的一种模式。

2. 选址在社区内的中型养老机构：以养融医

结合图 4-1 与图 4-2，我们发现选址在社区内且床位数在 100 以上的中型规模养老机构大多选择以养融医模式，养老机构内设医务室，自行配备医生和护士。如北京寸草春晖养老院、南京真美好养老院、武汉徐东大家庭养老院均是社区内的中型养老机构。南京真美好养老院虽然床位数仅 76 张，但属于连锁型机构，配备了小型医务室，医生由多家连锁养老机构合聘。

表 4-6 选址在社区内的中型养老院

养老院名称	床位数	以养融医模式医疗设施及人员配备
寸草春晖养老院	110	医务室、配备医务人员（3 名护士 2 名医生）医保定点单位
徐东大家庭养老院	198	医务室、配备医务人员（1 名护士、1 名医生）
真美好养老院	76	医务室、配备医务人员（2 名护士、医生是兼职的）

数据来源：根据调研资料整理。

3.选址在郊区的大型养老机构：养老院＋医院

选址在郊区的养老机构普遍采取养老院＋医院模式。养老院选址在郊区一方面意味着养老院与中心城区的医疗资源距离较远，周边 20 分钟车程内可能没有三甲医院；再则选址在郊区的养老机构大多为重资产、大体量养老院，床位数在 600 以上，对医疗资源具有极强的需求。合作转诊、以养融医等模式均无法满足这类型养老院的医疗需求。因此，自建康复医院成为这类机构解决医疗需求的首选。

表 4-7 选址在郊区的大型养老院

养老院名称	床位数	养老院＋医院
侨亚中华孝庄	656	侨亚博爱康复医院占地规模为 24000 平方米，提供 350 余张床位
泰康粤园	1200	泰康燕园二甲康复医院占地 13000 平方米，提供 100 张床位

数据来源：根据调研资料整理。

泰康之家是国内养老院＋医院模式的典型代表，截至 2017 年 10 月，泰康之家养老社区已落地项目七个——北京、上海、广州、三亚、苏州、成都、武汉，七个泰康之家的选址均在郊区，采取 CCRC 持续照料退休社区模式，涵盖活力生活区、协助生活区、专业护理区、记忆障碍照护区，同时配建专业康复医院，提供慢病诊疗、急救保障、健康管理等服务。国内类似的项目还有北京的燕达国际健康城、广州泰成逸园、中国人寿天津空港项目。受访的 14 家机构中侨亚中华孝庄选址在武汉郊区，也采取的养老院＋医院模式。

从图 4-1 中我们发现第三类选址在城市非社区内的养老机构在医养结合模式的选择上形式多样，规律性不强。图 4-2 中床位数在 101—150 之间的养老院可能选择合作转诊，也可能选择以养融医。养老院床位数在 150—200 之间的更是表现出多样化的选择倾向。实际上除了养老院的选址和规模两个重要因素之外，资料分析发现养老机构服务人群定位也对医养结合模式的设计产生了明显的制约。

五、养老机构服务人群定位对医养结合模式选择的影响

受访的 14 家养老机构按照服务人群的定位可以划分为服务定位自理老人的机构、服务定位半自理老人的机构、服务对象混合兼收的机构，以及定位失能失智老人的机构。图 4-3 是医养结合—服务人群定位的节点矩阵图，四种医养结合模式：合作转诊、养老院＋医院、以养融医、以医融养，养老机构服务人群定位：自理老人、半自理老人、混合兼收、失能失智老人，节点数。

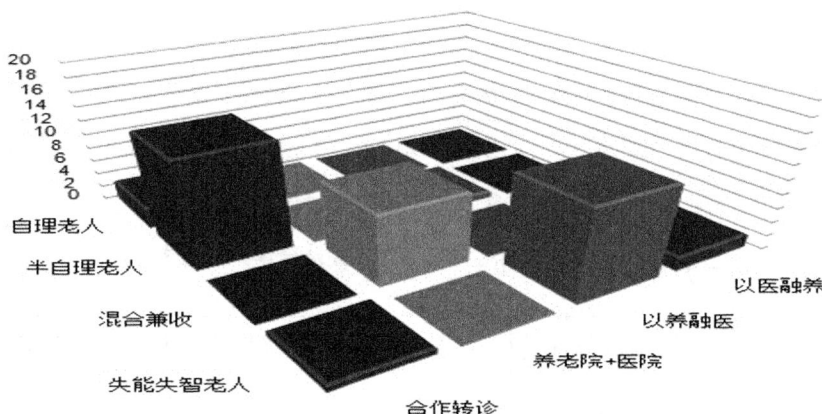

图 4-3　养老院服务人群——医养结合模式

（一）服务人群定位为自理、半自理老人的养老机构

自理老人一般是指日常生活行为能够基本自理，对护理服务依赖程度较低的老人。目前国内养老机构中专门将服务人群定位为自理老人的机构不多。相对于其他类型的养老机构，这类机构中的老人总体上健康状况较好，医疗

需求较少，多选择合作转诊的医养结合模式。如白沙洲康福养老院是五家连锁机构中的一家，服务人群为自理老人。医养结合采取的是养老院与社区卫生服务站联合，医生定期到养老院进行日常性的医疗服务。为规避医疗风险，养老院不提供配药服务，只提供日常体征测量等简单医疗服务。如果老人有进一步的医疗需求，首先转诊到社区卫生服务站，如果不能解决则由家属将老人转诊到邻近的湖北省人民医院。服务人群定位为自理老人的机构在医养结合上宜整合社区医疗资源，当为连锁型的养老机构时，宜多家连锁机构统筹使用医疗资源。

半自理老人一般是指大脑思维清楚，有较为完全的语言表达能力，但由于体质较差或患有慢性疾病，以致正常行为能力退化的老人。由图4-3可知服务人群定位为半自理老人的养老机构在医养结合模式上多选择合作转诊。表4-7列示的是5家养老机构前4家定位为半自理老人，第5家定位为自理老人，均选择合作转诊的医养结合模式。

表4-8　合作转诊服务自理、半自理老人

养老院名称	合作转诊服务内容
深圳 国寿社区养老院	社康中心医生查房服务；建立健康档案服务等日常医疗服务。
深圳 新现代颐康之家	社康中心医生查房服务；建立健康档案服务等日常医疗服务。
南京 允德乐龄老年公寓	与社区医院合作，提供体检、查房、健康档案等日常医疗服务。
宜昌 桐林新村养老院	与桐林新村社区卫生服务站合作，老人去卫生站看病，医生不上门。
武汉 白沙洲康福养老院	社区卫生服务站的医生定期到机构进行日常性医疗服务。

资料来源：根据调研资料整理。

从养老院的医疗资源配置成本上看，合作转诊模式较为经济，但是随着养老院规模的扩大，合作转诊有时难以满足院内老人的医疗需求。

"社区卫生服务中心的人不好请呀，我们这里的老人又多，有时候急着需要处理，但是社区的医务人员也忙不过来。因此我只有自己配置医务室，自己配医生了。"（B养老院院长）

"整合社区医疗资源？谈何容易，社区医疗机构都是公益一类，到养老院来巡诊不那么容易。一是确实忙不过来，二是也缺少动力机制。"（C 养老院院长）

调研中养老机构的负责人表示合作转诊在实际操作中并不顺畅。社区卫生服务中心、社区医院的工作人员对于养老院转诊过来的老人的服务意愿不强，缺乏实质性的政策引导与激励。

"我们搞了一个医养护理队，我们是一个医生一个护士，一个护理员一个社工，上门服务，医生、护士做医疗那一块护理，那然后我们护理人员做生活护理，社工就做心理护理。"（X 养老院院长）

社区内合作转诊需要制度创新与服务创新。新现代颐康之家的这种社区内的医养团队上门服务模式是一种医养结合服务流程创新，主要针对居家有医养服务需求的老人提供有偿上门服务。因为是有偿服务，社康中心的医生、护士以及养老院的护工、社工都有较强的服务意愿。

（二）服务人群为混合兼收的养老机构

混合兼收是指养老机构对于服务人群没有特别明确的定位，自理、半自理、失能失智老人均可入住。服务人群为混合兼收的养老机构一般规模较大，14 家养老机构中有 3 家机构是这种类型：泰康粤园、武昌福利院、侨亚中华孝庄，且都是床位数在 500 以上的超大型养老院。

表 4-9　养老院 + 医院模式服务内容

养老院名称	设施	服务内容
武昌福利院	公办医院	入院健康评估　慢病管理　养老院与医院无缝对接
泰康粤园	民办医院	老年病及康复治疗、以复杂病管理、急重病后全程康复
侨亚中华孝庄	民办医院	康复疗养、临床医疗、老年病研究、健康管理

资料来源：根据调研资料整理。

表 4-9 中三家养老机构虽然都是养老院 + 医院的医养结合模式，但又可以分为两种类型。武昌福利院是一家公办养老院，养老院自有武昌区民福老年病医院。医院是隶属武昌区民政委的二级事业单位，是一所非营利性的公办医院。泰康粤园和侨亚中华孝庄是民办养老机构，泰康之家粤园康复医院

是由泰康保险集团子公司——泰康之家投资有限公司投资、用于配套粤园养老社区建设的医院，不仅承接自建养老社区居民的医疗服务，同时也对外营业。与之类似，武汉侨亚博爱康复医院由侨亚集团投资，医院既服务于侨亚孝庄养老院，也对外服务。在服务内容上，三家医院均能够为入住养老院的老人提供专业的老年病治疗与康复、慢病管理、急重病后康复等专业医疗服务。泰康集团还利用保险行业的信息优势，建立了医疗数据中心，定位为以数据为基础的精准医疗，力求通过数据管理降低老年人的医疗成本。养老院＋医院模式一方面对资产的投入有极高的要求，另一方面在实际运营环节也面临较高的经营风险。访谈中泰康粤园负责人认为：

不是把医院和养老社区建在一起就叫医养结合，医养结合需要把医生从单纯的专科医生向全科，尤其是针对老年人的全科医生进行转变。（T 机构负责人）

泰康对医院＋养老院模式的实践总结是，医院＋养老院模式的关键不是建医院，而是以医院为依托的健康管理以及医疗成本管理。

（三）服务人群为失能失智老人的养老机构

失能失智老人或称介护老人，生活自理能力重度依赖，日常生活需要他人护理辅助。目前我国中小型养老机构中以失能失智老人为服务对象的比例较大，护理院都属于这种类型。此类型的养老机构在医养结合方面多采取以养融医的模式。

表 4-10　以养融医模式服务内容

养老院名称	以养融医
北京 寸草春晖养老院（护理院）	"养"为主，医为辅，慢病管理，不输液
南京 真美好养老院（养老院）	以护理为主，医疗为辅，慢病管理，不输液

资料来源：根据调研资料整理。

北京寸草春晖养老院是定位于失能失智老人的护理院，内配医务室及医生、护士，采取典型的以养融医模式。虽然养老院具备了提供医疗服务的资格，但在医疗服务的供给上非常谨慎，坚持"养"为主，医为辅。医务室仅仅提供配发口服药、控制日常慢性病，以及轻微外伤处理、老人关节病护理等服务。为控制医疗风险，护理院甚至不提供输液服务。如果院内老人需要输液，机构负责将其送到社区医院，病情严重的则送往附近的三甲医院。南京真美好养老院是一家定位于失能失智老人的社区养老院，非护理院，内设医务室，以养融医。两家机构均定位于失能失智老人，在医养结合上的安排也极为类似，为尽量避免医疗风险的产生，养老院的医疗服务以护理为主、医疗为辅，主要进行慢病管理，均不提供输液服务。

定位为失能失智老人的养老机构，尤其是护理院，医疗需求强，多采用以养融医的模式。这种模式的优势在于机构内实现医疗与养老服务的融合，并可使用医保卡支付。但在实践中使用医保卡支付养老护理费用也随之产生了道德风险问题。近年来北京、南京等地出现了护理院过度治疗导致医保资金使用失控的现象。

"现在的护理院有点过度治疗，这是需要纠正的，现在大家都一哄而上搞护理院，为什么呢，因为它可以走医保。老人是需要治疗，但不能过度治疗。大医院都有这种状态。但医院以治疗为主的，你必须出院，护理院以护理为主，真没有边界。"（Z养老院院长）

"南京从去年8月1号开始，从单元制改成日结算制，为什么这样改，就是因为他们太疯狂，刷卡太疯狂了。"（M养老院院长）

"有些养老机构有医院的收费但是没有医院的功能，没有医生就护士来顶，没有护士就护工来顶，仅仅控制了费用上限还是不够的。"（H机构经理）

从以上养老院院长们对以养融医的评价看，以养融医的风险一方面来源于医保支付可能带来的对医保基金的侵蚀，另一方面来源于养老机构开展医疗服务可能产生的医疗风险隐患。

六、养老机构选址、规模及功能定位与医养结合相关结论

医养结合的实质是资源的链接与服务流程的再造。14家养老机构可分为以养融医、以医融养、合作转诊、养老院＋医院四种医养结合模式。四种模式是四条医疗资源与养老资源的链接路径，是四种医疗服务与养老服务的整合形式。不同类型的养老机构基于机构所在区域的医疗资源现状、机构自身医疗服务需求以及医疗服务供给能力的大小，选择适合自身的医养结合模式。医养结合最终是为了切实满足入住机构老人的医护需求。

（一）养老机构的选址、规模、以及养老机构的服务人群定位影响机构对医养结合模式的选择

合作转诊模式适用于选址在城市社区内的小型（床位数小于 50）养老院，以及将服务人群定位为自理、半自理老人的中小型（床位数小于 200）养老院。以养融医模式适用于选址在城市社区内的中型（床位数 100-200）养老院，以及选址在社区内的服务人群定位为失能失智老人的养老机构。养老院 + 医院模式适用于选址在郊区、床位数在 500 以上、服务人群为混合兼收的大型养老机构。

（二）社区医疗资源存量不足制约了合作转诊中医疗资源与养老资源的整合

养老院与社区医疗机构合作转诊落地难，社区医务工作人员缺乏提供合作转诊服务的积极性，社区医疗服务与养老服务的整合缺少模式创新与制度保障。

（三）以养融医模式中推行医保支付可能滋生道德风险

"套保"现象背后是老人对护理服务需求的无限性与医保资金的稀缺性之间的矛盾。此外，如果对以养融医监管不力，医疗设备与医护人员的价格双高可能导致养老机构在提供医疗服务时实施低成本替代，进而导致医疗风险重重。

（四）养老院 + 医院模式的难点在于诊疗模式的转变

养老院 + 医院模式不仅是重资产的投入风险管理，更在于如何将医院的诊疗模式转变为以慢病管理、健康数据管理为重点的医养结合模式。

因此，我们认为医养结合是降低老人医疗成本、合理配置医疗资源、满足老人医护需求的破解之道，但养老机构在实践中切忌盲目复制。每一种医养结合模式都有其赖以存续的基石。我们建议一是做实做强我国三级诊疗中的社区医疗，提升社区医疗资源存量是合作转诊模式健康发展的基础。二是鼓励社区医疗服务与养老服务整合的制度创新，建立社区内服务整合的激励机制，为合作转诊模式提供可持续的制度保障。三是以养融医中医保支付需要具体细化进入医保支付的项目清单，加强制度约束与风险控制。四是养老院 + 医院模式应将医院的诊疗模式转变为以慢病管理、健康数据管理为重点的医养结合模式。

第二节　社区养老院医养结合服务的需求分析

2017 年 3 月 4 日开幕的十二届全国人大五次会议上，李克强总理在 2017 年政府工作报告中提到要发展医养结合。我国医疗体系与养老体系长期处于互相割裂的状态，养老服务与医疗服务的分开供给机制一方面增加了老年人慢性疾病的治疗成本，另一方面也导致稀缺的医疗资源利用效率下降。因此，医养结合养老模式是我国社会养老发展的趋势。2013 年国务院在《关于加快发展养老服务业的若干意见》中首次提出要 "促进养老服务和医疗卫生的结合，鼓励医疗卫生资源进入养老机构、广大社区和居民家庭"[①]。随后各地相继推行医养结合的系列试点。近年来各地医养结合试点较多的关注医疗机构与养老机构的整合。那么医养结合是否等同于养老院与医院的合并呢？各地医养结合实践多是在养老院内设置小型医院，或者在医院内设置养老院。这种探索有一定的积极意义，但也可能导致养老院和医院的过度规模化发展，从而对社区内的小型养老机构产生挤出效应。养老院与医院的规模化还可能导致社区医疗资源与养老资源不足的现象愈演愈烈。

我国社会化养老的主要场所在城乡社区，因此医养结合模式重点发展领域应为社区内医疗资源与养老资源的整合。社区内养老机构的医养结合的设计理念是要实现社区内外医疗资源与养老资源充分整合，使老年人依托社区便可享受养老、医疗双重服务，补齐目前我国社区居家养老服务明显缺失的护理、康复、诊疗等功能，老有所养与老有所医有机结合，进而保障在社区内老年人晚年的生命质量。社区内养老机构医养结合是对医疗人力资源与养老人力资源进行柔性团队化建设，对医疗设施与医疗专业人员进行协同化管理，实现养老服务与医疗护理在时间与空间上的合一。

一、影响老年人医疗服务及医养服务的有关因素

国外医养结合发展的历史较长，学者们提出综合照料理论为医疗与养老服务的融合提供理论支持。综合照料理论认为将分散的、碎片化的社会服务

---

① 本刊编辑部，朱巍巍. 我国养老服务业发展史上的重要里程碑——国务院出台《关于加快发展养老服务业的若干意见》[J]. 中国民政，2013(10)：4-10.

进行整合供给，能够提高管理效率[①]。医疗服务与养老服务的结合是将诊断、治疗、护理、康复、健康促进等一系列健康需求服务全部纳入一个系统中，对服务的输入、传递到组织以及具体的管理都进行统筹规划，进而最大限度地将医疗服务惠及服务对象[②]。综合照料理论认为照料整合包括横向整合与纵向整合。横向整合是指不同类型的社会服务的供给主体之间的竞争与合作。纵向整合是指相同类型的社会服务供给链上各阶段的供给主体之间的协作和沟通。比如养老服务的供给主体—养老院与医疗服务的供给主体—医院之间的合作为横向整合。社区卫生服务中心与三甲医院之间的协作为纵向整合。美国的 PACE 计划（The Program of All-Inclusive Care for the Elderly）实际是将医疗服务整合到社区居家养老服务中的探索，为居住在社区内失能、半失能老人提供生活照料、康复护理、初步诊疗等综合性服务[③]。国内学者将医养结合界定为医疗机构与养老机构之间的多方式结合，或医疗资源与养老机构、社区、家庭老年照护服务相互融合、相互促进[④]。刘清发、孙瑞玲从嵌入性视角提出医养结合三种模式：科层组织模式、契约模式、网络模式[⑤]，其从嵌入性视角分类的思路为本文居家养老的医养结合模式的设计提供了框架性的分类标准。

随着老年人慢性病患病率的提高，健康护理服务应成为社区居家养老服务的题中之义[⑥]。社区老年人对专业化的医疗保健服务（如定期体检、康复照料、健康咨询、上门诊治等）的需求远大于非专业化医疗服务项目（如陪同

① Grone O, Garcia-Barbero M. Trends in integrated care:reflections on conceptual issues[R]. Copenhagen: World HealthOrganization, 2002(4):27-28.

② Shortell, etc. Remaking health care in America:building organized delivery systems[J].San Francisco: Jossey-Bass Publishers, 2002(2):15-36.

③ Eng C. Future Consideration for Improving End-of-Life Care for Older Persons: Program of All-Inclusive Care for the Elderly (PACE) [J]. Journal Of Palliative Medicine,2002,5(2):305-309.

④ 鲍捷，毛宗福. 社会医疗保险助推医养结合服务的政策探讨 [J]. 卫生经济研究，2015(8)：40-43

⑤ 刘清发，孙瑞玲. 嵌入性视角下的医养结合养老模式初探 [J]. 西北人口，2014，35(06)：94-97.

⑥ 王宁. 城市社区养老需求与社区养老服务体系建设 [J].重庆科技学院学报（社会科学版），2011(11)：77-79.

看病、代替取药等）[1]，71.06％的老年人对上门诊疗有需求[2]。王晓峰等认为性别和居住类型对老年人医疗健康方面的需求有显著影响[3]。田北海等的研究发现：身体机能是社会养老服务需求的硬约束条件，身体机能越差，老年人社会养老服务需求水平越高[4]；王新军、郑超利用"中国老年健康影响因素跟踪调查"的数据分析中国老年人健康与长期护理需求的影响因素，研究发现老年人的居住模式、经济来源、医疗状况、婚姻状况、老年人房产等因素对于老年人的健康状况和长期护理需求影响显著。[5]

国内外学者们从理论层面对医养结合的合理性与其分类进行了深入的探索，国内学者也对影响老年人医疗健康服务的影响因素进行了实证研究，研究结论为本文奠定了基础。但是，聚焦研究社区养老如何实现医养结合的探讨并不多见，更缺乏针对不同的医养结合模式深入分析老年人需求的研究。

二、社区养老院可选择的医养结合类型

不论是从整合照料理论视角，还是从嵌入性视角，医养结合均可通过两种途径得以实现：一是机构的整合；二是契约模式整合。机构整合也就是医疗卫生机构与养老服务机构互相嵌入。医养结合的机构整合具体形式包括"以养融医"和"以医融养"两种模式。契约整合与机构整合不同，养老机构与医疗机构各自并不增设新的服务，而是进行业务上的合作，资源互补，互利共赢。根据社区养老院的特征，医养结合契约模式可设计为合作转诊与上门诊疗两种模式。

（一）以养融医模式

以养融医模式是在养老服务机构的基础上，增设医疗护理服务。社区养

---

①　曾巧凤，彭兴伟.上海市社区养老服务现状调研及问题分析 [J].学理论，2015(25)：95-96+99.

②　张建凤，李志菊，王芳云，李娟，尹明，江梅.合肥市社区空巢老人社区卫生服务需求及影响因素的研究 [J].护理研究，2010，24(07)：647-650.

③　王晓峰，刘帆，马云博.城市社区养老服务需求及影响分析——以长春市的调查为例 [J].人口学刊，2012(06)：34-39.

④　田北海，王彩云.城乡老年人社会养老服务需求特征及其影响因素——基于对家庭养老替代机制的分析 [J].中国农村观察，2014(04)：2-17+95.

⑤　王新军，郑超.老年人健康与长期护理的实证分析 [J].山东大学学报（哲学社会科学版），2014(03)：30-41.

老院的"以养融医"是指在社区内的日间照料中心或者社区小型养老院中增设医疗护理服务。这种服务模式定位于小病治疗、低风险慢性病防治与大病康复期的护理以及日常保健、健康检查。

（二）以医融养模式

以医融养模式依托已有的医疗机构，在医疗服务的基础上，增设生活照料服务，主要有老年医院、护理院、老年康复中心等。目前社区养老院难以实现"以医融养"模式，因此本研究的医养结合并不包括以医融养模式。

（三）合作转诊模式

社区养老院的合作转诊模式是指社区内的养老服务机构如社区老年人日间照料中心、社区养老院等与社区卫生服务中心或社区周边医院建立合作关系，老人有医疗需求时或转诊到医疗机构，或由医疗机构人员提供上门服务。社区内的养老服务机构与医疗机构通过契约建立信任，维持合作，共同实现医养结合的目标。

（四）上门诊疗

上门诊疗是医养结合契约模式的另一种形式。社区或养老机构与医疗机构合作，医疗机构为社区居家养老的老人提供家庭病床、上门入户巡诊等医疗服务，建立长期的照顾护理制度。家庭病床一般还要求社区内的老人与医疗机构签订医疗护理协议，根据双方的约定，医疗机构派出医护人员上门服务。

因此我们将社区养老院可行的医养结合划分为三种模式：以养融医、合作转诊与上门诊疗。

三、研究设计

（一）老年人选择社区养老院医养结合模式的影响因素与研究假说

基于相关文献，本节将影响医养结合需求的因素分为人口类因素、经济类因素以及家庭类因素。人口类因素包括性别、年龄、婚姻状况、健康状况，经济类因素包括家庭年收入、个人年收入，家庭类因素包括子女数、居住方式。

人口学的大量文献认为性别、年龄、健康状况对医疗类服务的需求产生

显著影响 [1][2]，因此，我们假设人口类因素性别、年龄、婚姻状况及老年人的健康状况对其选择何种医养结合模式有显著的影响。

家庭内的代际互动，子女与配偶是否与老年人同住，是否有子女可以在一定程度上代表家庭养老的强度 [3][4]，也会影响老年人对社区居家养老医养结合模式的需求。

此外，社区养老院的三种医养结合模式：以养融医、合作转诊、上门诊疗都可能涉及付费服务，因此，我们假设老年人的经济状况对其需求产生显著影响，老年人个人年收入和家庭年收入能够反映老年人的经济状况。

（二）数据来源与样本特征

湖北省宜昌市从 2014 年年初开始推行医养结合试点工作。课题组于 2016 年 7 月赴湖北省宜昌市猇亭区进行医养调查。本次调查采取分层随机抽样的方法，在宜昌市猇亭区随机抽取了 3 个街道，每个街道随机抽取了 2 个城市社区，每个社区随机抽取 60 位居民进行入户调查。共发放问卷 360 份，回收 360 份，有效问卷为 345 份，有效率为 95.8%。样本的基本特征如表 4-11 示：从性别结构看，男性占比 47.20%，女性占比 52.80%，两性人数大体相当。从年龄分布看，小于 45 岁的组别占 27.83%，45—54 岁的组别占 18.55%，55 岁到 64 岁的组别占 21.16%，65—74 岁的组别占比 20.58%，75 岁及以上的组别占 11.88%。受访者中已婚的比例达到 77.97%，占绝大多数。居住方式上，大多数受访者与配偶居住，占 46.10%，或与子女同住，占 33.30%。86.8% 的受访者有子女。家庭收入占比最高的组别是 2—8 万元，占 59.40%，个人年收入占比最高的组别是 2 万元以下，占 67.8%。总体上看，样本具有较好的代表性。

---

① Honorato dos Santos de Carvalho V, Rossato S, Fuchs F, Harzheim E, Fuchs S. Assessment of primary health care received by the elderly and health related quality of life: a cross-sectional study[J]. BMC Public Health, 2013(13):605.

② Smith E, Paris K, Webster A, Sullivan K. Increasing Satisfaction in Age-Qualified Service-Enriched Communities:How to Focus on What's Really Important[J].Seniors Housing & Care Journal,2016,24(1):20-30.

③ 孙涛. 儒家孝道影响下代际支持和养老问题的理论研究 [J]. 山东社会科学，2015(07)：131-135.

④ 赵继伦，陆志娟. 城市家庭养老代际互助关系分析 [J]. 人口学刊，2013，35(06)：41-46.

表 4-11 样本总体特征百分比表

变量	变量取值	百分比（%）
性别	男	47.20
	女	52.80
年龄	小于 45 岁	27.83
	45—54 岁	18.55
	55—64 岁	21.16
	65—74 岁	20.58
	75 岁及以上	11.88
婚姻状况	已婚	77.97
	未婚	8.99
	离异	1.74
	丧偶	11.30
居住状况	与配偶居住但不与子女居住	46.10
	与子女同住	33.30
	独居	8.10
	其他	12.50
子女情况	无子女	13.20
	有子女	86.80
患病情况	无患病	64.60
	患有一种慢性病	14.50
	患有两种及以上慢性病	20.90

变量	变量取值	百分比（%）
家庭年收入	2万元以下	18.60
	2—8万元	59.40
	8—20万元	20.30
	20万元以上	1.70
个人年收入	2万元以下	67.80
	2—5万元	27.20
	5—8万元	3.20
	8—10万元	0.90
	10—20万元	0.90

（三）模型构建与变量说明

我们试图考察居民对三种典型模式需求的影响因素。因为因变量为两分定类变量，我们建立三个二元 Logistic 回归模型，三个逻辑回归模型的基本方程是：

$$（1）\ Logit(y_1) = \ln\left(\frac{P}{1-P}\right) = \beta_{01} + \beta_{11}x_1 + \cdots + \beta_{i1}xi = \beta_{01} + \sum \beta_{i1} * xi$$

$$（2）\ Logit(y_2) = \ln\left(\frac{P}{1-P}\right) = \beta_{02} + \beta_{12}x_1 + \cdots + \beta_{i2}xi = \beta_{02} + \sum \beta_{i2} * xi$$

$$（3）\ Logit(y_3) = \ln\left(\frac{P}{1-P}\right) = \beta_{03} + \beta_{13}x_1 + \cdots + \beta_{i3}x = \beta_{03} + \sum \beta_{i3} * xi$$

三个模型中，因变量 y_1 为"是否赞成以养融医"，y_2 为"是否赞成合作转诊"，为"y_3 是否赞成上门诊疗"。β_{i1}，β_{i2}，β_{i3} 分别是三个模型各自变量的回归系数。自变量有性别、年龄、婚姻状况、居住状况、子女状况、个人年收入、家庭年收入，如表4-12所示：

表 4-12 变量简介及定义

变量	定义
因变量	
y_1是否赞成以养融医	1= 赞成 0= 反对
y_2是否赞成合作转诊	1= 赞成 0= 反对
y_3否赞成合作上门	1= 赞成 0= 反对
自变量	
性别	1= 男 0= 女
年龄 1	1=55—64 岁 0= 其他
年龄 2	1=65—74 岁 0= 其他
年龄 3	1=75 岁及以上 0= 其他
婚姻状况 1	1= 未婚 0= 其他
婚姻状况 2	1= 离异 0= 其他
婚姻状况 3	1= 丧偶 0= 其他
居住状况 1	1= 同子女居住 0= 其他
居住状况 2	1= 独居 0= 其他
居住状况 3	1= 其他居住状况 0= 独居 / 和子女居住 / 与配偶居住但不与子女居住
子女状况	1= 有子女 0= 无子女
个人年收入 1	1=2—5 万元 0= 其他
个人年收入 2	1=5—8 万元 0= 其他
个人年收入 3*	1=8—10 万元 0= 其他
家庭年收入 1	1=2—8 万元 0= 其他
家庭年收入 2*	1=8—20 万元 0= 其他
慢性病患病情况	1= 有患病 0= 无患病

四、结果分析与发现

表 4-13　三种医养结合模式百分比表

变量	变量取值	百分比（%）
是否赞同"以养融医"模式	是	90.6
	否	9.4
是否赞同"合作转诊"模式	是	82.2
	否	17.8
是否赞同"合作上门"模式	是	88.0
	否	12.0

此次调查中 90.6% 的受访者表示赞同社区养老院的"以养融医"模式，82.2% 的受访者赞同社区养老院的"合作转诊"模式，88% 的受访者赞同社区养老院的"上门诊疗"模式。受访居民中支持"以养融医"模式的比例最高。为进一步深入探明影响需求的因素，我们对三个逻辑回归的结果进行分析。

（一）影响以养融医模式需求的因素分析

从模型 1 的回归分析结果看，在给定显著性水平 0.1 的条件下居住状况对受访者是否同意"以养融医"模式产生显著的影响。与子女居住降低"以养融医"需求，在控制了模型中的其他变量后，与子女一起居住的受访者对以养融医模式的支持率为仅与配偶一起居住的受访者的 0.427 倍。可见，与子女一起居住的受访者对于在社区养老院或日间照料中心等养老服务机构增设医疗护理服务并不十分认同。而仅与配偶一起居住的受访者对于这一模式较为接受。我们认为家庭内部的代际互动可能增加受访者，尤其是老年人获得社区外医疗服务的便利性，例如与子女公共居住的老年人更可能选择私家车出行、与子女一起居住更可能通过互联网挂号等等，这些都可能让受访者对于社区内部的医疗服务不那么重视。

（二）影响合作转诊模式需求的因素分析

模型 2 的回归结果显示，在给定显著性水平 0.1 的条件下，年龄、居住状况、家庭年收入、社区护理服务需求均对受访者是否同意"合作转诊"模式产生显著的影响。

1. 年龄对合作转诊需求有正向影响

在控制了模型中其他变量后，65—74 岁的受访者对合作转诊模式的支持程度显著高于 54 岁及以下的受访者，65—74 岁的受访者支持合作转诊的比例是 54 岁及以下的受访者的 3.878 倍。可见，从 65 岁左右开始，老人们开始较为关注合作转诊问题，希望社区内的养老机构能够与社区外的医院建立合作，从而享受优先诊疗、医疗费用优惠等相关服务。

2. 独居者具有更强的合作转诊需求

在控制了模型中其他变量后，独居的受访者对合作转诊模式的支持度显著高于与配偶同住的受访者，独居的受访者支持合作转诊的比例是与配偶居住的受访者的 2.306 倍。独居者来自家庭内部的支持较少，在家庭资源中处于弱势，因此更加希望能够依托社区的关系网络获取医疗服务资源。

3. 家庭年收入对合作转诊需求有正向影响

在控制了模型中其他变量后，家庭年收入 2—8 万元的受访者中支持合作转诊模式的比例是家庭年收入 2 万元以下的受访者的 2.587 倍。低收入家庭对于合作转诊模式也表现出较低的需求。可见，合作转诊模式对于家庭年收入在 2 万元以下的低收入家庭具有挤出效应。

4. 需要护理服务的人群对合作转诊模式的需求强

在控制了模型中其他变量后，需要护理服务的受访者中支持合作转诊模式的发生比不需要护理服务的受访者的 8.456 倍。可见，身体自理能力较差的人群对合作转诊的需求特别强烈。

表 4-14 二元 LOGISTIC 模型回归结果

变量	以养融医（模型 1）	合作转诊（模型 2）	合作上门（模型 3）
性别（对照组：女）			
男	-0.689	-0.671	0.0658
	(0.584)	(0.452)	(0.476)
年龄（对照组：54 岁及以下）			
55—64 岁	1.026	0.692	-0.195

变量	以养融医（模型1）	合作转诊（模型2）	合作上门（模型3）
	(0.680)	(0.492)	(0.489)
65—74岁	0.620	1.355*	1.383+
	(0.735)	(0.677)	(0.826)
75岁及以上	1.107	-0.280	0.887
	(0.946)	(0.673)	(0.952)
婚姻状况（对照组：已婚）			
未婚	-0.0855	0.153	0.300
	(0.853)	(0.658)	(0.825)
离异	-0.654	/	/
	(1.503)	/	/
丧偶	-0.228	0.771	-0.754
	(0.976)	(0.911)	(0.974)
居住状况（对照组：与配偶同住）			
同子女居住	-0.852+	0.578	-0.552
	(0.504)	(0.392)	(0.410)
独居	-0.437	0.836*	-0.0225
	(0.902)	(0.723)	(0.934)
其他	-0.112	1.889*	0.606
	(0.968)	(0.798)	(0.921)
子女状况（对照组：有子女）			
没有	0.911	-0.391	0.175
	(0.956)	(0.625)	(0.832)
个人年收入（对照组：2万元以下）			
2—5万	0.0294	0.445	-0.314

续表

变量	以养融医（模型1）	合作转诊（模型2）	合作上门（模型3）
	(0.558)	(0.429)	(0.459)
5—8万	-1.036	-0.228	-1.568+
	(0.947)	(0.881)	(0.802)
家庭年收入（对照组：2万元以下）			
2—8万	0.723	0.951*	0.433
	(0.572)	(0.445)	(0.544)
8—20万	0.125	0.618	0.567
	(0.670)	(0.551)	(0.667)
患慢性病情况（对照组：无患病）			
是	-0.424	-0.0369	0.217
	(0.474)	(0.384)	(0.429)
社区护理服务（对照组：不需要）			
一般	-1.200	0.629	-0.187
	(0.835)	(0.700)	(0.741)
需要	1.177	2.135***	1.280*
	(0.763)	(0.580)	(0.601)
Constant	1.583+	-1.404*	0.663
	(0.843)	(0.667)	(0.711)
N	336	330	330
LR chi2	37.3	52.51	27.26
Prob > chi2	0.0048	0.0000	0.0543
Pseudo R2	0.1765	0.1694	0.1137

（三）影响社区居家养老上门诊疗模式的因素分析

从表4-14中模型3的回归结果看，在给定显著性水平0.1的条件下，年龄、个人年收入、社区护理服务需求三个自变量对受访者是否同意上门诊疗模式产生显著的影响。

1. 年龄对上门诊疗需求有正向影响

在控制了模型中其他变量后，65—74 岁的受访者对上门诊疗模式的支持程度显著高于 54 岁及以下的受访者，65—74 岁的受访者支持上门诊疗的比例是 54 岁及以下的受访者的 3.988 倍。与合作转诊模式类同，从 65 岁左右开始老人们较为接受上门诊疗模式，即希望能够通过社区养老机构与医院建立联系，必要时由医院提供家庭病床、上门入户诊疗等服务。可见，65 岁以上的老年人对于社区内的医养结合表现出显著的关注。

2. 个人年收入对合作上门需求有负向影响

与其他两种医养结合模式不同，个人年收入对受访者的上门诊疗需求产生了显著的影响，而且这种影响是负向的。在控制了模型中其他变量后，个人年收入 5—8 万的受访者对上门诊疗的接受程度仅为个人年收入 2 万以下组别的 0.208 倍。在模型 2 中，家庭年收入对合作转诊产生了正向的影响，为什么模型 3 中，个人年收入的影响却是负向的呢？中高收入阶层可能对上门诊疗服务质量的信任不够，由于医疗设备和医疗环境的限制，上门诊疗依然存在一系列的医疗风险。这些原因可能导致中高收入者不敢轻易选择上门诊疗模式。

3. 需要护理服务的人群对上门诊疗模式的需求强

在控制了模型中其他变量后，需要护理服务的受访者中支持合作转诊模式的发生比是不需要护理服务的受访者的 3.598 倍。可见，身体自理能力较差的人群对上门诊疗模式表现出强烈的需求。

五、社区养老院医养结合需求分析的相关研究结论

我们基于 345 个样本的数据，运用三个逻辑回归模型，就社区养老院可行的医养结合的三种模式需求的影响因素进行实证分析，我们获得了具有应用价值的研究结论：

与子女一起居住能够降低居民对"以养融医"模式的需求，因此，多代共居的居住安排能够在一定程度上减轻医养结合等社会养老服务供给的压力。

独居者对合作转诊服务的需求较强，独居者对社区与医院之间的契约关

系比较依赖，家庭内部支持的弱势使得独居者希望依托社区内的养老机构与社区外的医疗机构之间的合作关系从而获得使用医疗资源的便利性。

随着年龄增长，受访者对上门诊疗与合作转诊两种医养结合模式的需求显著上升。65 岁以上的受访者显著地更加倾向从社区外的医疗机构获得更高质量的医疗服务，因而对社区居家养老机构与周边医院的契约合作表现出强烈的兴趣。自理能力较差的人群对上门诊疗与合作转诊两种医养结合的需求也较高。

来自家庭年收入 2 万元之下的贫困者对社区居家养老医养结合表现出较低的支持度。这并非是因为贫困者不需要医养结合服务，而是目前医养结合收费的统筹协调机制尚未完善，针对贫困人口的补贴制度仍未出台，贫困人口对医养结合只能望而却步。

个人收入较高的受访者对上门诊疗模式仍存怀疑，反映出目前上门诊疗模式或依然存在系列风险亟待化解。

据此，我们建议一是大力发展社区养老院以养融医模式，具体的做法为：社区养老院、日间照料中心等养老设施的选址上与社区卫生服务站整合或毗邻，因地制宜整合社区内医疗服务资源，社区内以养融医，满足社区老年人的医疗服务需求；二是加快出台对低保户、"三无老人"医养结合的补贴制度，实现公共服务向低收入家庭倾斜；三是社区合作转诊服务应探索针对独居老人、失能失智老人的绿色通道，满足这类老人对医疗服务的刚性需求；四是国家层面出台鼓励多代共居的政策，引导子女与父母共同居住，以亲情滋养和代际支持与社会养老形成。

第五章　社区养老院护工荒问题

第一节　我国社区养老院护工管理存在的问题

　　根据中国社会管理研究院的预测，至 2020 年，中国的半失能老人将达到 6852 万至 7590 万，失能老人达到 599 万至 674 万，根据需求测算，护工的人数只有达到 657 万至 731 万才可以满足需求。目前中国的养老护理员缺口在 300 万至 500 万人以上，且新增老年护理员的流失率为 40% 至 50%，"护工荒"是我国养老服务业面临的十分紧迫的难题。护工是社区养老院中最为重要的人力资源，其服务质量直接决定社区养老院的服务质量。在护工人才短缺的现实环境之下，社区内的中小型养老机构在护工的招聘、培训、管理与职业生涯规划等方面面临更多的问题。总体上看，社区中小型养老机构中的护工年龄偏大，文化程度低；护工招聘渠道窄，护工招聘难；入职后护工薪酬水平低，职业上升渠道少，护工流失率高。针对这些问题，课题组在北京、南京、深圳、武汉、宜昌等地进行社区养老院实地调研，我们试图收集各地中小型社区养老院在护工管理上的实践资料并对其进行归纳、分析与比较，试图发现我国民营社区养老院护工荒的根源所在，提出一些具有操作意义的解决方案。

一、关于养老机构护工研究的文献回顾

　　通过对中国知网、万方数据知识服务平台进行检索，我们从民营养老机构、护工问题及人力资源管理三个方面进行相关文献的检索、收集、归纳与总结，发现我国目前针对养老机构护工问题进行研究的文献总量上较少，但从趋势上看近年的研究呈现明显的增长之势。

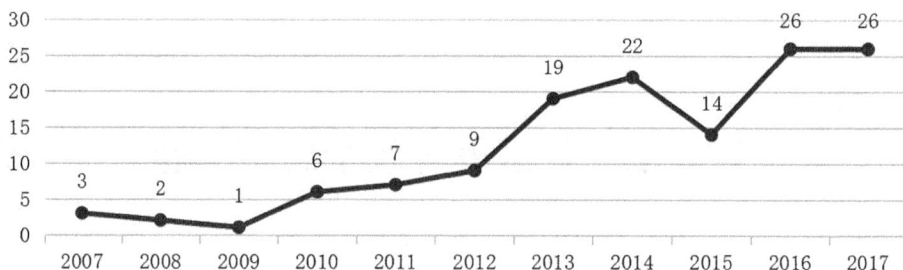

数据来源：中国知网。

图 5-1　中国知网以养老机构护工为标题的论文数量

图 5-1 列示了以养老机构护工为关键词在中国知网进行标题搜索的 2007—2017 年的论文数量。自 2012 年以来，对养老机构护工问题进行研究的文献数量增速较快，且存在着明显的攀升趋势。现有文献对护工的研究大多是将其作为影响养老机构发展的因素之一，以护工为独立研究对象的文献较少。针对当前民营养老机构的护工荒问题研究的文献较为缺乏。

我们试图从人力资源四大方面对现有文献进行回顾与梳理：

1. 招聘机制

我国民办养老机构在护工招聘上存在"挖不到人"的现象，[①] 与数量不足并存的问题是养老机构护工的质量无法很好地满足老人的需求。[②] 针对这些问题，学者们提出了相关建议：如采取"多中心治理模式"以寻求更广范围内的护工资源。扩大从业人员规模、多渠道联合培养、倡导多元化用工。澳大利亚塔斯马尼亚大学的 Emma Lea 博士从构建院校与养老机构招聘链接机制的角度入手，提出应当增加护理专业学生的专业兴趣，强化实践，从而拓宽护工领域中护理专业学生的参与度。[③]

[①] 王思遥. 人力资源管理视角下民营养老院护工队伍建设研究 [J]. 人力资源管理，2016(05)：250-251.

[②] 刘洋洋，张婧怡，王盼盼. 北京回龙观地区中低端养老机构护工队伍现状分析 [J]. 中小企业管理与科技（上旬刊），2016(07)：97-98.

[③] Lea Emma,Mason Ron,Eccleston Claire,Robinson Andrew. Aspects of nursing student placements associated with perceived likelihood of working in residential aged care.[J]. Journal of clinical nursing,2016,25(5-6).

2. 培训机制

我国护工行业技能培训资金短缺，专业技能人才紧缺，取得职业资格证的人员比例低，多以辅助性护理岗位为主。[①]老年护工培训存在的问题还体现在培训主体具有一定的垄断性，在创新培训方式、提高培训质量等方面缺乏积极性。[②]学者们针对护工培训存在的问题，提出以下建议：培训前应对养老院的现状、护工一般情况和存在问题进行基线调查，以便针对性地制定培训方案；培训中避免过多使用医学专业术语，宜使用通俗易懂的语言；有目的地组织一些相关案例分析，更可以向护工提供大量的正性反馈与激励，可以提高护工在压疮护理方面的信心和兴趣，提升培训效果。[③]

3. 薪酬机制

我国护工普遍薪资水平较低，老年护工的工资报酬分别比服务业和其他家政低 34.5% 和 28%，[④]对从业者缺乏吸引力。除了报酬与薪资之外，护工的薪酬问题还体现在福利待遇等多方面上，具体表现为：工作强度大、社会保障不到位、工作满意度低。[⑤]学者们建议建立具体而完善的护工薪酬机制，具体体现在以下几方面：职位薪酬制、技能薪酬制、绩效薪酬制、市场薪酬制、年功序列薪酬制，[⑥]发挥经济性薪酬和非经济性薪酬对护工的激励作用。

4. 护工的职业发展

针对目前护工职业发展存在路径狭窄、缺乏上升通道、社会认可度低等现实问题。学者们建议应逐步提高护工的社会认可度与社会地位，同时应重视护工心理上的发展，对于护工的身心健康要给予关注。调动他们工作的积极性和主动性，创造以院为家，视病人如亲人的氛围。[⑦]Klaske N. Veth 为探寻如何留住医院和老年护理院的年长护工进行了人力资源管理的调查，最终

---

① 叶杜娟. K 市护工行业队伍专业化建设对策研究 [J]. 中国市场，2017(36)：101-103.

② 余央央，封进. 老年照料的相对报酬：对"护工荒"的一个解释 [J]. 财经研究，2014，40(08)：119-129.

③ 吴娇臻，单霞霞，李洁，李永彬，王谊. 对养老院护工进行压疮护理培训的体会 [J]. 护理与康复，2011，10(06)：542-543.

④ 汤向东. 我国护工市场扭曲的人力因素分析 [J]. 中国市场，2016(90)：93-94.

⑤ 刘英男. 呼和浩特市敬老院护工现状的调查与研究 [D]. 内蒙古师范大学，2015：24-28.

⑥ 吴妍琳. 养老机构薪酬结构研究 [D]. 南京农业大学，2010：65.

⑦ 刘华，蔡霞. 对护工安全管理的认识与管理对策 [J]. 护理研究，2006(22)：2050-2051.

提出了维持性人力资源做法（侧重于保留老年工人从事现有工作的做法）和发展性人力资源做法（侧重于提高、增长和成就，并鼓励个别工人实现新的、具有挑战性的职能水平的做法）两种做法，并提出对于保持年长护工稳定性更加有效的方法是维持性人力资源做法。①

综合看来，学者们对目前养老机构存在的护工问题已达成共识，也基于不同的理论与实践研究提出了若干对策与举措。但现有研究大多是将护工问题作为养老机构发展的一个子问题进行论及，专门对护工问题进行深入研究的文献并不多见。在研究视角上，学者们的研究较为宏观，多以全局的视角来研究护工的问题，缺乏对养老机构护工进行微观观察的研究。尤其是运用实地考察的方式进入机构参与观察、深度访谈收集第一手护工问题的文献极为少见。

二、社区养老院"护工荒"问题的研究设计

（一）半结构式访谈

2015—2017 年课题组在北京、南京、武汉、深圳、宜昌等地的十余家社区养老院进行实地研究，对机构的主要负责人（大多为机构的创办者）进行30—60 分钟不等的半结构式访谈，从护工招聘、培训、薪资、职业发展等方面收集第一手的资料。并运用参与观察法，收集养老机构护工招聘、培训、薪资和职业发展相关的内部制度、护工的工作环境、工作状态的相关图片和资料。

（二）编码提炼策略

笔者运用 Nvivo11plus 将访谈资料、相关制度、图片资料进行录入与整理，在对资料不断比对和分析之后，找出出现频率较高的某些材料，并将其归类汇总，生成三级编码，而后再对三级编码进行反复比对与分析之后，依照穷尽的原则，在三级编码的基础上进行二级编码；最后，在对整个编码系统进行反复查看与思考其中逻辑树状关系的基础之上，总结出一级编码，由此层

① laskeN.Veth,BenJ.M.Emans,BeatriceI.J.M.Vander Heijden,HubertP.L.M.Korzilius,Annet H.DeLange.Development(f) or Maintenance? An Empirical Study on the Use of and Need for HR Practices to Retain Older Workers in Health Care Organizations [J]. Human Resource Development Quarterly,2015,26(1).

层递进，编码源于资料，是资料的汇总。每一项编码都有其在材料中所出现相应的参照值，参照值所代表的是该项编码主题在具体材料中所被提及的次数，通常来说，参数值越高，也就证明该项问题越重要或争议性越大。

（三）扎根理论的运用

扎根理论最先由哥伦比亚大学的 AnselmStrauss 和 BarneyGlaser 两位学者共同提出。这种方法通常适用于理论基础匮乏但实践经验丰富的事实调查之中，因此在管理科学领域应用比较广泛。扎根理论强调调查者不带任何假设进入研究现场，在调查结束后，"自下而上"地进行资料的分析与归纳、层层递进，不断由具体到抽象，最终从经验事实中寻找出反映事物现象本质的核心概念。

（四）矩阵编码

矩阵编码是透过查询所产生的格子状节点，透过矩阵编码来进行两概念间的质性分析。矩阵编码可视为两概念交集所形成的节点，运用布林逻辑将行和列的项目两两之间进行比较，以表格和 3D 柱状图的方式呈现。[①]

第二节　社区养老院护工的招聘

2015—2017 年两年间，课题组先后在北京、南京、武汉、深圳、宜昌等地实地调研了 10 家社区养老院，对机构的主要负责人，大多为机构的创始人进行了半结构式的深度访谈，他们对于机构的日常运营情况以及机构的现状和困境比较熟悉。

表 5-1　访谈受访者基本资料

个案编码	受访者	所在机构	城市	床位数	成立时间	经营模式
C1	李院长	真美好养老院	南京	76	1998 年	连锁
C2	丁院长	允德乐龄象山老年公寓	南京	150	2007 年	连锁

---

① 刘世闵，曾世丰，钟明伦. Nvivo11 与网路质性研究方法论 [M]. 台北：五南图书出版股份有限公司，2017：179-180.

续表

个案编码	受访者	所在机构	城市	床位数	成立时间	经营模式
C3	李主任	来广营养老院	北京	166	2015 年	连锁
C4	刘院长	月坛无围墙养老院	北京	39	2004 年	连锁
C5	程院长	北京寸草春晖养老院	北京	110	2011 年	连锁
C6	王经理	国寿社区养老院	深圳	30	2015 年	连锁
C7	院长	深圳新现代颐康之家	深圳	75	2013 年	连锁
C8	院长	桐林新村	宜昌	30	2013 年	单体
C9	谢主任	伍家岗社区养老院	宜昌	65	2005 年	单体
C10	陈院长	徐东大家庭养老院	武汉	198	2013 年	单体

一、资料的编码

扎根理论（Grounded Theory，GT）认为科学研究的过程应该从观察现象到收集资料，从系统性的资料中探寻现象的本质，进而归纳成为系统的理论。与实证主义研究方法的本质不同之处在于，扎根理论不是对现有理论假设的验证，而是从收集到的原始资料中归纳出新的思想的过程。扎根理论是对实证主义研究方法的回应（Glaser,B.G.& Strauss, A.L，1967）。扎根理论运用在探索性研究中，首先是对调查收集的原始资料进行初始编码，在初始编码的基础上形成研究的框架，然后进行主轴编码，主轴编码框架形成后最后进行选择性编码，构建理论体系。①

质性研究者需要对复杂、多层面、不同类型的资料进行整理，NVIVO11是目前国际上主流的质性分析工具，能够协助研究者将大量的研究资料系统化。NVIVO11可以将零散的资料进行编码，形成节点。这些节点帮助研究者

① 刘世闽，曾世豊，钟明伦. Nvivo11与网路质性研究方法论 [M]. 台北：五南图书出版股份有限公司，2017：179-180.

将资料进行类别化，研究者将类属于相同范畴的文档进行归类，并经过裂解、重新萃取出新的概念，赋予新的定义即可创建新的节点。节点与节点之间形成联系，形成树状结构，建立以布尔逻辑为基础的系统以及概念网络系统。

课题组将访谈的 10 家社区养老院的资料运用三级编码的方式进行编码，由具体到概括一一进行编码，二级编码由更为具体的三级编码概括而来，较三级编码更为抽象，而二级编码进而归纳为最为抽象的一级编码。根据论文主体内容对养老机构基本情况及护工人力资源管理的基本情况进行了编码分类，具体编码情况如表 5-2 所示。

表 5-2 养老机构类型编码表

养老机构类型	养老机构所在城市 参考值 10	南京 2
		深圳 2
		武汉 1
		宜昌 2
		北京 3
	养老机构是否连锁 参考值 10	连锁式 7
		单体式 3
	养老机构服务人群定位 参考值 10	失能失智 3
		自理半自理 7

如表 5-2 所示，10 家养老机构中按照所在城市划分，可以分为 5 种类型，北京 3 家，南京 2 家，深圳 2 家，武汉 1 家，宜昌 2 家；按照是否为连锁型划分，连锁型机构有 7 家，单体型机构有 3 家；按照养老机构服务人群定位划分定位失能失智的机构有 3 家，定位自理半自理的机构有 7 家。

护工的人力资源管理的一级编码下有护工招聘、护工薪酬、护工配比、护工福利四个二级编码，每个二级编码下再生成三级编码，详见表 5-3 所示。

表 5-3　护工人力资源管理编码表

一级编码	二级编码	三级编码
护工人力资源管理	护工招聘 参考值 18	人事外包
		员工介绍
		院校招聘
		社会招聘
	护工薪酬 参考值 16	工资小于 2500
		工资 2500—4000
		工资大于 4000
	护工配比 参考值 11	20% 以下
		20%—40%
		40%—60%
		60% 以上
	护工福利 参考值 11	餐饮福利
		健康体检
		节日福利
		员工大事福利
		带薪休假

二、社区养老院护工招聘模式

我国社区养老院在护工招聘中存在招聘资源不足，招聘的护工流动性大等共性问题，但在实地调研中，课题组也发现不同的社区养老院在护工招聘中也探索出不同的招聘模式。

（一）四种主要招聘模式

通过对访谈资料进行编码分析，我们将社区养老机构的招聘方式大致划分为社会招聘、院校招聘、人事外包和员工介绍四种类型。表5-4中列示了采用每一种模式的社区养老院的名称。

表5-4　社区养老院的护工招聘模式

招聘模式	社区养老院名称
社会招聘	北京来广营养老院 北京寸草春晖养老院 武汉徐东大家庭养老院 南京真美好养老院 允德乐龄象山老年公寓 深圳新现代颐康之家
员工介绍	北京寸草春晖养老院 武汉徐东大家庭养老院 宜昌桐林新村养老院 宜昌伍家岗小型社区养老院 南京真美好养老院 深圳新现代颐康之家
院校招聘	北京来广营养老院 北京月坛养老院 北京寸草春晖养老院
人事外包	深圳国寿社区养老院

1. 社会招聘

社会招聘是指养老机构依托网络、人才市场、人才介绍机构等渠道面向社会进行招聘。在访谈中提及招聘模式的10所社区养老院中，有6所运用到社会招聘，社会招聘是社区养老院较为常用的招聘方式。

2. 院校招聘

院校招聘是养老机构到高校或职校招聘护工，或与高校合作培养，高校向养

老机构输送医护相关专业的学生。在10所社区养老院中仅有3所北京的养老机构使用了院校招聘模式。

3. 人事外包

人事外包模式是养老机构自己并不直接招聘护工，而是将护工的招聘委托相关护工培训机构，由培训机构定向为民营养老机构输送专业人才，10所机构中，仅有深圳的一家社区养老院采用此种方法。

4.员工介绍

员工介绍在社区中小型养老机构中使用较为普遍，这种招聘模式的特点是招聘成本低，以熟人关系为依托。主要指已在机构中工作的护工介绍自己的熟人到所在机构进行工作，受访的10所社区养老院中有6所机构提及此种招聘方式。

三、招聘模式与地域

我们运用NVIVO11绘制节点矩阵的方法来分析不同地域的社区养老院在招聘模式上的差异。根据矩阵分析结果，护工的招聘模式受地域的影响较大。在此框架矩阵图中，代表护工的招聘模式，养老机构所在的地域，节点数。

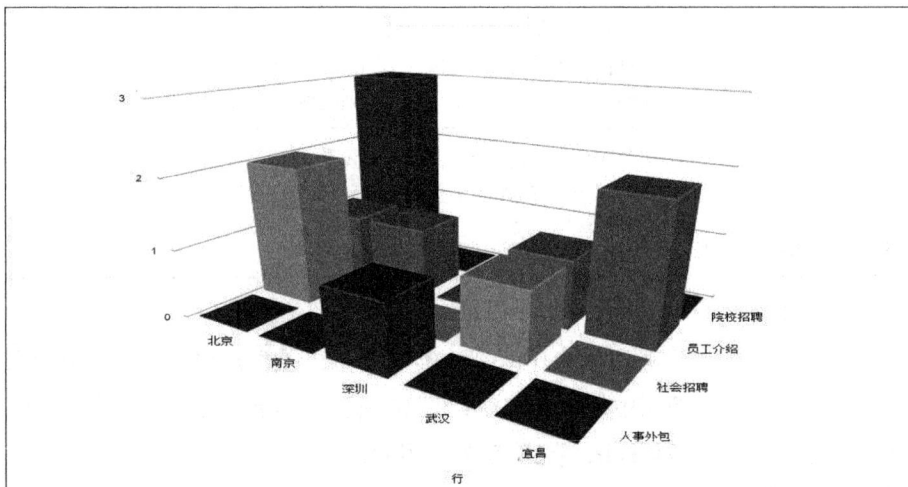

图 5-2　地域——招聘模式矩阵分析图

矩阵分析结果显示：

第一，北京地区以院校招聘为主。目前主要是北京地区的三家养老机构在采取院校招聘的模式，其他城市的养老机构目前尚未使用院校招聘这一形式。这一方面是因为北京的高校资源丰富，护理等相关专业的毕业生资源丰富。但最为主要的原因还是北京市对高校毕业生进入养老护理行业给予优厚的补贴政策。此外北京地区的养老机构护工的薪酬水平也明显高于其他城市，高薪和高补贴吸引护理专业的大中专毕业生走进养老机构，提高了养老护理行业的专业化水平。北京来广营养老院、北京月坛养老院、北京寸草春晖养老院三家养老机构的护工大多来自卫校招聘，年龄结构以22—35岁的年轻护工为主，薪酬标准大大高于其他地区的养老机构护工。虽然这三家机构也同时采用了社会招聘与员工介绍的方式，但院校招聘在北京三家机构在护工招聘模式占有主体地位，表现出较为突出的优势。

第二，宜昌以员工介绍为主。宜昌市的两家小型社区养老院在护工招聘模式上仅采用员工介绍模式，没有采用其他的招聘模式。这体现了目前我国二线三线城市小型社区养老院在护工招聘模式选择上的特点。二线三线城市，护工补贴水平低，社区养老院规模小，难以形成规模经济，护工的薪酬水平较低。因此，这类养老院在护工招聘上也尽量节省成本，员工介绍模式的招聘成本低，主要通过老员工介绍老乡或者亲属到机构从事护工工作。这种模式一般仅能雇佣专业技能低、年龄偏大的中老年护工，此类招聘模式下的护工人员流动性大。

第三，深圳的人事外包模式值得推介。人事外包模式是一种较为新颖的招聘模式，在一定程度上能够缓解目前民办养老机构护工荒的问题。深圳国寿社区养老院是中国人寿保险公司下属的养老服务公司开办的第一家社区养老院，养老机构自身并不直接招聘护工，而是利用集团优势将护工的招聘委托相关护工培训机构，由培训机构定向为民营养老机构输送专业人才。这种模式具有一定的推广价值。

武汉、南京的社区养老院在护工招聘模式上以社会招聘与员工介绍综合使用的模式为主，调查中养老机构负责人普遍表示目前由于大多数养老机构护理人员的工资不高，社会招聘缺乏吸引力，有时还得依靠员工介绍、熟人网络来招聘护工。

四、招聘模式与连锁制

护工的招聘模式除了与社区养老院所处的地域有关之外，还与机构是否采用连锁经营模式之间有密切的关系。如表5-5所示，10家社区养老院按照经营模式可以划分为连锁型养老机构和单体型养老机构。

表 5-5　不同经营模式的养老院的护工招聘模式

经营模式	社区养老院名称
连锁型养老机构	北京来广营养老院 北京寸草春晖养老院 南京真美好养老院 允德乐龄象山老年公寓 深圳新现代颐康之家 深圳国寿社区养老院 北京月坛养老院
单体型养老机构	武汉徐东大家庭养老院 宜昌桐林新村养老院 宜昌伍家岗小型社区养老院

图 5-3 是招聘模式—经营模式的节点矩阵，代表招聘模式，养老机构的经营模式，节点数。从养老机构的经营与招聘模式的交互矩阵中我们能够看出经营模式为连锁型的养老机构在护工招聘模式的选择上更加多元化，四种招聘方式均有涉及，其中比重最高的为社会招聘与院校招聘。单体型经营的养老机构主要采用社会招聘与员工介绍相结合的模式，且以员工介绍为主要招聘模式，均未使用人事外包与院校招聘模式。护工招聘问题上，连锁型社区养老院可以利用集团优势统一招聘，在员工人力资源管理上发挥规模经济效应。单体型社区养老院表现出明显的弱势，机构规模小、护工收入低，进而导致护工招聘难、流动性大，护工专业水平低等一系列难题。

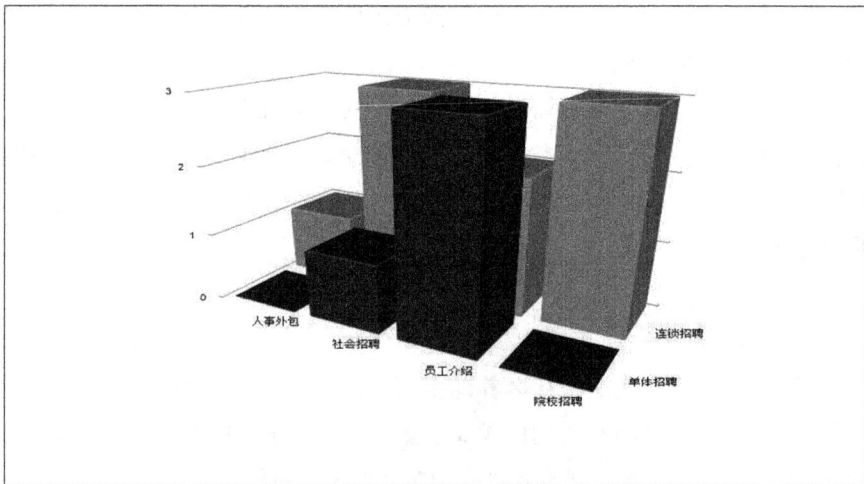

图 5-3　招聘模式——经营模式矩阵分析图

五、护工招聘模式的研究结论

本节中对 10 家社区养老院的调研资料进行质性分析，围绕护工的招聘模式，从不同地域不同经营模式的维度探讨养老机构在护工招聘模式上的差异，获得了以下四点有意义的研究结论：

第一，总体上民营社区养老院护工的招聘途径窄，护工来源专业性不足。员工介绍等非正规的招聘途径依然是中小型社区养老院的主要招聘模式。院校招聘、社会招聘等模式在护工招聘中难以发挥作用。

第二，院校招聘、订单式培养模式在北京地区较为流行，但其他地区由于地方性补贴水平低，护工薪资水平低，难以吸纳大专院校的专业护理人才。

第三，单体型社区养老院由于体量小，无规模经济，在护工招聘中面临更大难题。

第四，护工招聘中的人事外包模式有利于缓解目前我国中小型养老机构在护工招聘、培训中面临的共性难题，值得复制与推广。

据此建议针对当前护工招聘中存在的问题，应积极建立培训基地与高等院校、职业学院之间的衔接与合作，培训基地对护理专业的毕业生进行职业培训，再输送到养老服务机构。护工招聘中的人事外包模式应进一步优化与推广。此外各级政府应在建立养老服务从业人员薪酬补贴制度的基础上，逐步建立完善养老护理人员、基层医务人员薪酬提升的市场调节机制和激励机制。

第三节　社区养老院护工薪资与护工配比

中国养老院中的护工这一群体一直是薪资上的弱势群体，课题组对十家社区养老院的调查发现一方面护工总体上收入水平低，另一方面各机构之间的薪酬水平依然存在较大差距。第二节我们研究护工的招聘时发现不同地域的补贴标准和优待政策的差异导致各地护工招聘模式存在差异。那么是什么导致不同养老机构之间的薪酬差异呢？除了我们在第一节中讨论的地域性的补贴标准和优待政策的差异之外，还有什么其他特征影响护工的薪酬标准呢？此外，本节还讨论了不同养老机构中护工与老年人的配比问题，并尝试提出有价值的政策建议。

一、资料编码

课题组将访谈的 10 家民营养老机构的资料由具体到概括一一进行编码，二级编码由更为具体的三级编码概括而来，较三级编码更为抽象，而二级编码进而归纳为最为抽象的一级编码。如表 5-6 所示，我们将养老机构类型作为一级编码，养老机构所在地域、养老机构是否连锁、养老机构服务人群定位作为二级编码，再分别在每个二级编码之下进行三级编码。同时将护工的人力资源管理作为一级编码，在这个一级编码之下产生护工招聘、护工薪酬、护工福利、护工配比四个二级编码，并分别在每个二级编码之下产生三级编码。具体详见表 5-7。最终得到一级编码节点 2 个，二级编码节点 7 个，三级编码节点 25 个，具体编码情况如表 5-6 所示。

表 5-6　养老机构类型编码表

养老机构类型	养老机构所在地域 参考值 10	南京　2
		深圳　2
		武汉　1
		宜昌　2
		北京　3
	养老机构是否连锁 参考值 10	连锁式 7
		单体式 3
	养老机构服务人群定位 参考值 10	失能失智 3
		自理半自理 7

表 5-7　护工人力资源管理编码表

一级编码	二级编码	三级编码
护工人力资源管理	护工招聘 参考值 18	人事外包
		员工介绍
		院校招聘
		社会招聘

一级编码	二级编码	三级编码
护工人力资源管理	护工薪酬 参考值16	工资小于2500
		工资2500—4000
		工资大于4000
	护工配比 参考值11	20%以下
		20%—40%
		40%—60%
		60%以上
	护工福利 参考值11	餐饮福利
		健康体检
		节日福利
		员工大事福利
		带薪休假

二、社区养老院护工的薪酬与福利

（一）护工的薪酬

护工的薪资水平在一定程度上受到当地经济发展程度的影响，养老机构所在地不同，护工的薪资水平也存在着一些差异，在调查年即2015、2016年护工的月工资的分布区间在2000—6000之间，其中薪资水平小于2500的占33%，薪资水平在2500—4000的占50%，薪资水平在4000以上的占17%。为了控制地方性收入差距的影响，我们将每个机构的护工的工资水平与调研当年的该地区的最低工资标准及平均工资标准进行对比，详见表5-8所示。

表5-8 护工工资与最低工资标准、平均工资对比表

养老机构	护工工资	城市	最低工资标准	调查年份	护工工资/最低工资	平均工资水平	护工工资/平均工资(%)
徐东大家庭	3000	武汉	1550	2016	1.94	5997	50.5
北京来广营	3000—4000	北京	1890	2016	1.59-2.12	7706	38.9—51.9
北京月坛	5000		1720	2015	2.91	7086	70.5

续表

养老机构	护工工资	城市	最低工资标准	调查年份	护工工资/最低工资	平均工资水平	护工工资/平均工资(%)
深圳新现代	2400—3900	深圳	2030	2016	1.18-1.92	7480	32.1—52.1
宜昌伍家岗	2000	宜昌	1320	2015	1.52	3607	55.4
真美好养老院	2500—3000	南京	1770	2016	1.41-1.70	5670	44.1—52.9

表中列示了六家社区养老院的护工工资与调查当年的当地最低工资和平均工资的比值。首先我们看护工工资与最低工资的关系,从高到低依次排序:北京月坛无围墙养老院最高,达到 2.91 倍,其次是北京来广营养老院达到 2.12 倍,深圳新现代、宜昌伍家岗、南京真美好均在两倍以下。再看护工工资与平均工资的比值,依然是北京月坛无围墙养老院最高,达到了北京平均工资的 70.5%,而其他机构的护工的工资大多在当地当年平均工资的 50% 左右。表 5-9 列示了六家养老机构护工工资与最低工资标准及平均工资水平对比排名。

表 5-9 护工工资与最低工资标准和平均工资水平对比排名

排名	护工工资为最低工资标准的倍数	护工工资占平均工资水平的比重
1	北京月坛无围墙养老院	北京月坛无围墙养老院
2	北京来广营养老院	宜昌伍家岗小型养老院
3	徐东大家庭养老院	徐东大家庭养老院
4	深圳新现代颐康之家	真美好养老院
5	真美好养老院	北京来广营养老
6	宜昌伍家岗小型养老	深圳新现代颐康之家

根据表 5-9 显示,北京月坛无围墙养老院在所调研的工资水平位居第一。笔者根据访谈资料发现,北京月坛无围墙养老由天津鹤童老年公益基金会经营,鹤童集团一直秉持着高薪养廉的观念,不吝啬对于人才的薪酬。

B："我们就是说高薪可以养廉，而且就是说你有多大价值我肯定给予你的回馈就多一些，而不是说一个劲地去压榨你的工资，无尽的去索求，那肯定是不平衡的，这样子肯定不会持续，所以说当然给你的环境相对来说还比较好，但是也得靠你个人的一个坚持。此外，我们的护工都是从护士学校招聘的，还有中医药大学毕业的，护工的专业水平较高，薪酬也自然会相应高些。"

鹤童集团作为非营利机构在养老服务业领域的领军人物，将经营所得部分用于员工福利，保障了护理人员的利益，也为机构的长远发展储备了丰富的专业人才。从经济学意义上，非营利界与营利界的区别是经营的主要产品不同。非营利界主要经营公共产品，营利界主要经营私人产品。非营利界的资源配置问题主要是公共产品的资源配置，而公共产品和私人产品之间的区分和联系，所采取的生产经营方式的区分和联系及其变化，也影响着非营利界的资源配置效率。[①]

（二）护工的福利

我们在护工福利二级编码下进行三级编码时，发现目前社区养老院的护工福利尚未形成成熟的福利体系，福利项目的种类较为繁多，大致可以分为餐饮福利、带薪休假、服装补贴、健康体检、交通福利、节日福利、生日福利、员工大事福利和住房福利，而根据访谈资料，我们发现餐饮福利和住房福利所指为对护工实施包吃包住的福利机制，这两项几乎在所有走访到的养老机构中都有提及；节日福利和员工大事福利在各个养老院的实施情况不一致，节日福利在养老机构的护工中主要体现为在节假日时，为员工发放补贴；员工大事福利在案例中具体表现为：护工家里有红白喜事的时候，养老院对员工通过津贴的方式表达的慰问。住房福利被提及的次数最多，其次为餐饮福利、节日福利，再其次为员工大事福利和健康体检。由此可见，在护工的福利这一领域，缺乏一套完整的保障护工的福利体系，养老机构在给护工提供员工福利时具有较大的随意性。

---

① 杨团. 从鹤童研究认识中国非营利机构——中国社会政策研究十年论文选（1999—2008年）[M]. 北京：社会科学文献出版社，2009：279-280.

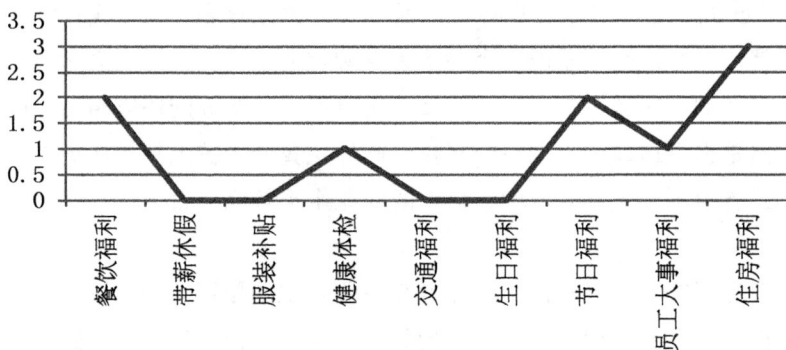

图 5-4　护工福利节点数图

三、社区养老院护工的配比

(一)护工的配比

护工的配比一般有两种理解,一是指护工占总工作人员的比例;二是指护工占养老机构入住老人总数的比例。本节研究的护工配比是指护工占养老机构入住老人总数的比例。这项指标一定程度上反映出养老机构在养老护理上人力资源的投入水平,是衡量养老机构服务能力和服务水平的一项较为重要的指标。如表 5-10 所示,调查的几家机构的护工配比存在较大的差异。

表 5-10　养老机构护工配比表

养老院名称	来广营	月坛	寸草春晖	允德乐龄	新现代	桐林新村	徐东大家庭	真美好
护工配比	28.6%	66.7%	55.6%	14.6%	24%	10%	17.9%	11.5%

调查显示,国家对于养老机构护工与老年人的配比是 1：2(50%)或 1：3(33.4%),然而访谈资料显示,大部分的民营社区养老院在护工的配比上都不达标,与国家的要求相距甚远。

个案 D 的院长说:"我们现在一共有职工 10 人左右,其中护工 9 人。由于成本问题,没有雇佣会计等专业人员,管理人员则主要是我和我表姐,而我们院床位有 65 张,入住人数达 50 人,入住率达到了 80% 到 90%,人手不够用时我们自己也要和护工一起做事。"

个案 G 院长说："护工基本上是最多 1 对 5，对 6 对 7 她们就很困难，而且对 6 对 7 基本上就是半自理，全护理的话最多就是 1 对 5。那么 1 对 5 的话，按照我们国家的要求，他是全护理的介护型的又要要求 1 比 2 到 3，而且她在要求的话，要求是 8 小时工作制的，而且按照 8 小时工作制，对 3 的话实际上就是 1 对 1，如果我既想要达到劳动部门的要求，也要达到民政部门的要求，劳动部门是一周不能超过 42 小时，民政部门是 1 比 2 或者 3，我要达到这两个要求的话，成本就是 3 倍，那么成本 3 倍的话，像这种情况成本是 3 倍，养老院多数是办不下去的。"

A 养老院院长如是说，护工的配比在养老机构落实的过程中，会受到劳动部门和民政部门的双重要求，民政部门重视护工对老年人群体服务输出的质量，强调 1：2 或 1：3 的护工配比，而劳动部门则关注护工的劳动时长。在双重要求下，养老机构只能聘请更多的护工，这样一来势必增加养老机构的支出，而民营养老机构的直接收入来源于养老院的收费。由此，养老机构只能通过增加养老收费来维持其正常运作。而现实情况是老年人常常负担不起高昂的养老费用，在这样的环境下，养老机构的护工配比与国家的要求差距较大是必然结果。

（二）护工配比与养老机构服务人群定位

养老机构服务人群的定位与护工配比之间存在一定的关系。我们用节点矩阵的方法对护工配比与养老机构服务人群定位之间的关系进行分析。

如图 5-5 是护工配比——养老机构服务人群定位的节点矩阵。在此矩阵分析中，代表护工配比，养老机构服务人群定位，节点数。根据矩阵分析的结果，护工配比在百分之二十以下的养老机构主要定位于自理半自理老人；护工配比在 20%—40% 的养老机构主要定位于半自理老人；护工配比在 40%—60% 的养老机构定位主要定位失能失智老人。失能失智老人对于护工配比要求高，这样才能满足其基本需求；护工配比在 60% 以上的养老机构主要定位在失能失智老人。综上所述，护工的配比与老年人的行动能力成反比，老年人行动能力越低，护工配比越高。随着我国老年人口中失能半失能老年人数的增加，护工需求必然越来越大。社区养老院的护工荒问题也成为制约我国社区养老院发展的主要障碍。

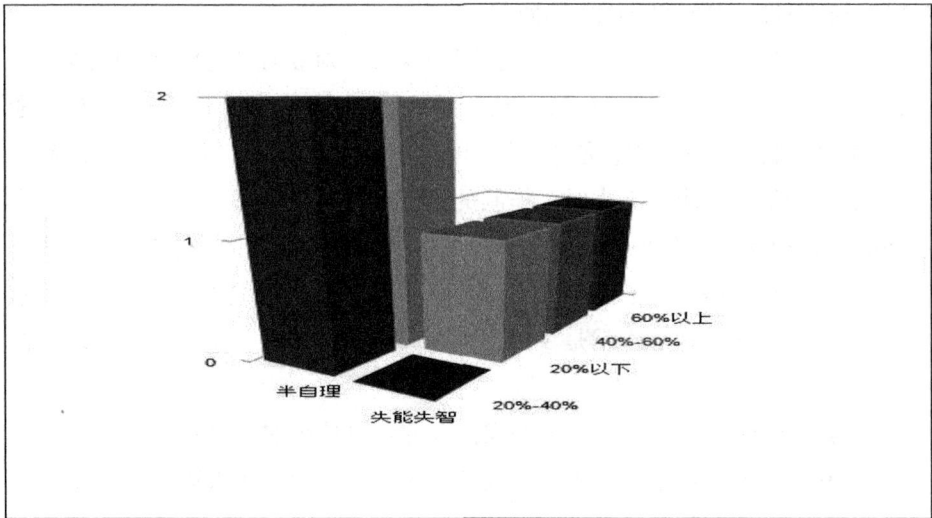

图 5-5 护工配比——养老院功能定位矩阵分析图

四、关于护工薪酬及护工配比的研究结论

（一）主要研究结论

课题组围绕着社区养老院的护工问题，对北京、南京、武汉、宜昌和深圳的 10 所民营养老机构进行了半结构式的访谈，从人力资源的视角进行分析与探索。本章从养老机构的规模、性质、经营模式、地域、选址、医养结合模式和定位等方面来对护工的招聘、薪酬等问题分别进行矩阵分析，得出以下结论。

第一，护工的工资处于中下等水平，福利种类少。护工工资占地区平均工资的比重大多在 50% 以下，工资水平较低。护工的职业福利各个养老机构之间的差距较大，种类也主要集中在餐饮补贴、员工大事福利和住房补贴上。

第二，民办社区养老院护工招聘路径窄，员工介绍等非正规招聘是中小型社区养老院的主要招聘模式。单体型社区养老院在招聘护工时面临更大的难题。

第三，护工的薪资水平直接受养老机构的定位的影响。养老机构服务人群定位意味着护工所护理的对象的自理能力。在控制了其他因素的情况下，老年人的自理能力越低，护工的工资水平就越高。

第四，目前大多数民办小型养老机构的护工配比难以达到国家标准。规模不经济与人员雇佣成本高等因素制约了小型养老院在护工配比上的优化。

（二）政策建议

1.政府应当加大对养老服务行业护工人员的扶持力度，完善护工的社会保障机制，而养老机构本身应当不断创新自己的营利方式，以提供更高的报酬给能力强的护工。

2.逐渐建立与完善我国养老服务行业护理人员的职业认证与评价制度体系，铺设我国养老服务行业护理人员的职业生涯发展通道，为其提供职业上升发展的路径。

3.在护工配比方面应在充分调研的基础上制定较为合理的护工配比指导性政策，护工配比的政策应更加细化，针对不同规模、不同服务人群定位、不同档次的养老机构应制定差异化的指导性标准。

4.国家应逐步建立养老服务行业从业人员较为完备的职业福利制度体系，提高职业的社会认可度。

第六章　社区适老化公共环境建设

社区养老院是嵌套于社区大环境之中的养老机构。本章所研究的社区公共环境主要包括社区内的交通系统、园林绿地系统、其他向公众开放进行公共活动的辅助空间环境、以及社区养老院的内部环境。社区公共环境的适老化建设是根据老年人生理、心理的特征，建设适合老年人生活的安全、舒适、便利、自然的社区养老公共环境。

第一节　社区适老化公共环境研究综述

社区公共环境是城市公共环境的缩影，它是城市社区总体规划建设的主要对象。社区公共环境主要服务于其所在社区的内部人群，其本质属性具备了公共性与开放性，其功能是为了促进社区居民的户外活动与交往。

一、国外有关社区适老化公共环境的研究

（一）有关场所理论

场所理论为公共环境研究提供了理论依据。场所理论认为场所不仅仅指建筑、自然环境等实体空间，更具有深刻的精神含义。场所内的特定的自然环境、人工建筑，互相作用、彼此辉映，进而塑造出场所总体上的独特性及特定的氛围。这种氛围会给场所中的人带来从属感和依恋感，这就是所谓的场所精神。

场所理论强调人的价值，这些价值包括人的社会文化价值、视觉感受以

及每个人对公共环境的控制感。① 因此，城市公共空间中的主体是人，人与环境的互动，人在环境中的体验与感受，是城市公共空间活动的主要内容。场所的物质性表现为它具有为人类活动提供场所的能力，场所的精神性表现为人类的活动赋予了其独特性和人文性。这种精神进而对更多的人产生吸引，这样城市的空间才具有了"公共"的意味。②

（二）有关城市活力论

简·雅各布斯在《美国大城市的死与生》一书中将城市的魅力归因为城市的多样性和城市的个性。城市的公共空间为展现城市的多样性和塑造城市的个性提供了场域。城市的发展不应单纯依靠大规模的开发和重建，还应该依托城市本来的风貌打造个性化的城市环境。③ 因此，社区适老化公共环境能够充分体现出社区养老环境的活力。

二、国内有关社区适老化公共环境的研究

国内对于社区适老化公共环境建设的研究相对较少，以学术性研究较多，比如学术期刊、学位论文以及科技论文等，主要从社区养老模式、社区规划设计、社区环境设计等方面进行研究。

（一）有关适老化的社区规划研究

从总体规划层面，马玉洁提出了适老化社区居住环境设计的七项原则，包括在城市中老年人设施应分为基层老年人设施、分中心级和中心级三种。老年公寓设计的要素应包含社区平面套型设计、公共空间创造和组团空间尺度三点。④ 熊伟通过对国内外老年住区规划案例进行分析，从布局适老单元、布局服务设施、完善居住空间和优化环境空间四个方面提出相应的设计对策。⑤ 朱莹从养老社区内部空间功能出发，在居住空间、公共空间和娱乐活动的基础上提出老年人空间使用的设计上需要进行动静分区。⑥

① 刘海滨. 城市住区公共空间研究 [D]. 成都：西南交通大学，2006：21.
② 扬·盖尔著，何人可译. 交往与空间 [M]. 北京：中国建筑工业出版社，2002：64.
③ 简·雅各布斯著，金衡山译. 美国大城市的死与生 [M]. 南京：译林出版社，2006：273-276.
④ 马玉洁. 适合我国多元养老模式下的社区居住空间环境研究 [D]. 山西：太原理工大学，2008：45-48.
⑤ 熊伟. 住区规划中的适老化设计对策 [J]. 规划师，2012，28(S1)：89-92.
⑥ 朱莹. 谈养老社区建筑空间设计 [J]. 山西建筑，2012，38(20)：30-32.

（二）有关社区适老化公共环境建设研究

谷鲁奇在《面向老年人的旧住宅区公共活动空间更新方法研究》一文中提出要保障居家老人公共活动空间，使其居住和使用更加适宜，需要对旧住宅区公共活动空间进行更新改造，更新的基本原则有三点：合理的更新改造程序、基于现状基础的调研、建立公众参与机制[①]。郭姝基于对漳州地区的实地调研，按照空间类型、功能需求和内外部活动空间的现状的划分标准，将社区内老年人公共活动空间分为改造型、公建改造型以及改建扩建型三类，并根据相应的类型提出合理的更新建议。[②]

第二节　老年人需求与适老化公共环境

一个普通人的生理活动与新陈代谢过程会随着年龄的增长逐渐产生变化。老年人的身体变化主要表现为其身体生理机能的逐步衰退，比如其内分泌系统、泌尿系统、循环系统、神经系统等产生的衰老变化。由于老年人生理机能的逐步退化，他们在听、说、读、写等方面的行为能力也会逐步降低。老年人的这些特征对社区适老化公共环境提出了特殊的需求。

一、老年人基本特征与需求

老年人与年轻人在生理特征上存在一定差异。首先人到了老年，其中枢神经、骨骼与肌肉、心血管等方面会产生生理功能的衰退；其次老年人还会受到许多慢性疾病的困扰。因此，人步入老年期后的身体易产生疲劳感，缺乏持续力，身体的抵抗力下降，对环境的温度、湿度的变化不敏感等问题。

（一）老年人的生理需求

1. 声环境

老年人的居住生活环境需要安静的氛围，因为声环境直接影响其睡眠的质量。噪音的干扰会给社区中老年人的生活带来很大的影响。因此，社区内的各养老公共空间应当远离社区内繁杂的公共娱乐活动场所，将其置于社区

---

① 谷鲁奇. 面向老年人的旧住宅区公共活动空间更新方法研究 [D]. 重庆：重庆大学，2010：26-29.

② 郭姝，李健红. 漳州社区养老公共空间改造设计 [J]. 华中建筑，2014，32(06)：84-90.

内较为安静的位置。

2. 光环境

老年人随着视力的降低，在光线昏暗的场所内很难看清事物。因而他们的适应时间会比较长，在眼睛产生适应性变化的过程中，会出现暂时性失明现象，从而可能造成危险状况的发生。如果长期处在较昏暗的空间环境中，老年人的心理也会产生负面因素的影响。事实证明，老年人每天进行充足日照活动，可以防止其身体骨质的老化，增强身体的抵抗力。因此，在社区各养老公共空间的设计中，都需要适当提高各个公共空间的光照度，以便老年人的各项活动。

3. 热环境

随着年龄的增长，老年人对温度变化的感知能力会不断降低，适应能力也在下降，因此适宜的温度环境对于老年人健康生活十分重要。比如在夏季，老年人需要具有良好的通风环境进行户外活动；而冬季则是老年人各种疾病的高发期，则需要布置提供各种休息、充足的光照或者休闲漫步的场所空间。城市社区应该为老年人提供不同季节环境的社区养老公共空间。

（二）老年人的心理需求

老年人到了一定的年龄很容易受到不良情绪的影响。由于他们在社会群体中的角色转变，生活中产生了大量闲暇时间，进而开始慢慢依赖其身边的社区公共空间环境。这种角色转换产生的心理压力及情绪波动，使得大部分老年人仍然希望与社会保持着某种联系，特别需要得到社会的认可与尊重，由此避免在心理上产生的孤独感。

1. 安全感

老年人喜欢居住在距离医院较近的社区，社区的服务设施齐全、无障碍设计充分、安全保障系统健全也是他们选择居住场所的主要参考标准。老年人希望社区的步行活动空间中没有车辆的穿行以及外来人员的干扰；他们喜欢社区的空间环境充满绿色和暖色调；他们需要行径的地面是经过防滑处理的材料；他们较为偏好阳光充足的游憩空间。这些都可以帮助老年人在活动过程中降低发生危险和事故的可能性。因此，在进行适老化公共环境设计时，应该充分考虑以上老年人的各种需求。

2. 归属感

老年人害怕孤独，从而经常出入社区的各项群体活动，希望在公众活动过程中获得认同感。比如老年人会常常亲近儿童活动场所，和小孩子同乐；他们也会静坐在于一个角落休息，观察周围人们的各种行为活动；他们还会与熟人、老街坊、老邻居唠家常等。因此，在进行适老化公共环境设计时，应该充分考虑以上老年人的各种需求。

3. 邻里感

老年人由于受到自身身体条件的影响，他们的活动范围不会太大，并且大部分时间都会待在自己居住环境的附近，也就是邻里环境中度过。和谐的邻里环境有助于提高老年人与其他人交流的频率，保持与社会的联系。因此，在进行适老化公共环境设计时，应该充分考虑以上老年人的各种需求。

（三）老年人行为活动特征与对应公共环境要求

老年人的身体健康程度不同会具有不同的行为特征。依据其不同的生理心理特征，从而导致不同的行为特征（图 6-1）。

按照老人的身体状况可以将老人划分为三个等级，分别为自理老人、介助老人和介护老人。不同健康程度的老人在生理特征、心理特征和活动行为特征三个方面也有所不同。其中，自理老人身体开始出现功能减退的特征，行动逐渐变得迟缓。在心理特征方面，自理老人通常害怕孤独，倾向于增加与邻里的交往。因此，自理老人在行动方面主要从事一些简单家务、健体、休闲和社交活动。介助老人一般身患慢性病，无法自由行动，需要借助辅助工作才能行走，介助老人孤独感较强，因此，介助老人主要从事一些康复活动和休息活动，并且，活动范围主要集中在社区内部。介护老人通常疾病缠身，无法自由行动，需要他人照护，

在心理上也希望得到家人的陪伴。介护老人重要从事医疗和休息活动。

```
                    生理特征   个题呈现衰退现象，行动渐渐迟缓
           自理老人  心理特征   害怕孤独，与邻里交往意识增强
                              主要从事简单家务、健体、休闲和社交活动，
                    活动行为特征   积极参与社区交往
 健
 康                          个体疾病增加，无法自由行动，需要介助辅助
 类                 生理特征   工具行走
 型        借助老人  心理特征   孤独感增强，与邻里交往意识增强
                    活动行为特征   主要从事康体、休息活动，活动范围在社区

                    生理特征   个体疾病增加，无法自由行动，需要他人照护
           分支主题  心理特征   孤独感增强，希望得到家人陪伴
                    活动行为特征   主要从事医疗、休息活动
```

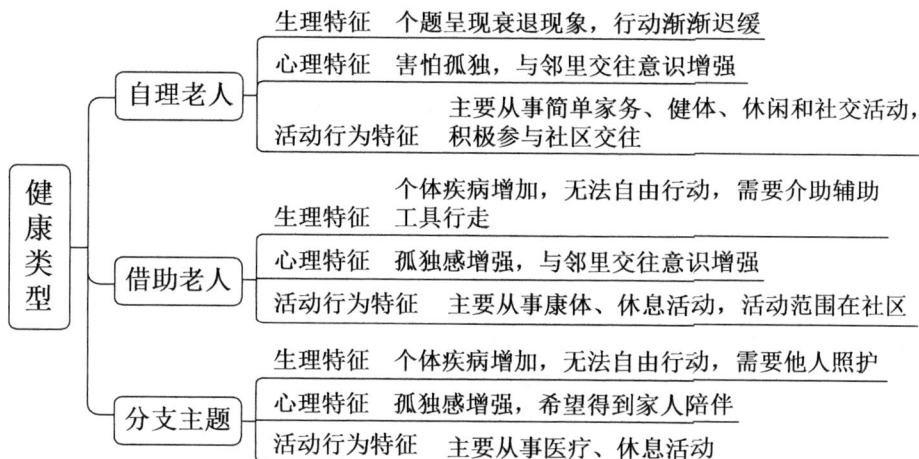

图 6-1　不同健康类型老年人生理、心理和活动行为特征

二、适老化公共环境设计原则

（一）安全无障碍原则

安全无障碍原则是适老化公共环境设计的首要原则，社区的基础设施设计一定要做到安全无障碍。使得老年人在应用这些基础设施时是安全的，老年人在行径游憩过程中是无障碍的。针对老年人特有的活动类型，在设计中需要进行针对性和综合性考虑，以便提高老年人的安全感。

（二）交流便捷原则

孤独感是老年人群的普遍心理特征。因此，在进行适老化公共环境设计时，要特别照顾老年人需要与别人交流的心理需求。

（三）活动空间划分原则

根据社区中不同年龄结构居民的行为活动特征，进行合理的公共空间环境设计，使得他们都能够找到自己的活动空间是非常有必要的。但是，既然是公共空间环境，其必然会存在矛盾；老年人是一类特殊人群，需要独立的活动空间环境，所以在设计时通过绿色基础设施和软质设计去划分活动空间。

（四）可识别性原则

首先在社区交通规划设计上，进行分级设计，充分考虑地面材料；其次在社区各区中，景观小品要体现出区别，明确各活动空间特征；最后在社区

导视系统设计上，加强无障碍的设计，字体设计，及色彩设计等。

第三节　社区适老化交通系统建设

我国城市社区老龄化问题突出，社区规划建设和可持续发展的各个方面都应该考虑老年人群体的特征和利益，社区的交通系统是社区的经脉，交通系统规划应充分考虑老年人群的出行需求。本节结合社区老年人群体的出行特征，分析当前大多数社区交通系统和空间存在的问题，以老年人群体的需求与利益为主导，提出社区适老化交通系统建设的内容与方法。

一、社区适老化交通存在的问题

交通系统规划是社区规划的基础内容之一，也是社区居民最根本的需求，老年人群体的交通权和交通需求更应该得到保障与满足。目前我国正在积极建设社区养老，主张大多数中国老年人在社区内养老，我国城乡社区人口的老龄化率不断增高，但社区交通系统的适老化发展却严重滞后于社区老龄化的发展趋势。从适老化的视角审视，我国社区内交通系统存在诸多问题，主要表现为以下几点：

（一）社区交通系统规划与老年人出行特征之间匹配度低

老年人群体日常生活半径小，出行多采取步行、公共交通等交通方式。社区交通系统规划时没能充分考虑老年人出行特征，设计上更多注重机动交通的便捷高效，这种以汽车为导向的交通设计降低了慢行交通的安全性和完备性。如较多社区内部缺乏慢行交通的专用道，老年人与机动车共用一道，极大地降低了老年人的出行体验。

（二）社区基础设施存在安全隐患

社区基础设施建设过程中对老年人出行特征考虑较少，"适老性"设计不够，老年人出行不便，容易摔倒。例如社区内部标识不全、路灯不亮、地面不平整、井盖与地面高度不齐、无障碍通道较少，慢行通道杂物堆放等现实问题都给老年人的交通安全带来极大隐患。

（三）中心城区的交通系统及环境对老年人群体不友好

老人在乘坐公共交通或是乘坐地铁出行时，从家中出发至公共交通站点或地铁站这一距离并无快速安全的交通方式。在共享单车填补出行"最后一公里"空白时,社区内部积极建设老年人"最后一公里"的接驳项目。

二、城市社区老年群体的出行特征

老年人有着非常鲜明的群体特征,首先从生理方面来看主要体现为身体器官组织老化、功能衰退、活动能力下降等;其次从心理方面来看主要体现为情绪容易波动、容易产生孤独感、希望获得认可等。因此这些特征决定了老年人群体的出行方式具有特殊性。

(一)老年人群体出行主要依赖公交和步行,活动半径较小

相对于年轻人而言,老人的活动内容较为简单,主要以买菜,就医以及体育锻炼为主,活动半径较小,且活动范围通常集中在社区内部。基于老人的这些特征,课题组于 2017 年 7 月在武汉的 5 家社区对老年人的出行方式展开了调查。具体情况如下图 6-2 所示:

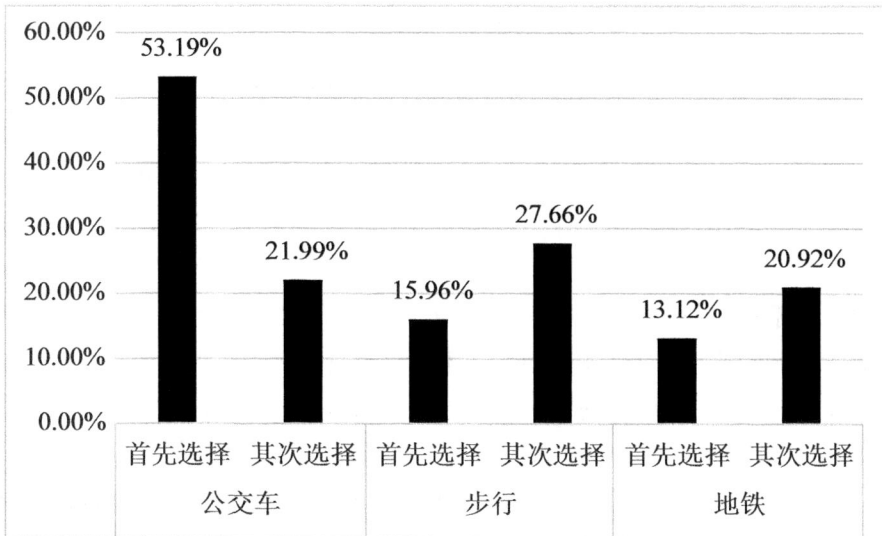

图 6-2　老年人群体的出行方式

调查结果显示,老人在多种出行方式中,老年人较为偏好的三种出行方式分别为:公交车、步行和地铁。如图 6-2 所示,53.19% 的老人选择公交车为首要出行工具,15.96% 的老人将步行作为首选出行方式,首选地铁的老人

占比为13.12%。27.66%的老人选择步行为次要出行方式，次选较多的依次为公交车和地铁。

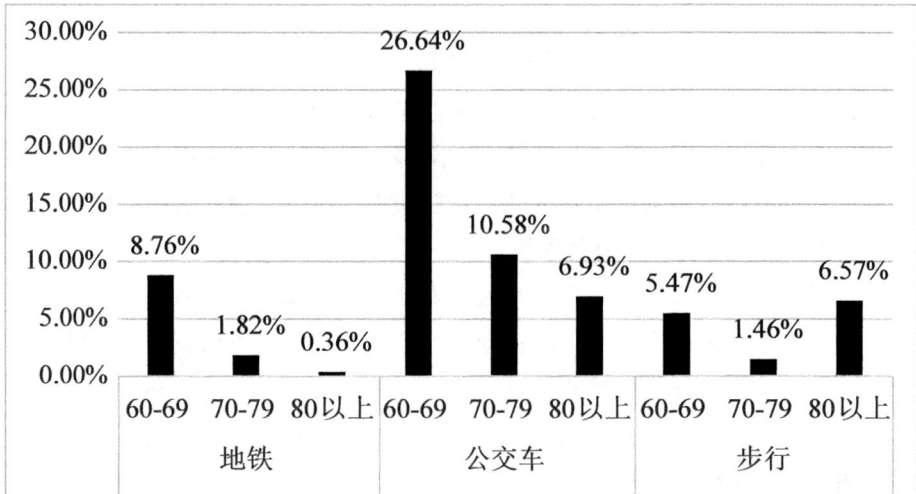

图6-3 老年人分年龄段出行方式

如图6-3所示，不同年龄阶段的老年人对于交通出行方式的偏好也是不同的。60—69岁的低龄老年人出行相对频繁，26.64%选择公交车为主要出行方式。到了70—79岁这个年龄阶段，老年人的出行频率下降，10.58%选择公交车为主要出行方式，80岁以上的年龄组，这一比例下降到6.93%。图中显示60—69岁的低龄老人选择地铁的比重较高，但随着年龄的增长，这一比例下降得非常快，80岁以上的年龄组的这一比例仅仅为0.36%。这一组别选择步行为首选的比重大大提升。可见，不同年龄阶段的老年人由于身体自理能力的差异，出行范围大小的差异，其交通出行特征表现出显著的差异。

（二）老年人群体须注意错峰出行

从出行时间分布来看（如图6-4），老年人为了避开城市交通拥堵时段，其出行时间集中在早上七点以前以及下午两点至三点两个时段，较其他人群提前了一个小时错峰出行。

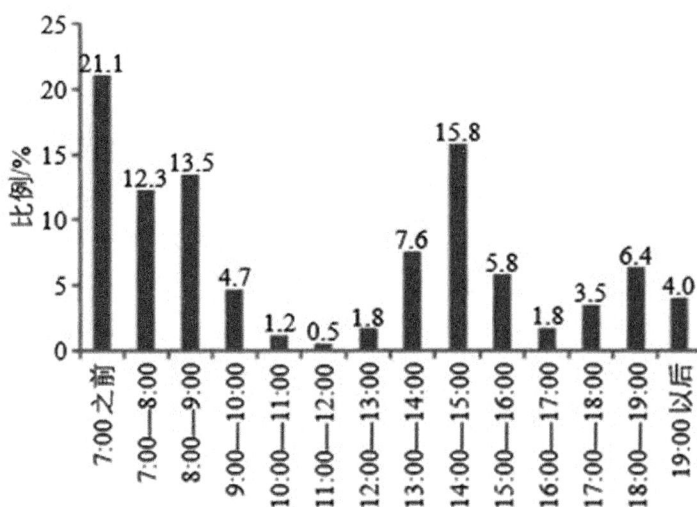

图 6-4　老年人出行时间分布

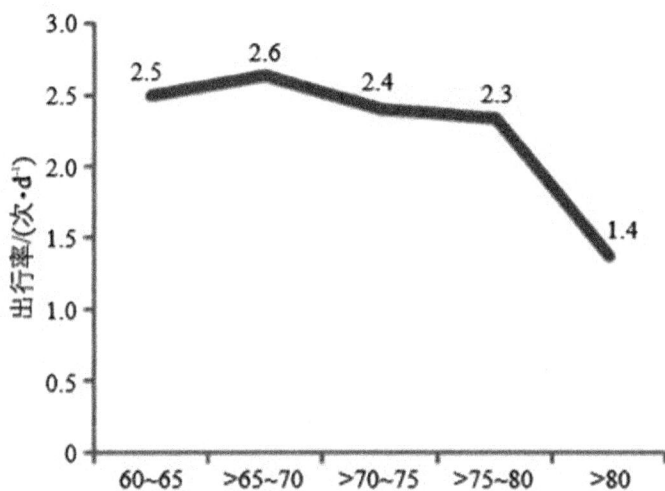

图 6-5　出行频率与年龄关系

（三）老年人群体的出行频率随年龄增大而递减

在老年群体中，出行频率与年龄增长呈反比关系。低龄的老人出行频率明显高于中龄老人，高龄老年人由于自理能力的降低，其出行意愿和频率大大降低。

三、社区适老化交通系统规划

社区内的道路交通是社区的脉络，它不仅决定了这个社区的外观，而且还直接影响居民对于社区外部环境的使用感受。老年群体对社区交通有特殊的要求，社区的适老化交通系统应主要包括慢行交通系统和无障碍交通系统。

（一）社区慢行交通系统规划

社区慢行网络的构建，一方面需要从内到外逐步构建慢行系统本身；另一方面要从整体到局部逐步协调其与社区环境的关系。

慢行交通系统的构建应与社区内部环境相协调，社区慢行网络的组织需要从两个方面着手。其一，慢行网络沿着由核心到外围，由骨干到细节逐步完善；其二，与社区的契合关系，也由从整体到局部，从宏观到微观逐步协调。

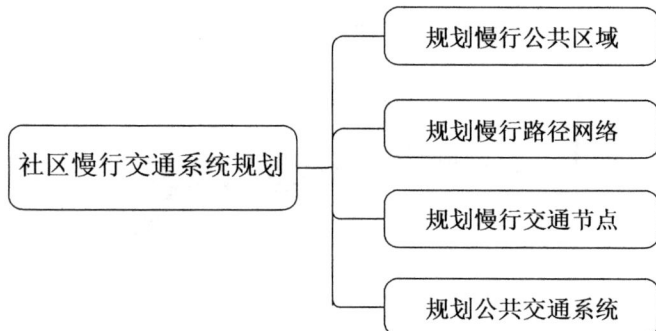

图6-6　社区慢行交通系统规划图

1. 规划慢行公共区域

在社区内，规划慢行公共区域是为了满足社区内的慢行群体尤其是老年人群体的安全感需求。近年来国内发生的多起交通事故的原因，就是老年人对于交通环境中不安全因素的反应较为迟缓。大量研究结果发现老年人即便是在社区内不同区域，他们对于安全和舒适度的感觉也是不一样的：在社区内的人车混合行区域他们的安全感最低；车行交通分时段分离的区域安全感一般；车行交通完全分离的区域安全感最高，这些区域也就是社区内老年人的常驻空间，因而需要对慢行公共区域进行规划以满足老年人对于安全感的需求。（如图6-7）

图 6-7　社区中心广场空间示意图　　图 6-8　慢行路径空间示意图

2. 规划慢行路径网络

社区在进行建设规划时，通常对机动车交通系统进行了较为细致完备的规划，社区的机动车交通网路有着高度可识别性和清晰的方向认定性。因此社区在建设慢行交通路径时可考虑依托现有的机动车交通系统，进而保证慢行路径网络密度和连续性。

另外，慢行路径应具有社区特色，依托社区自然环境。慢行交通系统有别于机动车系统的一个很大方面即是它将人们的休闲和步行结合起来，让交通与娱乐融合。社区在设计时应充分考虑现有的生态自然环境，并利用慢行交通系统，将社区内的绿地、水域以及公共设施进行串联。

再者，慢行系统要注意错落有致。慢行系统在设计上与公共交通系统有着不同，它满足出行需求同时又具备观赏性，能够增加使用者的乐趣，因此要适度设计一些高低差以及坡道，来避免步行者的出行单调感受。

3. 规划慢行交通节点

交通节点是慢行交通系统中的缓冲区，进入节点的老年人自然而然会放慢行走速度，同时利用公共设施进行休息与活动。社区的慢行交通节点主要是道路交叉口、行人过街设施和地面停车场等。例如，道路交叉口的规划应充分保障老年人群体的合理通行权和通行安全性，具体可以在主要道路交叉口设置自行车或助动车左转优先候驶区，在次要道路交叉口将人行道抬高或设置标识提醒。社区慢行交通节点的合理规划可以提升慢行网络的质量，使其更加安全、高效地为老年人群体服务。

4. 规划公共交通系统

为了使老年人群在交通换乘的过程中更加高效、便捷和舒适，需要对社区的慢行交通系统和公共交通系统进行合理的规划，即需要将公共交通与社区内交通进行接驳。根据调查结果表明老年人从家步行至公交站点的距离为500m左右较为合适，而这段距离并无交通工具来保障老年人的出行，因此可以在社区内引进电瓶巴士进行穿梭衔接。另外为了提高老年人通过公共交通出行的舒适度和安全度，公共交通的管理者和运营者需要合理运用车辆自动定位、乘客自动计数和公共交通运营等软件系统。

（二）社区无障碍交通体系规划

在发达国家，市政建设方极为关注国家城市和社区中的无障碍设施的建设，无障碍设施建设反映了一个城市的精神文明和人文关怀。目前，我国城市社区的无障碍设施建设较为滞后。随着我国人口老龄化不断加剧，老龄化社区的比重与日俱增，因此在社区内进行无障碍交通系统的规划迫在眉睫。

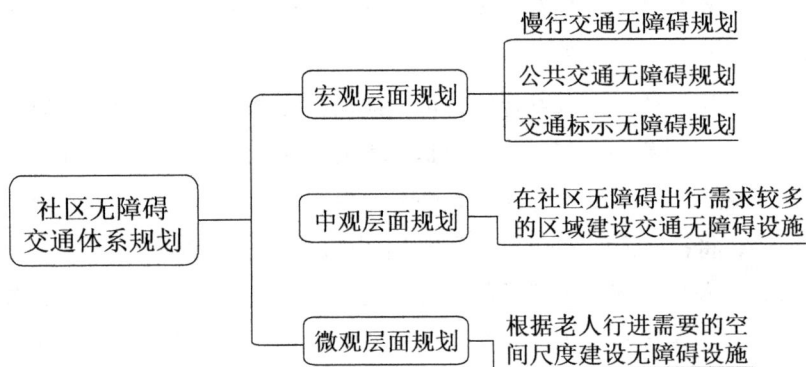

图 6-9　社区无障碍交通体系规划

社区无障碍交通体系规划包括宏观层面、中观层面和微观层面三个层次的规划。宏观层面规划包含慢行交通无障碍规划、公共交通无障碍规划和交通标识无障碍规划。其中，慢行交通无障碍规划体系主要以社区道路、公共空间、相邻区域之间形成的无障碍人行步道为依托，再系统地建设慢行交通无障碍体系。无障碍公交路线设置应考虑连接沿线的社区内老年人服务机构、医院等场所。交通标识无障碍规划应该在老人活动的区域统一设置无障碍交通标志。中观层面规划需要对老人的出行需求强度进行分析，重点在老人出行需求较多的区域建设无障碍设施。微观层面设计应优先考虑老人行进过程中需要的空间尺度。

此外，应加强社区老年人群体的交通安全意识。老年人出行中存在盲目自信和侥幸心理，交通意识薄弱。社区要加强对老年人的交通安全知识教育，提高其交通安全意识。社区可开展安全教育活动，组织老人学法守规、讨论案例、交流感受，增强老年人群体的防范意识。社区也要积极运用媒体资源，运用微信公众平台、智慧社区等平台进行老年人交通安全知识教育。

总之，社区适老化交通系统规划必须充分结合老年人群体的出行特征，以老年人群体的需求与利益为主导，逐步加强社区慢行交通系统和无障碍交通系统建设，使之更加科学、实用、人性，让老年人群体感受到城市社区生活的舒适、便捷、安全。

第四节　社区养老设施公共环境建设

我国国家标准《养老设施建筑设计规范 GB50867-2013》将为老年人提供居住、生活照料、医疗保健、文化娱乐等方面专项或综合服务的老年养护院、养老院、老年日间照料中心等建筑统称为养老设施，养老设施可以根据配建和设施规模划分等级，按其床位数量将养老院分为小型（≤150床）、中型（151—300床）、大型（301—500床）和特大型（＞500床）4个等级①。

一、社区养老设施在养老空间设计上存在的问题

课题组自2015年以来对北京、南京、武汉、深圳、宜昌等地的近20家社区养老院进行实地调研，发现目前社区养老院的养老空间设计仅仅能够满足老年人护理需求，但对于老年人在空间上的归属感和融入感的设计较为缺失。

（一）建筑空间层次少

我国社区养老院受限于社区内养老用房的格局，主体建筑空间布局形式简单，每个层内主要是并列的独立居住单元，独立楼层一般缺乏老年人的公共活动空间。且由于养老院规模不大，老年人在居住上以混居为主，缺乏私人空间设计。许多养老院的老年人无处可去，只能选择在建筑户外的院子内进行简单的活动，或者选择待在自己的房间内活动。

---

① 叶京，胡惠琴. 城市中心区社区养老院的家庭化设计研究 [J]. 建筑学报，2016(S2)：97-101.

（二）建筑功能及装饰单一

养老院建筑室内装饰简洁，与医院病房相类似；老年人的生活、娱乐、学习、交流空间家具布置简单，缺少舒适感和温馨感。

（三）公共活动类型少

社区养老院内的公共活动较少，老年人只能选择在院内活动，比如统一时间就餐、集中时间洗浴等；老年人集体活动室面积较小，活动项目及类型也较少，使得他们的公共活动受到限制。

二、社区养老设施建筑室内公共空间设计

社区养老院建筑室内公共空间是老年人活动最为频繁的地方，对该空间进行优化设计主要体现在其空间组成方式、空间要素搭配以及空间布局设计等方面。

（一）室内公共空间色彩设计

色彩设计是公共空间设计中最能够营造出设计氛围的方法，通过精心地色彩搭配，表现出不同的室内装饰风格；也可以反映出人们身处空间中表现出来的各种情绪（表6-1），能够直接影响老年人的身心健康。

表6-1　色彩产生的心理影响

色彩	优点	缺点
红色	刺激和兴奋神经系统，增加肾上腺素分泌和增强血液循环	焦虑、压力情绪、疲劳者感到筋疲力尽
橙色	产生活力，诱发食欲，有助于钙的吸收，利于恢复和保持健康	神经紧张和易怒
黄色	激神经和消化系统，加强逻辑思维，增强活力，便于交流	不稳定和任意行为、情绪压抑、悲观失望
绿色	有益于消化和身体平衡、镇静、对好动或身心受压抑者有益，对晕厥、疲劳与消极情绪有克服作用。	冷清、影响胃液的分泌，食欲减退。

色彩	优点	缺点
蓝色	降温冷却，调节体内平衡，消除紧张情绪，有催眠作用，减轻头痛、发热、晕厥，使人感到幽雅宁静	压抑、精神衰弱、忧郁
紫色	对运动神经和心脏系统有安抚作用	压抑人的情感，易怒
棕色	促进情感上的稳定和平衡，去除犹豫。	难过、沮丧
黑色	清热、镇静、安定，对激动、烦躁、失眠、惊恐的患者起恢复安定的作用	精神压抑，导致疾病发生
白色	对心脏、精神、神经和情绪起到安抚，有助于保持血压正常。	增加压力、肌肉紧张感，增强自我保护意识

1. 营造温暖、活跃、明快的空间环境

养老设施的公共活动空间是老年人参与休闲活动、交往交流的主要场所。经调研发现，住在社区养老设施中的老年人许多身体情况较差，患有各种慢性疾病的人数较多。为了营造出他们喜欢的环境氛围，可以空间内的墙面配色上体现出稳定感的特征；也可以通过色彩的搭配让空间感觉更加丰富多彩，但前提是不要让老年人产生负向情绪。所以，温暖、活跃、明快的色彩设计搭配是最为主要的设计方法。

2. 进行色彩对比设计

色彩对比可以加强事物的特征表现，比如标识一些提醒老年人注意的物体，以防止他们发生危险，提高安全性；也可以提示及引导老年人的行为，以免他们由于记忆的模糊，发生走失、迷路等情况；或者以色彩来划分区域，暗示活动功能的不同，供老年人选择。

虽然适当的色彩对比能够起到一些积极的作用，但如果一味地强调对比色的搭配，很有可能会让老年人产生视觉疲劳，容易出现烦躁的情绪。

（二）室内公共空间装饰设计

装饰设计是室内公共空间设计中的重要组成部分，它不仅可以活跃空间气氛，体现特定的设计风格，还可以给老年人带来舒适和温馨的积极体验。

例如，将一些制作的小手工艺品、绘画及书法作品布置在空间环境中，用以装饰环境氛围。这些老年人自己参与制作的劳动成果，既让他们得到了认可与尊重，又很合适地美化了内部环境，一举两得。

许多的老年人在以前的居家生活中，都有养花、养草的习惯。而绿色植物的功能除了可以装饰公共空间，还可以净化空气、丰富色彩、软化建筑空间、塑造亲切自然环境等作用。

三、社区养老院建筑室外公共空间设计

养老院室内活动的设计能够促进老年人参与社区活动，提高机构内老年人的社会参与性。从积极老龄化的视角看，对于抵抗老年人因退休等原因所带来的沮丧以及失落情绪，保持老年人活力与健康具有重要意义。

根据老年人行为活动特征，养老院室外空间类型可以分为以下四个（见表 6-2）。其中不同的空间类型，可以分别满足老年人对于不同公共空间的需求。

表 6-2　老年人在各类型空间中的活动

空间类型	老年人行为活动
公共空间	集会、游戏、休息、打球、娱乐、跑步、打拳、舞剑
半公共空间	下棋、闲谈、交往等
半私密空间	散步、闲坐、看人、晒太阳、乘凉等
私密空间	喝茶、眺望、休息、种植花木等

数据来源：王江萍 著《老年人居住外环境规划与设计》

（一）步行道路设计

根据《城镇老年人设施规划规范 GB50437-2007》的规定，场地内步行道路宽度不应小于 1.8m，纵坡不应大于 2.5%。老年人在室外空间中主要是以漫步、闲逛的方式进行，所以为他们提供便利的道路交通，以提高对于活动空间的可达性为主要设计目的。

1. 老年人步行道路设计

养老院的步行道路设计，应首先分析老年人的行走规律，不必使得路线太长，以便捷为主，在适当的地方设置停留休息点，方便老年人随时补充体力。

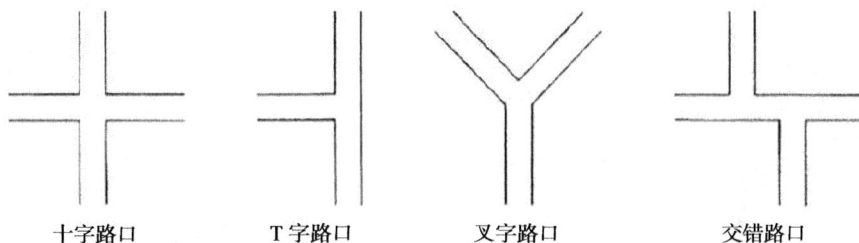

十字路口　　　　T字路口　　　　叉字路口　　　　交错路口

图 6-10　道路交叉口示意图

在进行道路设计的过程中，需要特别注意道路交叉口的识别性设计，不然老年人在步行过程中容易迷失方向。因此，根据伊丽莎白·伯顿在《包容性的城市设计》中的说明，T形路口、Y形路口、交错路口都能够比十字路口减少路线的选择（如图 6-10）。所以在设计道路的时候，要尽量减少岔路口，也可以通过不同颜色、质地的铺地材料，以及道路两旁的绿植来提高道路的可识别性。

2. 养老院步行空间节点设计

将室外空间多样化，使得老年人的关注点不仅仅在步行道的设计上，还可以在周围的景观环境中，加强老年人的感官体验。再配以便利的无障碍及辅助公共设施，用以提高他们的安全感和舒适感。

（二）园林绿地设计

首先园林绿地空间中的树种选择要得当。要能满足老年人的基本需求；其次要尽量满足园林绿地植物的生态习性的要求，做到适地适树，以保证各类植物能正常健康地生长；最后布置上要讲究艺术性，在选好园林绿地植物的基础上，根据树木的形体、大小、色彩等特点精心布置，尽可能使乔木、灌木、藤木及地被植物各得其所。许多老年人都喜欢艳丽的花果，给人以美的享受。因此在植物配置上，最好可以做到使得园林绿地空间四季都有可以观赏的绿色植物。

1.园林绿地空间，立意在先

图6-11　立意在先——木棉树

园林绿化设计上要考虑中国老年人的喜好，进行立意和创新。利用我国丰富的自然植被，合理搭配，塑造出出植物形态，生态与神态的植物空间美。

2.园林绿地空间，乔灌草相结合

注意园林植物的空间层次，由上往下可以分为乔木植物层、灌木植物层、地被植物及草本植物层。根据植物的季相性变化，又可分为常绿植物和落叶植物，常绿植物为主，落叶植物为辅，合理搭配。（如图6-12）。

图6-12　落叶植物与其他植物结合示意图

3.园林绿地空间，参与劳动体验

园林绿地空间还可以供老年人自己栽种瓜果蔬菜，这样的体验不仅可以美化环境，而且还可以锻炼老年人身体。这样的劳动体验空间，受到许多老年人的喜欢，参与了栽种的老年人可以时时期盼瓜果蔬菜生长，对他们的心理健康也有着积极的作用（如图6-13）。

图6-13 种植园示意图

（三）室外基础设施设计

1.公共活动器材

社区养老院应和所在社区的公共设施有机整合，社区内的公共活动器材宜设置在距离社区养老院步行5分钟的范围区域内，便于社区养老院中的老人能够利用社区的公共资源，进行户外锻炼。（如图6-14）。

图6-14 老年人活动器材示意图

2.公共休息座椅

在老年人的游憩活动过程中，公共休息座椅是必备的基础设施。适合老年人的座椅设计尺度为：高度 30—45cm，宽度 40—60cm。座椅结合游憩休息空间进行设置，可以方便老年人休息补充体力，也可以充分结合无障碍设计，使之更加舒适便利（如图 6-15、图 6-16）。

图 6-15　公共座椅示意图　　　图 6-16　无障碍座椅设计

第七章 "互联网+"社区养老服务

第一节 "互联网+"社区养老服务的发展现状

近年来"互联网+"信息技术的快速发展从技术层面为公共服务尤其是养老服务带来了发展机遇。2015年，政府工作报告中首次提出了"互联网+"行动计划，随后，国务院会议通过了《互联网行动指导意见》，由此"互联网+养老"等概念逐渐清晰并在实践领域迅速铺开。2017年，中共中央国务院出台意见明确提出实施"互联网+社区"行动计划，加快互联网与社区治理和服务体系的深度融合，"互联网+社区"行动为创新社区治理和服务体系提供了新的可能性。

一、"互联网+养老"的内涵与外延

"互联网+"指的是互联网与传统行业的结合，即利用互联网平台和信息通信技术，以技术为支撑，以网络为纽扣，涵盖智能设备与终端、线上平台及软件，[①]帮助传统行业升级换代，从而转变传统行业的发展模式。

"互联网+养老"是将传统的养老搭载在互联网平台上并运用物联网、大数据、云平台等网络技术，综合实现养老服务模式管理方法和商业模式的创新。

"互联网+养老服务"实践有多种形式，如与养老机构合作，将养老服务外包或是引进机构入驻社区，依靠专业机构的信息收集分析技术；又如自主研发养老服务平台，将社区内部养老资源整合，服务区内居民智能养老；再

---

① 朱海龙. 智慧养老：中国老年照护模式的革新与思考 [J]. 湖南师范大学社会科学学报，2016(3)：68-73.

如依托社区综合治理平台，将养老服务作为一大板块，并结合线下个性化智能养老设备，线上线下为老年人提供服务并满足其精神需求。

二、"互联网＋养老"的主要优势

（一）"互联网＋"促进养老服务多主体协同

养老服务的供给方之间、养老服务提供方与消费者之间信息流通不畅，信息壁垒必然导致居家养老服务供需失衡、各方资源缺乏有效整合。传统的居家养老方式更多依赖有需求的个人查找信息寻求资源，耗时耗力且资源有效利用率不高。互联网技术的加入能促进信息通过智慧社区平台实现高效流通。智慧社区平台将养老服务的主体连接起来，让其能"面对面"地沟通交流，真正打破信息壁垒，促进养老服务的多主体协同。

（二）"互联网＋"促进养老信息优化

互联网以人为中心、从产品到营销都围绕用户展开的商业模式与社区养老服务以人为本的原则不谋而合。[1]中国老年人不希望给他人带来麻烦，表露出的养老需求往往比实际需求小。[2]"互联网＋"养老服务新模式可以在供给和需求之间搭建信息桥梁，通过资源共享与信息及时传递系统，实现服务资源的最大化利用。承担社区居家养老服务的养老企业和社会组织，可以通过建立老年人信息数据库，将社区中老年人的信息整合到养老平台上。服务主体可以通过平台实时关注老年人的状况，通过大数据分析得出每个老年人的偏好，从而提供针对性强的产品服务以及满足其自我需求的诉求。[3]老年群体通过手机等终端设备可以快捷实现网上订制和网上下单。互联网的及时性和开放性，能够改变养老服务需求者和提供者的信息传递方式，减少信息交流成本，扩展居家养老服务的项目，丰富居家养老服务的内容。

（三）"互联网＋"促进养老资源整合

在人口老龄化和家庭结构小型化背景下，家庭内部的养老资源趋于减少，

① 潘峰，宋峰. 互联网＋社区养老：智能养老新思维 [J]. 学习与实践，2015(09)：99-105.

② 蔡小慎，田宇晶. 基于行为人模型的智慧养老模式合作机制分析 [J]. 理论导刊，2017(05)：13-19.

③ 张莞煜，眭党臣. "互联网＋"社区养老服务产业发展存在的问题及对策 [J]. 陕西理工大学学报（社会科学版），2017，35(04)：78-84.

社会化的养老资源又处于零散而缺乏整体性规划的状态。因此整合各方养老资源，形成完整的养老服务资源体系是亟待解决的问题，互联网技术可以把碎片化的养老服务资源整合成有机统一的整体服务资源。

1. 医疗服务资源整合

目前我国的养老服务和医疗服务自成体系，养老资源与医疗资源各自独立。智慧社区医养服务平台为社区医养服务协同供给提供了可能。智慧社区医养服务平台围绕老年人的医疗卫生、保健康复、生活起居等各方面的需求，利用现代化信息技术为其提供高效、便捷的支持系统，对老年人的健康数据等信息进行自动检测、预警甚至处理，使老人足不出户也能实现各种需求。[1][2][3]

2. 社会组织资源整合

我国社区内的许多社会服务组织，如志愿服务组织等，缺乏为老年人提供长期稳定服务的平台。互联网技术将这些社会组织与老年人直接连接到一起，即将社会组织的服务供给与服务需求连接在一起，减少中间壁垒环节，为社会组织设计服务类型提供参考方向，拓展社会组织的服务实现途径，促进社会组织资源整合及有效利用。

3. 商务资源整合

"互联网+"可促成线上养老服务商圈形成。将社区周边商户吸纳至养老服务平台中，促进商务资源与养老需求对接。对社区周边商户信息、优惠折扣、便民服务、上门服务等有着较强的整合作用。老年人在自己家中通过互联网平台即可获得优质个性化服务。

三、"互联网+"养老服务发展面临的现实困境

我国部分城市社区从 2011 年开始陆续进行智能化养老服务的试点。从 2011 年一键通呼叫器的问世，关注老年人的身体健康及人身安全；到 2013 年

① 唐美玲，张建坤，雒香云，邵秋虎. 智慧社区居家养老服务模式构建研究[J]. 西北人口，2017，38(06)：58-63+71.
② 郝丽，张建伟. 基于大数据的"医疗—养老—保险"一体化智慧社区养老模式构建[J]. 中国老年杂志，2017，37(01)：226-228.
③ 朱海龙. 老年慢性病智慧居家养老服务定位研究[J]. 湖南师范大学社会科学学报，2017，46(05)：99-106.

增强养老信息服务平台的综合服务能力，满足老人多方面的需求；到 2014 年加大便民服务功能，让功能更细致全面；再到现今多平台合并，多渠道操作，全方位满足老年人的日常生活需求。"互联网 +"养老服务在各地从探索到成熟，已经在社区养老服务展现其独特的优势。图 7-1 列示了 2011 年 -2017 年各地的实践情况。

虽然国内许多地方相继开展互联网 + 社区居家养老模式的实践工作，并取得了一些成果，但现有模式仍处于初级阶段，有许多问题亟待解决。

（一）基础设施不完善

"互联网 + 养老服务"的基础设施不完善，网络技术与社区居家养老衔接不够紧密。信息数据库、内部数据显示平台、用户操作平台的建设均刚刚起步，很多社区并不具备建立这些基础设施的条件。资金来源不足，硬件设施薄弱制约了"互联网 + 养老服务"的发展。

（二）养老资源碎片化

智慧社区养老服务体系构建的一大前提就是整合养老服务的各类信息资源，但目前各类资源仍处于碎片式、割据式、混乱式的发展阶段，尚未形成有机一体化发展。以部门为中心的政务信息化发展模式导致信息部门间分割化局面。[1] 相关部门不愿共享数据，造成涉老数据只能实现有限开放，难以实现真正的信息数据共享。社区养老体系的构建需要集合政府、社会和社区三方资源共同进行，但目前专业养老服务人员和团队缺失，未能形成部门间合力。[2]

---

[1] 刘霞. 智慧社区养老视角下健康养老服务体系的构建 [J]. 中国老年学杂志，2018，38(07)：1743-1745.

[2] 张菀煜，睢党臣. "互联网 +"社区养老服务产业发展存在的问题及对策 [J]. 陕西理工大学学报 (社会科学版)，2017，35(04)：78-84.

2011	杭州	建立了在各自区域范围内使用的智慧养老服务平台,信息呼叫中心、信息管理系统、终端呼叫器以及服务平台所整合的各类服务资
2012	成都	成立了"长者通"呼援中心,整合社区、家庭等多方力量为居家老人提供基本的生活服务、医疗卫生服务和健身服务等
2013	北京	搭建了统一的智慧养老综合服务信息平台,提供一体化、智能化的养老服务,包括家庭服务、紧急求助、医疗保健、安全监控等
	重庆	建立居家养老服务热线,形成服务信息网络,依托社区服务信息平台,整合家政服务、医疗服务等各类信息资源,为社区老人提供养
2014	天津	建设"智慧社区"平台,为老人提供安全签到、点餐系统、便民缴费、社区超市、电视挂号等服务
2015	上海	建立居家养老信息服务平台,通过电脑、手机APP、微信公众号、电脑、一键呼及电话为社区居民提供服务
2016	无锡	建立了统一的互联网养老平台,结合智慧托养服务平台(预约服务)、智能化看护平台、智慧养老运营管理平台等建立养老平台提
2017	绵阳	建立智慧健康养老云平台,通过居家养老APP给老人或家属提供养老健康资讯、在线 下单、健康数据查看等服务

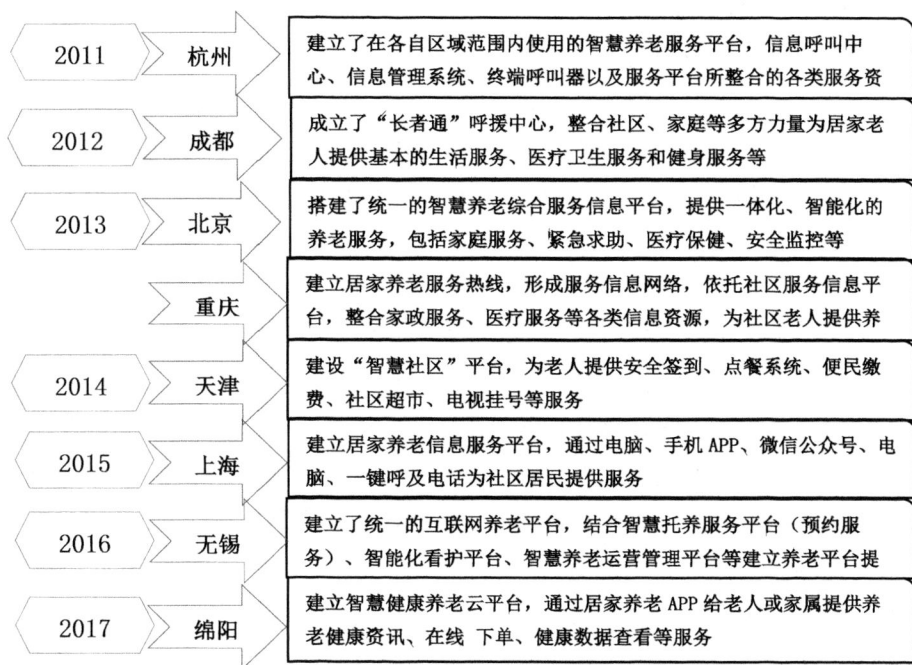

图7-1 2011—2020"互联网+"养老的各地实践

(三)个人信息泄露

互联网与养老服务相结合,信息采集涉及的主体范围较广,采集的数据真实详细,如果数据管理不当,也可能产生较为复杂的数据安全问题,威胁着老年人的个人隐私权、人身安全和财产安全。例如目前一定程度上存在老年人的网上账户安全、个人隐私安全以及信息泄露所造成的网络诈骗等涉老信息泄露问题。[①]

(四)人才储备不足

"互联网+养老服务"对养老人才提出了较高的要求。目前我国养老服务行业从业人员总体上存在学历低,知识与技能储备不足等问题,缺乏规范的从业资格认定制度也使得这个领域的人才储备严重不足。[②]

---

① 张明,范英杰. 青鸟软通"互联网+养老"服务新模式 [J]. 企业管理,2017(09): 65-67.

② 田钰燕,包学雄."互联网+"时代居家养老服务供给:从技术嵌入到协作生产——基于对W市"云家庭服务中心"的考察 [J]. 社会保障研究,2017(02): 38-46.

（五）银色数字鸿沟

智能设备的开发应用难以跨越"银色数字鸿沟"问题。目前我国退休老人学历素质普遍不高，对于新兴科技产品接受能力较差，养老电子设备的使用率不高。同时养老金水平普遍较低也成为老人购买养老服务产品的一大阻碍。[①] 此外，我国城乡发展不平衡，我国农村社区目前基本不具备推行"互联网＋养老服务"的条件。

四、"互联网＋"养老服务模式的优化路径

（一）构建"互联网＋"养老服务信息平台

国内学者在构建服务信息平台达成共识，但不同学者有着不同的侧重点。一些学者非常重视平台的系统建设，潘峰认为社区的多功能平台应要保证基础数据库系统，服务子系统和操作应用系统建设。睢党臣也认同这三个系统的核心地位，并另外强调要确保"一个平台，三个系统，一个相关部门"的对接口建设。还有一些学者较为侧重于平台的功能建设。如陈莉提出，平台应具有六大板块：记录、评估、收费查询、统计分析、深度开发、服务人员多媒体培训。也有学者认为平台应突出其养老功能，用养老服务类别作为平台板块划分的依据才更能为老年人提供便捷的服务，例如：生活照料、医疗健康、社区活动、体检预约、人才市场等。

（二）打造多元主体协同共建模式

"互联网＋"养老服务模式的发展，需要各主体之间的协调配合。

---

① 耿永志，王晓波. "互联网＋"养老服务模式：机遇、困境与出路 [J]. 深圳大学学报（人文社会科学版），2017，34(04)：109-114+122.

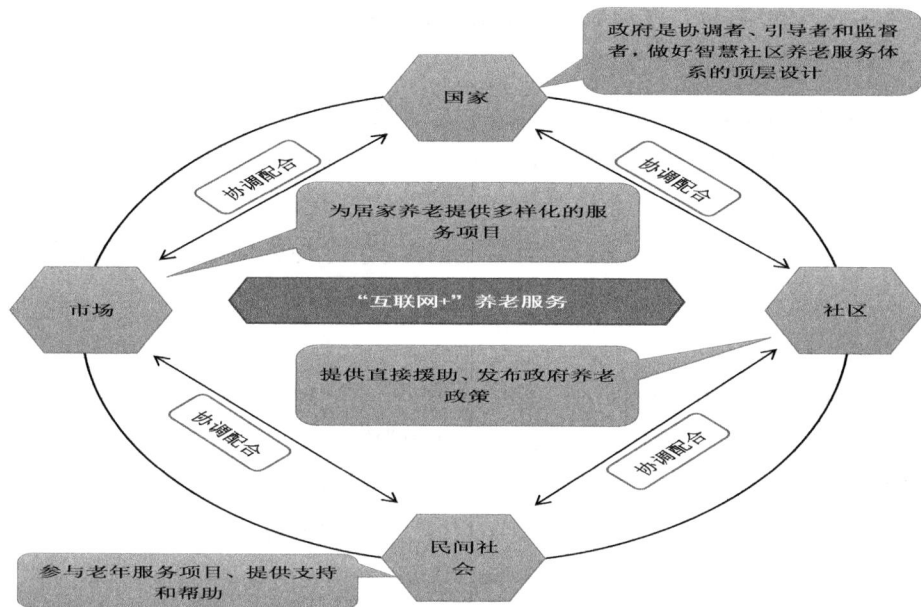

图7-2 "互联网+"居家养老服务多元主体

政府保证养老服务体系的根基稳固,社区控制管理平台运行,组织提供优质针对性服务,企业参与创新以及社会协同合作,通过凝聚各方力量探索出"互联网+"社区居家养老的实现路径。[①] 如图7-2所示,互联网+居家养老服务中的多元主体协同配合,政府是协调者、引导者和监督者,主要负责做好服务体系的顶层设计。市场为居家养老提供多样化的服务项目。社区落实国家政策,并直接提供援助。民间组织参与养老服务项目,并提供支持。

(三)加强"互联网+"养老人才队伍建设

为解决社区居家养老服务人员在人员数量、年龄结构、学历结构、专业知识结构、职称结构上存在的问题,政府及其部门应改善养老服务人员的工作环境、优化学历结构及专业知识结构,配以职称奖励机制及合理的薪酬水平。[②] 鼓励卫生专业技术人才转岗、低龄退休医务工作者返岗。社区养老服务

---

① 睢党臣,彭庆超. "互联网+居家养老":智慧居家养老服务模式 [J]. 新疆师范大学学报(哲学社会科学版),2016(5):128-135.

② 王秀花. 农村居家养老社区服务平台建设研究 [J]. 社会福利(理论版),2014(12):17-19+35.

站制定人才吸引计划，积极吸引优秀人才充实养老服务人才队伍。

（四）减少数字信息鸿沟

可通过线上、线下双管齐下的方式克服数字信息鸿沟。线下主要依靠社区及志愿团队力量，开展各种形式的主题教育活动，集中辅导或是上门指导，对社区老人进行数字化设备"扫盲"，帮助老人熟悉使用互联网养老设备。线上可在平台上开设答疑服务，设计自动回复小程序为老年人解决常见的操作问题；也可开发语音助手功能，在老人打开平台软件后提供语音帮助，指导老年人进行操作。

综上所述，我们可以看到，学者普遍都对"互联网 +"具备的信息传递和资源整合优势给予了较为充分的肯定和较为系统的阐述。"互联网 +"的发展模式把互联网的创新成果与社会各领域进行深度融合，从而催生化学效应和放大效应，推动了传统产业的发展与转型。养老服务信息平台作为"互联网 +"养老服务中的重要组成部分，如何设计与构建已成为焦点。与此同时，不难发现，学者对于如何实现社区内外不同的养老资源在社区养老服务信息平台内高效嵌入和运作，以及如何实现养老服务信息平台在不同社区间互通互联的探讨尚显欠缺，仍值得我们继续探索研究。

第二节 "互联网 +"社区养老服务需求初探

随着"互联网 +"社区居家养老服务模式的发展，这种新型养老模式日益展现出其巨大的潜力与活力。通过与互联网技术的有机融合，借助各种信息服务平台，"互联网 +"养老已能为老年群体提供多种服务项目，而如何使这些服务项目有的放矢地满足老年人的切实需求，如何填补目前养老服务供给与需求之间的鸿沟已成为当前亟待解决的发展难题。因此，本节力图通过分析社区老人对"互联网 +"养老服务项目的需求差异及其影响因素，获取设计与创新"互联网 +"社区养老的发展路径。

一、研究方法与样本构成

（一）研究方法

课题组于 2018 年 7 月—8 月在湖北省武汉市展开了"互联网 +"社区居

家养老服务的问卷调查。本次调查覆盖了武汉市洪山区、武昌区、汉阳区三个中心城区,运用分层随机的抽样方法在 3 个城区中选取了 6 个社区作为调查地,每个社区发放问卷 50 份,共发放问卷 300 份,回收有效问卷 280 份,有效回收率达 93.3%。问卷的发放、填答和回收均为现场进行,问卷数据的录入和分析均采用 SPSS22.0 进行。

(二)样本构成

1. 样本基本情况

表 7-1 调查对象基本情况统计

		频数	百分比
性别	男	117	41.8%
	女	163	58.2%
年龄	60—64	89	31.8%
	65—74	96	34.3%
	75—84	72	25.7%
	85 及以上	23	8.2%
文化程度	未上过学	41	14.6%
	小学	44	15.7%
	初中	92	32.9%
	高中/中专	84	30%
	本科/大专及以上	19	6.8%
居住状况	独居	48	17.1%
	仅与配偶同居	95	33.9%
	仅与子女同居	53	18.9%
	与配偶子女同居	77	27.5%
	其他	7	2.5%
房屋类型	楼房(1—3 层)无电梯	45	16.1%
	楼房(3 层以上)无电梯	79	28.2%
	楼房(1—3 层)有电梯	44	15.7%
	楼房(3 层以上)有电梯	105	37.5%
	其他	7	2.5%

续表

		频数	百分比
健康状况	很不健康	9	3.2%
	比较不健康	59	21.1%
	一般	111	39.6%
	比较健康	95	33.9%
	非常健康	6	2.1%
收入来源	退休金	233	83.2%
	子女供给	22	7.9%
	政府补助	14	5%
	亲友接济	1	4%
	劳动所得	4	1.4%
	其他	6	2.1%
月均收入	1500 以下	44	15.7%
	1500—3000	192	68.6%
	3500—5000	33	11.8%
	5000 及以上	11	3.9%
社区参与	从不参加	34	12.1%
	很少参加	73	26.1%
	至少每月参加一次	84	30.0%
	至少每周参加一次	41	14.6%
	几乎每天参加	48	17.1%

（1）从性别和年龄结构来看，本次调查对象的男女占比大致相当，其中女性略多，占比 58.2%；从年龄结构看，60—64 岁的老人占 31.8%，65—74 岁的老人占 34.3%，85 岁以上的高龄老人仅占 8.2%。

（2）从教育程度来看，老人的教育程度呈橄榄型，中等教育程度（初中、高中 / 中专）的老人偏多，没有受过教育或低教育程度的老人和高等教育程度（本科 / 大专及以上）的老人相对而言偏少。

（3）从居住状况来看，独居老人占比达 17.1%，仅与配偶同住的老人占比 33.9%，一半以上的老人未与子女共同居住。

（4）从房屋类型来看，半数以上老人居住房屋已配有电梯，但仍有 28.2% 的老人居住在三层以上无电梯的住宅中。

（5）从健康状况来看，自评健康状况为"一般"和"比较健康"的老人居多，分别占比 39.6% 和 33.9%。

（6）从收入来源和收入情况来看，退休金是老人最主要的收入来源，占比达 83.9%；老年人的月均收入集中于 1500-3500 元这个层次，占比 68.6%。

（7）从社区活动参与度来看，老年人对社区活动的参与度不高。17.1% 的受访老人十分乐于参加社区活动，几乎每天都会参加，14.6% 的老人至少每月参加一次社区活动，三分之一的老人至少每月参加一次社区活动，接近四成的老人很少或从不参加社区活动。

2. 社区养老服务基本情况

表 7-2　社区老人的智能手机使用和社区居家养老服务使用情况

	用过智能手机上网	用过社区居家养老服务
是	53.2%	61.1%
否	46.8%	38.9%

由上表 7-2 可知，被调查者中超过半数的老人使用过智能手机上网，六成的老人使用过社区的居家养老服务。大多数老人都对智能产品有所接触且享受到了社区提供的养老服务。

在调查结果中，对"互联网+"社区居家养老非常了解的老人仅占 2.1%，有一定了解的老人占 25.7%，有少部分老人虽然经常听说，但是并不了解，超过一半的老人只是偶尔听说过或完全没有听说过。

当询问老人是否愿意接受关于"互联网+"社区养老服务的相关培训时，57.5% 的老人表示乐意接受培训，42.5% 的老人则不愿接受相关培训，仍有相当一部分老人并不愿意接受这种新型养老模式。

二、"互联网+"社区居家养老服务项目

互联网与社区居家养老的结合形成了许多新型养老服务项目。在本次调查中，我们将"互联网+"社区养老服务系统划分为呼叫服务系统、智能看护系统、远程健康监控系统、便民生活服务系统四大类，并从中筛选了 27 项"互联网+"社区养老服务项目进行需求调查，分别为呼叫服务系统的 7 项：生活照料、家政服务、医疗保健、文化娱乐、精神慰藉、法律咨询、紧急救

助；智能看护系统的 11 项：生命感知、门磁感知、烟雾探测、燃气探测、智能床垫、尿湿感应、摔倒报警、家居控制、门禁控制、视频监控、紧急报警；远程健康监控系统的 4 项：健康检测、健康档案、健康查询、健康预警；便民生活服务的 5 项：交通服务、在线挂号、在线点餐、在线党务、在线政务（办证）。

调查表采取了李克特量表 1-5 级分类法，将需求程度由非常不需要到非常需要从低到高分为了 5 级，第 1 级非常不需要赋值为 1 分，第 5 级非常需要赋值为 5 分，其他等级赋值方法依此类推。为便于就老年人对各种服务项目的需求程度进行比较、排序和筛选，我们采用了计算加权平均数的方式，图 7-3 即老年人对各项养老服务项目需求程度的得分情况。

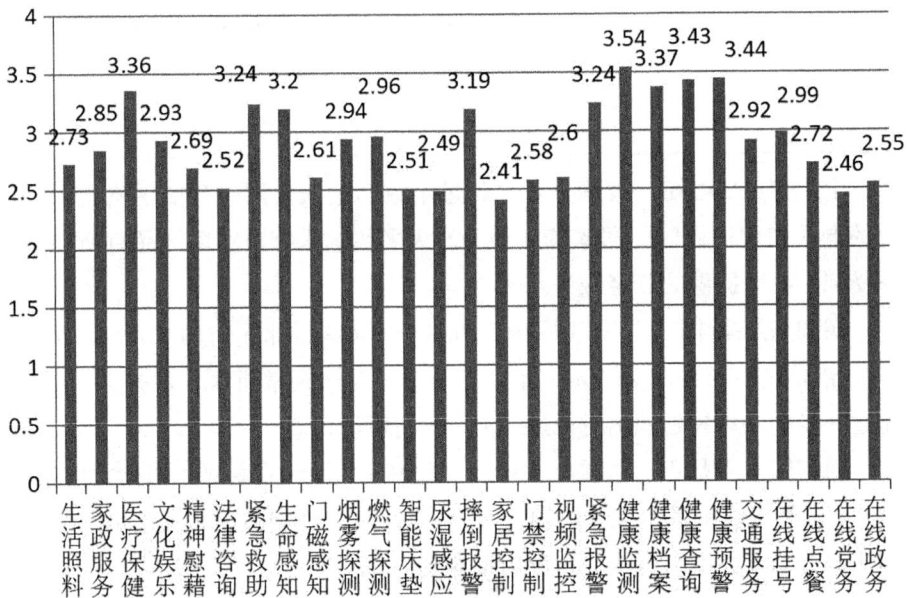

图 7-3 对"互联网 +"社区居家养老服务项目的需求程度

由图可知，老人对各种"互联网 +"社区居家养老服务项目均有不同程度的需求，而需求程度得分最高的十项服务项目依次为健康监测、健康预警、健康查询、健康档案、医疗保健、紧急报警、紧急救助、生命感知、摔倒报警、在线挂号。其中，健康监测、健康预警、健康查询、健康档案服务均属于远程健康监控系统，医疗保健、紧急救助服务则属于呼叫服务系统，紧急报警、生命感知、摔倒报警服务属于智能看护系统，在线挂号服务属于便民生活服务系统。

从老年人对"互联网 +"养老服务项目的需求看，"互联网 +"健康类服务较为受到老年人群的青睐。此外"互联网 +"报警类服务也有较为迫切的需求。可见老年群体普遍希望互联网技术能够提高自身健康的监控水平，并能够与医疗资源进行有效连接。同时也希望互联网技术能够为老年人群的生命安全提供技术保障，降低意外事故对老年群体的伤害。

三、"互联网 +"居家养老服务需求的影响因素分析

为进一步获取老人对"互联网 +"社区居家养老服务各项目需求差异的影响因素的相关信息，我们将被调查者的分类信息与老人需求程度最高的健康监测、健康预警、健康查询、健康档案、医疗保健、紧急报警、紧急救助、生命感知、摔倒报警、在线挂号十项服务项目进行相关性分析，见表 7-3。

表 7-3　被调查者的基本情况与"互联网 +"养老服务项目需求程度的相关性分析

		健康监测	健康预警	健康查询	健康档案	医疗保健	紧急报警	紧急救助	生命感知	摔倒报警	在线挂号
Kendall 的 tau_b 相关系数	性别	-.018	-.010	-.023	-.062	.076	-.010	.037	-.044	.029	.049
	年龄	-.014	.010	.034	.038	-.018	.057	.099*	.020	.097	-.026
	文化程度	.212**	.258**	.220**	.227**	.199**	.194**	.194**	.070	.143**	.269**
	居住状况	-.030	-.019	-.039	-.016	.023	-.038	.047	.119*	.014	-.037
	房屋类型	-.202**	-.252**	-.227**	-.222**	-.234**	-.209**	-.219**	-.088	-.217**	-.316**
	健康状况	-.012	.003	-.014	-.018	-.105*	.022	-.095	-.171**	-.045	.025
	经济来源	-.054	-.165**	-.077	-.108*	.018	-.105*	-.026	-.003	-.045	-.116*
	月均收入	.120*	.192**	.153**	.146*	.163**	.209**	.281**	.101	.208**	.261**
	社区活动	.043	.087	.061	.064	.030	.092	.092	.109*	.095	.195**
		N=280									

**. 在置信度（双测）为 0.01 时，相关性是显著的。
*. 在置信度（双侧）为 0.05 时，相关性时显著的。

由表 7-3 可知，老年人的年龄与其对紧急救助服务的需求程度在置信度（双侧）为 0.05 水平呈现显著的正相关，即不同年龄层次的老人对紧急救助服务的需求程度具有显著差异。随着老人年龄的增长，其健康状况和生活自理

能力也随之下降，对紧急救助服务的需求随之强烈。

老年人的文化程度与健康监测、健康预警、健康查询、健康档案、医疗保健、紧急报警、紧急救助、摔倒报警、在线挂号九项服务在置信度（双侧）为 0.01 时显著正相关，即不同文化程度的老人对各项"互联网+"养老服务的需求程度具有显著差异，文化水平越高的老人对各项服务的需求表现得更为强烈。具备较高文化水平的老人对于"互联网+"社区养老各项服务的认知能力更强，故而相应的需求也更加明确和强烈。

老年人的房屋类型与健康监测、健康预警、健康查询、健康档案、医疗保健、紧急报警、紧急救助、摔倒报警、在线挂号等各项服务在置信度（双侧）为 0.01 时均呈现显著的负相关，即居住不同房屋类型的老人对各项"互联网+"养老服务的需求程度具有显著差异，居住在无电梯的房屋中的老年人对各项服务的需求更为强烈。这是因为居住在无电梯的房屋中的老年人出行较为不便，"互联网+"养老服务能够降低老年人的出行频率，大大地提高这类老年人获得服务的便利性。

老年人的健康状况与其对医疗保健服务的需求程度在置信度（双侧）为 0.05 时呈现显著的负相关，与其对生命感知服务的需求程度在置信度（双侧）为 0.01 时呈现显著的负相关，即健康自评越差的老人对医疗保健和生命感知服务的需求越强烈。健康状况堪忧使得老人更加希望通过智能手环等智能可穿戴设备实时获取自己的健康信息，并通过各种医疗保健服务进行健康管理。

老年人的经济来源与其对健康预警服务的需求程度在置信度（双侧）为 0.01 时呈现显著的负相关，与其对健康档案、紧急救助、在线挂号服务的需求程度在置信度（双侧）为 0.05 时呈现显著的负相关，即主要依靠退休金为主要经济来源的老人对各种"互联网+"养老服务的需求表现得更为强烈。退休金为老人提供了较为稳定的经济收入来源，稳定的经济收入能够增加老年人对健康管理相关服务的需求。

老年人的月均收入与其对健康预警、健康查询、健康档案、医疗保健、紧急报警、紧急救助、摔倒报警、在线挂号等各项服务在置信度（双侧）为 0.01 时均呈现显著的正相关，与其对健康监测服务的需求程度在置信度（双侧）为 0.05 时呈现显著的正相关，即收入水平越高的老人对各种"互联网+"养老服务的需求更为强烈。

老年人对社区活动的参与度与其对生命感知服务的需求程度在置信度（双侧）为 0.05 时呈现显著的正相关，与其对在线挂号服务的需求程度在置信度（双侧）为 0.01 时呈现显著的正相关，即参加社区活动越多的老人对生命感知服务、在线挂号服务的需求程度表现得更为强烈。社区活动为老人提供了与社区其他老人以及社区各类服务人员的重要渠道，通过参加社区活动，部分老人对于智能手环等较为流行的智能养老服务产品有了更加深入的了解，相应地提高了老人对此类产品的接受度和使用意愿。

综上，我们可以看到，除性别以外，老年人的其他各项分类信息均在不同程度上与老人的一项或多项"互联网+"养老服务需求呈现显著相关，即不同年龄层次、文化程度、居住状况、房屋类型、健康状况、经济来源、月均收入、社区活动参与度的老人在对各项"互联网+"养老服务的需求程度具有显著差异。其中，老人的文化程度、房屋类型、月均收入与绝大部分"互联网+"养老服务项目均显著相关，可见老人的文化水平、老人居住的房屋情况、老人的收入水平对老人的"互联网+"养老服务需求产生影响。因此我们在破解老人对"互联网+"养老服务和产品的接受和使用难题时要更多地关注为具备不同信息接受能力、不同支付能力、不同生活环境的老人提供差异化、个性化的养老服务和产品。与此同时，我们也应看到老年人的年龄与健康状况、社交频率等也是较为关键的影响因素。以互联网技术为平台实现医养结合，依然要以促进老年人的身体健康、心理健康、社交健康为主要任务。在互联网时代的今天，"互联网+"社区养老服务已经走入了社区每一位老人的生活之中。作为个体的老人，受制于个人、家庭、社区等各种因素，对"互联网+"社区养老服务的需求程度存在着差异。"互联网+"社区养老服务模式作为一种新型养老模式正在被越来越多的人需要和接受。如何借助互联网平台构建满足不同社区、不同老人的个性化养老服务需求是我们当前亟待探索、发展和完善的艰巨任务。

第三节 "互联网+"社区养老服务资源整合案例

案例一 以"微邻里"微信公众号为服务平台的整合模式

"微邻里"是武汉市综治办建设的网格化信息系统微信公众号，这个微信平台具有社区管理和社区服务的综合功能。社区养老服务也搭载于这个信息平台之上，实现了社区内外资源的整合。东亭社区是武汉首个进行"微邻里"微信公众号试点的社区，该社区不断尝试将原有线下居家养老服务搭载到微信平台上，实现服务模式的创新。课题组于2018年8月来到武汉市东亭社区进行"互联网+"社区养老服务的实地调研，我们运用参与观察、深度访谈的研究方法收集资料，试图对这种以"微邻里"微信公众号为服务平台的社区养老模式进行总结与提炼。

一、调查对象的基本信息

（一）社区的基本信息

武汉市武昌区水果湖街东亭社区始建于1985年，是武汉市最早建立的商业化住宅小区，占地面积17万平方米。社区内有居民楼81栋，居民3180户，11182人。65岁以上老人875人，其中90岁以上老人9人，孤寡老人4人。

东亭社区毗邻湖北省博物馆、湖北省美术馆、湖北省老年大学以及多所高校，文化底蕴浓厚，周围商圈也较为繁荣，有许多企业驻扎于此，且东亭社区靠近地铁四号线，交通也十分便利。

（二）东亭社区线下养老服务的基本情况

东亭社区居家养老服务包含生活服务、文体娱乐、权益维护、自愿服务、精神慰藉等内容，涉及三大方面：社区提供的以志愿服务为主体的养老服务、政府购买社区社会组织提供的养老服务和东亭文化养老特色项目服务。

1.社区志愿型养老服务

东亭社区采取"社工+志愿者"的模式，由专业社工机构的社工引领社区内的志愿者队伍以及周边高校的学生志愿者为社区老年人提供志愿服务。

2.政府购买型养老服务

政府购买的社区社会组织提供的养老服务主要有生活服务、文体娱乐、权益维护三类。生活服务包括"东亭社区居家养老服务中心""东亭社区养老食堂"和"东亭复兴老人公寓"等提供的各项服务。文化娱乐方面有"好运乒乓球"俱乐部协会、八一艺术合唱团等组织举办体育文艺类活动。权益维护则主要依托"东亭社区法律咨询服务中心",该社会组织为老人提供法律咨询,维护老人的合法权益。此外,社区自身通过社区惠民基金购买了"华谊小棉袄"和"健康小屋"两个社会组织的养老服务,主要为老人提供精神慰藉以及心理健康方面的服务。

3. 文化养老特色项目

以社区学校为核心"文化养老"项目是东亭社区线下居家养老服务的特色项目。东亭社区的社区学校是东亭社区在武昌区政府的支持之下创建的枢纽型社会组织,为社区及周边的老年人提供老有所学的服务。社区学校还承担了孵化社区社会组织的功能,并成功孵化了各类文化教育类社区社会组织,为武汉市各区的老年人精神养老输送了大量的社会服务资源。

(三)"微邻里"微信公众号东亭社区试点

东亭社区"互联网 +"社区居家养老服务模式的建构主要依托武汉市综治办建设的网格化信息系统:"微邻里"微信公众号。整个微信公众号平台的构建和维护是由政府出资,东亭社区是全市进行"微邻里"微信公众号试点的第一个社区。2018 年 5 月"微邻里"公众号在东亭社区正式投入使用。

"微邻里"投入使用经历了三个阶段:第一阶段是公众号的推广阶段,该阶段社区大力推广"微邻里",在武昌区政府的支持下东亭社区实现了 WiFi 全覆盖,方便社区内的老年人扫码入网,关注该公众号;第二阶段是公众号的培训阶段,该阶段针对社区老人开办了 9 期学习班,并发动志愿者对老人进行一对一教学,教会老人使用微信公众号;第三阶段是初步使用阶段,目前已有超过 1000 位老人在使用"微邻里"公众号。

二、"微邻里"模式社区养老服务板块的构成

(一)社区居家养老服务的搭载平台"微邻里"微信公众号

在"微邻里"的信息终端设置有"我要说事""服务导航"和"网格群聊"三个板块,居民在输入居住信息绑定相应社区网格实现与网格员一对一信息互通后版,即可使用公众号的三大板块对应的服务功能。

表 7-4　微邻里服务三大版块

版块	主要内容
我要说事	使用者可以通过"我要说事"来描述自己的问题，也可上传照片；该栏还有"我要参与"的小版块，其中微心愿与微治理两个服务项目为老年人参与社区治理与社区服务提供平台。
服务导航	该栏设有政务、生活、法律、文体、关爱、党员六类服务，提供政务办事指导，家政、餐饮、维修等服务以及联系人、律师、警察电话、活动等信息。
网格群聊	网格员通过后台设置对人群进行分类，进入各自的网格。使用者可以根据各自的网格群提出需求与建议，所有信息都会在后台留下记录，相关问题会被社区追踪督办。

居民无论是办理事务，或是求助、咨询，均可通过"我要说事"或"网格群聊"平台反映，后台将对数据进行分类分发，网格员会第一时间上门处理，若不能处理，则及时向上级部门求助反馈。事后，居民可对报事处理的过程和结果进行满意度评价，形成居民诉求"收集——处置——反馈——评价"闭环系统。

（二）"微邻里"式"互联网 +"社区居家养老服务

"互联网 +"社区居家养老服务搭载在"微邻里"微信公众号的平台之上，这也给老人获取、使用和评价社区居家养老服务提供了便利条件。

1. 服务信息获取

社区内的居家老人通过扫码入网，关注"微邻里"公众号并注册信息之后，便可通过微邻里的界面获取社区居家养老服务的相关信息，且可通过微邻里平台呼叫相关居家养老服务。

（1）政务服务办理

老人可以通过"我要说事"的界面，描述自己要办理的事情并上传必要的图片，如果打字不方便还可以通过语音进行输入。老人也可通过自己所在的网格群聊，发送自己要办理的事情。通过这种方法网格员会接收到老人要办理的事务的信息并联系办理人员进行办理，如有必要还会主动联系老人提供上门服务。

（2）社区养老服务获取

"微邻里"公众号的服务导航界面有生活服务、法律服务、政务服务、党员服务、文体服务和志愿服务六个板块的内容，老人可以根据自身的需求点击相应的服务板块查找相应的居家养老的信息，进而获取服务。

2.服务的使用

（1）生活服务的使用

图7-4中以老人获取医疗服务为例介绍生活服务的使用流程。除了家庭医生服务之外，老人还可以在便民服务一栏获取心理咨询师、居家养老服务中心等信息，并根据需要获取相关服务。

打开服务导航 ➡ 点击生活服务 ➡ 点击家庭医生 ➡ 点击家庭医生的信息进行呼叫 ➡ 家庭医生提供相应线上咨询或者提供上门服务

图7-4 生活服务使用流程图

（2）政务服务的使用

打开服务导航 ➡ 点击政务服务 ➡ 阅读相关政策 ➡ 点击预约办事 ➡ 选择预约时间，确定预约 ➡ 网格员上门收集办理材料以及所需费用 ➡ 网格员给老人发送办理信息

图7-5 政务服务办理流程图

图7-5显示的是为老人在使用政务服务时的流程图，如果老人对政策或者办理方式有疑问还可以点击电话咨询一项了解更加详细的信息。

（3）文体服务的使用

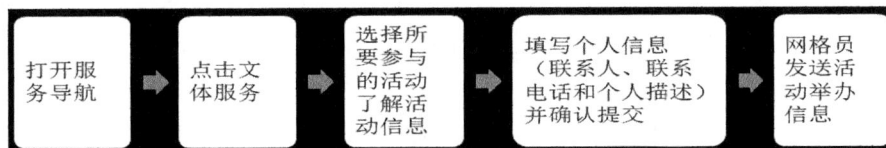

打开服务导航 ➡ 点击文体服务 ➡ 选择所要参与的活动了解活动信息 ➡ 填写个人信息（联系人、联系电话和个人描述）并确认提交 ➡ 网格员发送活动举办信息

图7-6 文体娱乐活动参与流程图

社区文体娱乐活动由社区或社会组织举办，种类丰富，老人可以根据自己的兴趣爱好进行选择。

（4）法律服务的使用

在此以老人获取社区律师信息为例介绍法律服务的使用方式。老人除了可以联系社区律师之外还可以联系社区警察以及东亭派出所。

图 7-7　法律服务使用流程图

（5）社区教育服务的使用

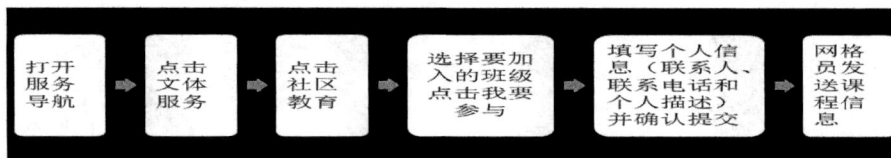

图 7-8　社区学校参与流程图

社区学校中开设的班级的相关信息都置于社区教育板块中，老人可以根据自己的兴趣爱好进行选择。

3.服务的评价

在服务使用之后，老人可对所享有的服务进行星级评价，同时还可以发表自己的感受并提出建议。这些反馈都会成为社区管理人员的参考标准，社区管理人员可以根据这些来调整开展的社区居家养老服务。

三、"微邻里"公众号整合社区养老服务资源

社区居家养老服务的资源整合主要体现在"微邻里"公众号平台的"服务导航"一栏。以下将从六个方面进行说明：

（一）整合医疗资源

"微邻里"公众号平台整合社区卫生服务中心、心理咨询师、社区药房等医疗资源推动社区内医养结合。以武汉市东亭社区为例，东亭的社区医生是由水果湖社区卫生服务中心派遣入驻。"微邻里"公众号在便民服务一栏中列示了心理咨询师、正和大药房以及水果湖街社区卫生服务中心的联系方式以满足老人的医疗需求。

（二）整合为老服务商务资源

"微邻里"公众号平台整合了社区内及社区周边的服务型商户资源，为居家老人提供各类居家养老服务。生活服务中的"便民服务"一栏将周边各种生活服务企业链接到"微邻里"平台之上，如超市、家政、银行等企业的信息，老人可以根据自己的需要拨打电话咨询相关情况，有些可以提供上门服务，极大地便利了老人的生活。

（三）整合党员志愿者资源

"微邻里"公众号平台整合社区党员志愿者资源，形成了具有中国特色的社区志愿者供给模式，将社区党支部活动与社区养老服务进行连接，让社区党员志愿者成为为老服务的重要人力资源。

（四）整合社区司法资源

"微邻里"公众号平台整合了社区警察、律师以及街道人民调解委员会等司法资源，有利于维护老人的合法权益及保护老年人的人身安全。以武汉市东亭社区为例，社区警察是由社区万警和东亭派出所两个单位的人力资源组成，有效地保障老年人安全；社区律师是由湖北楚道律师事务所提供专业的律师，为老年人群提供法律咨询和调解法律纠纷。

（五）整合为老服务政务资源

"微邻里"公众号平台整合了为老服务的政务资源，方便老人及时办理各种政务。具体包含四点：政策介绍、办事流程、预约办事、电话咨询。政策介绍对办理相关政府需要的条件进行了详述；办事流程对受理条件、申请资料、办理程序等方面的信息进行了汇总；预约服务可以在线预约办理相关政务，并可灵活选择办理时间；电话咨询一项便于老人及时联系办理人员。

表7-5 老年人相关政策介绍

政策	具体介绍
《武汉老年人优待证办理》	本市户籍且年满65周岁（或60周岁）的老年人或虽非本市户籍但在武汉市常住并取得了《武汉市居住证》且年满65周岁（或60周岁）的老年人，可按居民身份证上出生月份提前两个月申办。

续表

政策	具体介绍
《武汉老年人优待证办理》遗失补办	因故造成武汉市《武汉市老年人优待证》遗失损坏需补办的。
办理《武汉老年人优待证》充次	《武汉市老年人优待证》需每年按照发证月份（月底前）到全市任意一家中百超市（仓储）或街道行政事务服务中心（暂行）充次。充次后激活下个年度的免费乘车次数方可享受乘车优待。老年证每个年度内可享受免费乘车 730 次。在同年度内免费乘车次数使用完后如需乘车，必须按照武汉通的使用规定自行充值使用。
市级居家养老护理服务办理	1. 本区户籍居民；2. 免费服务申报对象为：（1）60 周岁以上、生活困难、独生子女一、二级伤残或死亡；（2）70 周岁以上一、二级残障、生活困难，或独居、长期卧床不起的；（3）80 周岁以上独居、生活困难、其法定赡养人为最低生活保障对象，或与其共同居住的法定赡养人为一、二级残疾的；（4）95 周岁以上、生活困难；（5）100 周岁以上；以上 5 个申报条件要求申报本人或夫妻月人均收入低于 1300 元（中心城区）、1020 元（远城区）;3. 补偿服务申报对象为中心城区 70 周岁以上、独居、本人或夫妻月人均收入低于 1500 元以下。
80 周岁以上老年人高龄津贴发放	1. 本区户籍、年满 80 周岁的高龄老人；2. 符合申报年龄条件的驻本区军队离退休人员（无武汉市户籍）；3. 已申报高龄津贴的高龄老人，无须（不再）重复申报。享受标准：1. 年满 100 周岁及以上老年人，500 元 / 月 / 人。另：每年对百岁老人开展"三关爱"活动，即：年度体检、生日探望、春节慰问，各按 500 元标准安排；2. 年满 90—99 周岁老年人，200 元 / 月 / 人；3. 年满 80—89 周岁老年人，100 元 / 月 / 人。

从表 7-5 中可以看到针对老年人的政务服务主要包含证件办理、居家养老服务办理和津贴发放三个方面。

（六）整合社会组织资源

"微邻里"公众号平台整合了社区社会组织以及社区周边的社会组织资源为老人提供服务。东亭社区内的社会组织主要有东亭社区居家养老服务中心、东亭义工队、东亭社区学校等，社区周边的社会组织主要有志愿医疗服务组织、社区中医医养结合工作站、社会工作机构等。社区社会组织可以在微邻里上招募志愿者，发布活动。社区居民可以在线申请参与各种社区服务活动。如社区学校的建设情况，社区开设了古筝、合唱、葫芦丝、国画等班级，老人参与社区学校后就可以根据自己的兴趣进行课程学习。

四、"微邻里"模式的几点思考

为了进一步推广"微邻里"模式，我们从实践中总结出"微邻里"模式发展过程中需要进一步解决的几个问题。

（一）老年人入网用网存在壁垒

微邻里模式搭载微信公众号，这种模式要能够发挥功能，首先是要老年人能够用手机扫码入网。但是在试点过程中发现很多老年人对这种新型模式较为排斥，并不愿意扫码入网。他们一方面担心产生额外的费用，另一方面也对自己掌握这种新型模式缺乏信心。

（二）家庭与社区养老边界易被模糊

微邻里模式中的"我要说事"功能为老年人呼叫养老服务提供了极为便捷的渠道，但是试点中有些老年人把本该由子女承担的养老责任推到社区，无限地扩展了社区养老服务的边界。实际上，养老服务中应处理好家庭养老与社区养老之间的关系，家庭承担着养老的重要功能，家庭内部的照顾和子女对于父母的赡养责任不应被忽视。老年人不可把本应由家庭成员承担的养老责任以及应尽的养老义务通过"微邻里"平台无限制地转嫁到社区。

（三）线下养老服务诉求易被忽视

"微邻里"作为一种线上平台，有利于服务人员快捷迅速地获得老年人的服务诉求信息。但不容忽视的是，依然会有大量的老年人不会加入这个线上平台，而他们依然具有服务需求。因此，在社区推行了"微邻里"模式之后，服务人员可能忽视那些没有入网的老年人的养老服务诉求。我们建议社区推荐"微邻里"模式的同时应保留传统的居家养老服务中社区及社会组织与老年人联系的传统模式。

（四）周边资源加入服务平台动力不足

"微邻里"模式的资源整合功能实现有赖于周边机构的参与意愿，因此，想要充分发挥"微邻里"模式的资源整合功能，应积极探索鼓励社区周边资源入网的相关措施。目前社区周边的养老服务企业、学校、社会组织参与"微邻里"平台的动力仍显不足。

案例二 以"爱社区"APP 为服务平台的社区养老模式

与"微邻里"微信公众号不同，"爱社区"是一款手机 APP。这款手机软件具有定位功能，能够绑定用户所在的社区，能够有效整合社区内外医疗、养老、商务、娱乐等资源。武汉市百步亭社区的"互联网＋"社区居家养老服务有效地搭载"爱社区"移动信息服务平台，探索线上线下一体化的社区居家养老服务模式。2018 年 8 月课题组赴武汉市百步亭社区调研，我们实地参与观察了百步亭社区居家养老信息服务中心，采用参与观察和半结构访谈的方法，深入调查以"爱社区"APP 为服务平台的社区居家养老模式，并试图探讨这种模式可能面临的难题。

一、百步亭社区的基本信息

（一）社区区位与人口

百步亭社区地处武汉市江岸区，于 1995 年开始建设开发，是面向普通阶层的综合性住宅社区，也是武汉市最为典型的普通居民社区。社区占地 5.5 平方公里，居住和生活着 18 万多人，规划将建成一个占地 7 平方公里，入住 30 万人的百步亭新城。百步亭社区现有 60 岁以上老人 1.6 万人，约占居民总人口的 10%。

（二）社区开展养老服务的基本情况

百步亭社区较早开始着力于社区养老服务信息化建设，建立信息化服务平台，动员整合社区周边商户对接"一键通"服务，为社区老年人提供政务服务、餐饮服务、医疗卫生服务、家政服务、物业服务、志愿服务、衣物干洗等多项养老服务；百步亭社区在社区居家养老服务设施建设上投入较大，社区内的老年人活动场所、户外设施、以及社区医院等硬件设施的配备水平高，能够为居家老人提供舒适、安全、宜居的生活环境。

二、百步亭社区"互联网＋"社区居家养老服务的发展历程

2013 年百步亭社区成立专门从事居家养老运营的机构——武汉百步亭居家养老信息服务中心。该中心被武汉市民政局授予武汉市"一键通"平台试

点单位。百步亭居家养老信息服务中心主要致力于研发居家养老服务信息服务平台，建立社区养老服务资源数据库，整合社区及其周边商家的信息，为老年人提供线上线下一体化的居家养老服务。2017年10月，"爱社区·江岸社区管家"信息服务平台作为一个全新的社区信息服务平台正式上线。作为社区治理的辅助工具，它通过连接"政务服务网"和"社会治理网"，形成"三方联动""三社联动""多元共治""多元共服"的社区治理格局，以达到提升社区工作效率和居民服务满意度的目的。这一软件在政府的拨款支持和百步亭集团筹资建设之下，由百步亭集团下设的"爱社区"公司开发并负责运营。

"爱社区·江岸社区管家"信息服务平台功能齐全，为社区居民提供一站式聚合型服务。"爱社区·江岸社区管家"开发了包括"找书记""找居委会""找物业""一键提报"及"志愿服务"等功能，为居民提供线上线下一体化的社区管理与服务。

2018年初武汉市人民政府下发《关于印发武汉市推进"互联网＋居家养老"新模式实施方案的通知》，通知中指出要以"互联网＋"为主线，串起"居家养老、分类机构养老、社区为老服务"三个重点，让更多老年人在新的养老模式中受益。不同于武汉市东亭社区依靠微信公众号为社区老年人提供服务，百步亭的"互联网＋"社区居家养老模式搭载在"爱社区"这一APP之上，通过整合各种资源，为社区老年人提供居家养老服务。爱社区公司率先在江岸区建设了现代城嵌入式"互联网＋居家养老"信息服务平台，按照江岸区"1+1355"新模式的要求，线上线下对接各类养老、卫生服务资源，延伸养老服务半径，为老年人开展"三助一护"（助医、助洁、助餐、远程照护）服务，围绕老年人开展生活助急、医疗助康、精神助乐、办事助捷、物业助安等服务，与社区居家养老服务中心无缝连接，提升老年人的获得感和幸福感。

三、以"爱社区"APP为服务平台的居家养老服务架构

（一）社区老年人群信息库

百步亭社区居家养老信息服务中心建有社区老年人信息档案，向有居家服务需求并领取服务终端设备的老人收集信息，其中包含老人基本信息、家

庭紧急联系人、帮扶结对志愿者信息、健康档案、兴趣爱好、饮食禁忌六大板块。

（二）两大信息服务中心

百步亭居家养老服务依托"爱社区"平台，建成了两大信息服务中心：呼叫中心和监控中心。

1. 呼叫中心

为了加强社区老年人与社区间的联系，武汉市政府早在 2013 年就提出为年满 65 周岁的老人配备"一键通"呼叫设备，老年人直接按一个键就可享受家政服务、康复护理、助餐应急、精神慰藉四项基本居家养老服务。"爱社区"平台在原有"一键通"服务的基础上整合了商业服务，与服务商家签订了相关协议，有经济能力、需要上门服务的老人可通过平台购买居家养老服务。"爱社区"平台利用强大的信息系统和服务网络，为社区老年人提供各类电话咨询和服务商家，满足他们个性化的需求。老人只需长按一个号码键 3 秒，便可接通信息服务中心客户端，客户端主界面会出现老人信息弹屏显示（如图 7-9）。

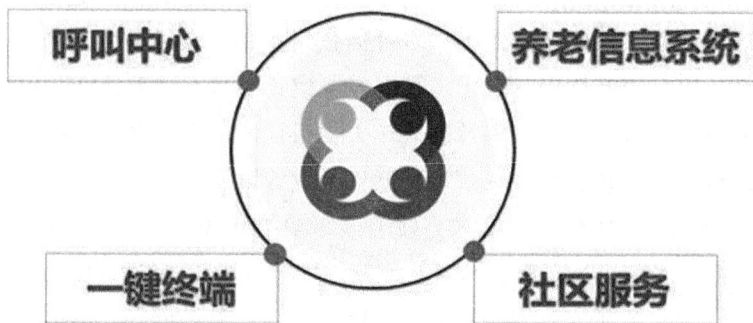

图 7-9　呼叫中心——社区商业服务

"一键通"除了呼叫的功能之外，还具有定位功能。在以社区为半径 20 米范围之内，老年人遇到紧急情况时，可按呼叫设备后方红色按钮，设备会自动发出紧急警报声，并轮流拨打信息中心客户端及老人家属的电话，接到紧急求助信息中心工作人员会优先进行救助处理（如图 7-10）。

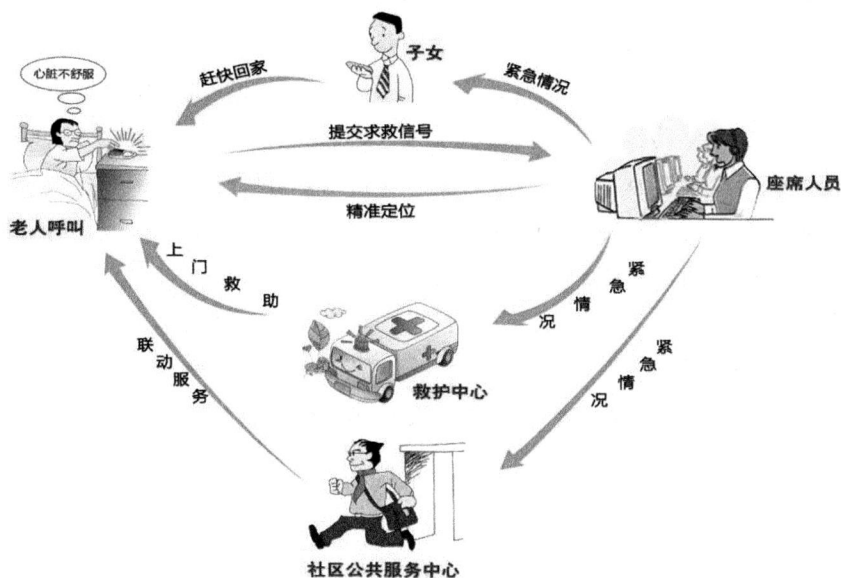

图 7-10 呼叫中心——紧急救助系统

　　继"一键通"之后，百步亭社区还推出了可视电话服务。家里安装了可视电话的老人一旦有居家养老服务需求，拿起可视电话无须拨号即可呼叫。社区的"互联网+居家养老"服务平台呼叫中心的工作人员根据老年人的需求进行服务派单，接单的商家为老人提供上门服务。"互联网+居家养老"服务平台呼叫中心将对派单服务的效果进行回访（如图 7-11）。这款可视电话操作极简，尤其适合高龄、空巢、独居老人使用。如果用户拿起电话 9 秒没有反应，电话将自动开启紧急呼叫功能，社区工作人员立即上门探访。目前百步亭社区已有五十多位老人正在使用这款可视电话。

图 7-11 呼叫中心——商业服务

　　2. 监控中心

　　武汉百步亭居家养老信息服务监控中心致力于探索如何利用大数据技术将网络监控运用于社区养老之中。监控中心根据老年人的实际需求，专为老

219

年人设计了一款可佩戴于手腕的定位电话手表，每款腕表均具有一张电话卡。这款腕表具有实时监测、快捷通话、一键求救、即时定位、电子围栏、自动报警等功能。监控中心在建立了老年人的基本信息档案的基础上，通过给老年人佩戴这款移动智能腕表，可以及时收集老年人的心率、血压等数据，动态监测老年人的实时情况。这款智能腕表可以设置虚拟电子围栏，如果设置老人走出安全区域，GPS 定位后，就会发出报警通知家属。

当佩戴这款腕表的老人在下雨天或光滑地面上摔倒时，手表则会自动发送报警信息到手机端，并自动发送信息到紧急联系人手机上，避免出现老人跌倒无人知晓的情况。通过对这些海量信息的存储、分析，监控中心的数据库资源可以为老年人医疗，养老产品设计等提供参考，在未来，这些数据均可用于大数据研究。

四、"爱社区"APP 实现社区居家养老服务资源整合

（一）医养资源整合

百步亭"社区养老"经过长期实践，形成了以"医养结合"为特色的居家养老产业模式。百步亭花园社区卫生服务中心是由百步亭集团有限公司投资兴建、武汉市中心医院（武汉市第二医院）全面负责经营管理的非营利性医疗机构。老人不出社区就能看病，既缓解了就医压力，解决看病问题，也为老人提供了低价、方便、快捷的医疗卫生服务。社区还设有养老院、卫生服务站、药房等医养服务机构。"爱社区"APP 将社区周边的医疗资源整合到平台之上，社区居民可通过"爱社区"APP 即时联系社区医疗院、养老院、卫生服务站，还可通过"爱社区"APP 联络医疗志愿服务队，获得医护志愿者的志愿服务。

（二）社会组织资源整合

百步亭将红色物业融入养老服务，签约一批社会组织（包括义工、志愿组织等）为老年人提供丰富多彩的养老服务，让老年人有实实在在的获得感和幸福感。这些社会组织目前已经成功搭载到"爱社区"APP 之上，通过互联网技术与社区内的老年人的需求实现对接。老年人既可以通过 APP 报名参加社会组织，也可利用 APP 链接社会组织的养老服务。社会组织可利用"爱社区"进行老年人养老服务需求信息的收集，养老服务项目的介绍与推广，

以及养老服务反馈信息的汇集。

（三）为老服务商业资源整合

居家养老服务依托"爱社区"平台，打造社区商圈，辐射社区商业最后一公里，为居民提供社区周边商户信息、优惠折扣、团购活动等专属福利，最高效最精准最低成本地推广服务，让社区居民乐享社区商圈生活。

百步亭社区居家养老信息服务中心整合了商业服务资源，与服务商家签订了相关协议，有经济能力、需要上门服务的老人可以在平台上自己购买服务。平台对商家进行审核，严格把控入驻平台的商家资质。

案例三 "互联网+"社区医养结合邯郸模式

社区是我国医养结合的重要阵地，2015年3月在十二届全国人大三次会议上，李克强总理在政府工作报告中首次提出"互联网+"行动计划，并鼓励创新。互联网移动技术有利于降低社区养老中医养服务中的服务交易成本，有利于克服供求双方信息不对称的实践问题，互联网革命也将极大地影响我国老年群体的消费行为。2017年2月18日，针对社区内的医养结合问题，中国老龄事业发展基金会协调民政部、卫计委两个部门开始在河北省邯郸市探索"互联网+"社区居家养老医养结合模式。课题组于2018年10月13日来到邯郸市，运用调查研究的方式，采用参与观察法和结构式访谈法的方法到邯郸市民政局以及武安市第一人民医院进行了调研，并与该项目的相关负责人进行了访谈。

一、地区简介

（一）基本信息

邯郸地处河北省南部，位于晋冀鲁豫四省要冲、京津冀城市群和环渤海经济区腹心，在四省交界区是唯一的特大城市，西依太行山脉，东接华北平原，与晋、鲁、豫三省接壤，市区总面积12073.8平方公里。截至2020年11月，邯郸市常住人口数为9413990人，邯郸全市常住人口中，0—14岁人口为2416185人，占25.67%；15—59岁人口为5382849人，占57.18%；60岁及以上人口为1614956人，占17.15%，其中65岁及以上人口为1124913人，占全市常住人口 11.95%。①

（二）养老事业发展

2017 年 2 月 18 日，由中国老龄事业发展基金会、中国健康促进基金会、中关村助帮医疗健康科技创新中心共同主办，邯郸市卫计委、邯郸市民政局协办，武安市第一人民医院承办的"2017 互联网＋居家医养服务试点"项目正式启动。该项目的目标是建立"互联网＋"居家医养服务门诊，依托移动互联技术，建立互联网移动医护平台。该平台收集区域内老年家庭的大数据信息，在老年家庭与医疗机构、医护人员之间构建信息通道，为区域内的区域内的老年人群（半自理、不能自理、慢性病患者）提供上门诊疗、上门护理、家庭康复等医养服务。在此基础上，邯郸模式还致力于探索搭载互联技术，探索研发老年居家监测设备、家庭检测设备、家庭医疗装备、涉老药品及保健产品等。

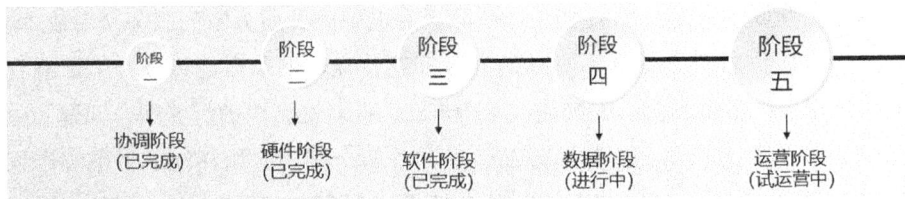

阶段一	阶段二	阶段三	阶段四	阶段五
协调阶段（已完成）	硬件阶段（已完成）	软件阶段（已完成）	数据阶段（进行中）	运营阶段（试运营中）

图 7-12　活动落实阶段

如图 7-12 所示，该活动在邯郸的落实分为五个阶段。阶段一为协调阶段，协调各级政府机构，主要是民政部门和卫计委部门给予支持。阶段二为硬件阶段，即硬件建设阶段，主要是居家医养服务门诊的大屏幕建设、居家监测设备的提供、智能装备提供商落实。阶段三为软件阶段，即软件建设阶段，主要是居家医养服务平台的产品测试（APP）与服务建设、大数据采集端和显示端的软件开发、互联互通和物联物通服务平台的落地。阶段四为数据阶段，供求双方的数据采集，为区域内老年群体建立健康档案，以早日实现大数据的智能应用。阶段五为运营阶段，主要是居家医养服务平台的区域服务测试（APP）。目前前三个阶段已经完成，数据阶段还在进行当中，运营阶段还在试运营中。

---

① 数据来源：https://www.hd.gov.cn/hdzfxxgk/gszbm/auto23694/202107/t20210715_1468336.html。

二、邯郸市"互联网＋"居家服务技医养术方案

2017年2月18日，由中国老龄事业发展基金会协调民政部、卫计委两个部门共同开展试点，结合"大数据""互联互通""物联物通"技术手段，实现"互联网＋"居家医养服务模式落地。

（一）大数据解决方案

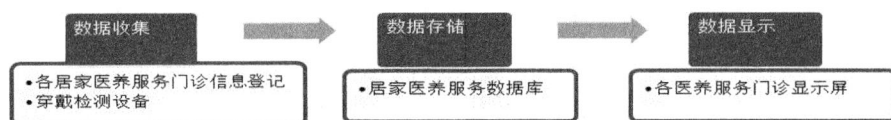

数据收集	数据存储	数据显示
• 各居家医养服务门诊信息登记 • 穿戴检测设备	• 居家医养服务数据库	• 各医养服务门诊显示屏

7-13 大数据收集显示流程

如图7-13显示，大数据解决方案体现为：与市内医院合作建设居家医养服务门诊，以医院作为主要信息收集门户，通过一系列老年群体穿戴监测设备，实现区域内老年群体的健康数据采集和展示，为医疗机构及主管政府决策提供数据参考。

（二）互联互通解决方案

由互联互通服务平台的运营公司通过APP实现供需双方信息对称。通过手机APP将医院特设的居家医养合作门诊与老年群体直接对接，老年人有任何医养需求都能通过这个平台得到反馈，居家医养合作门诊的医护人员从平台中获取老年群体需求后可以直接提供上门医护服务。真正实现线上交易，线下服务。

（三）物联物通解决方案

由运维公司通过与智能装备提供商合作实现监测设备、检测设备之间的物联物通，为医护人员和区域内老年群体提供便捷的智能化服务。

上图展示的就是一些老年人检测设备，包含睡眠监测、穿戴监测（脉搏、血压）、居家可视、医护人员上门服务检测设备。此类设备有两大功能，第一是能监测老年群体的身体健康指数。在日常生活中帮助老年群体了解身体健康状况，也能将每个老人的数据收集至居家医养服务数据库，为制定养老政策和服务计划提供数据支持。第二则是能提高老年群体的生活体验。如可视电话一类的产品，就极大促进老年群体与时代之间的联系，丰富其日常生活，提升居家医养体验。

三、邯郸市"互联网+"医养结合模式的实现过程

综合"大数据""互联互通""物联物通"三大技术方案，邯郸市将老年群体按照生理条件划分为四个阶段。

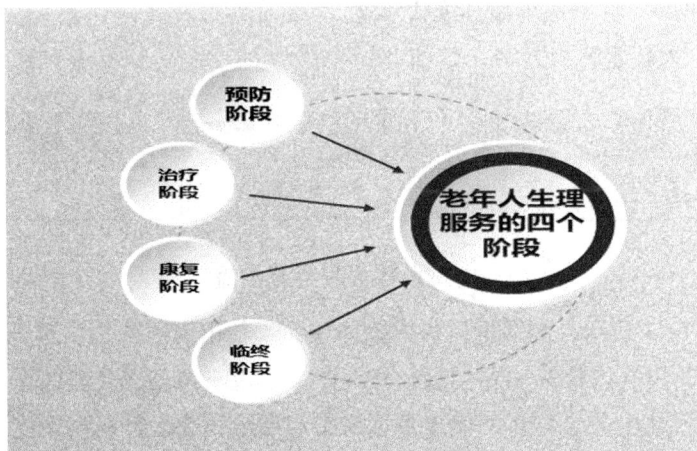

图7-14 老年人生理服务的四个阶段

如图7-14所示分别为预防阶段、治疗阶段、康复阶段、临终阶段。明确每一个阶段各方的社会协作与分工，并运用大数据手段进行引导，实现互联网+居家医养服务。

（一）预防阶段

处于预防阶段的老年群体的特点是身体状况总体较好，但多数患有1-2种慢性疾病。这类老年人的医疗服务需求主要有健康筛查、健康体检、健康档案、慢病分析、慢病管理、长期照护、智能监测设备、智能检测设备、护理保险、智能化机器人等服务。

在此阶段的服务主要由移动服务机构和智能设备公司主导，将这部分利润分配给合作的企业。合作企业提供智能化信息服务平台、互联互通和物联物通解决方案并提供设备，协助卫计委、民政部等部门购买服务和产品。

（二）治疗阶段

此阶段老年群体的特点是处于身体疾病状况，需要较为密集的专业医疗服务。服务需求主要包括治疗服务、住院服务、专家服务、辅助治疗、慢病导诊、上门诊疗、上门针剂服务等。

由医疗机构（医院）主导，将这部分利润全部由医院进行分配。互联网系统通过居家医养合作门诊的建设与医院分享大数据，将区域内需要治疗的患者引导到医院，将老年家庭纳入医保。由医院的医护人员通过服务平台向区域内老年群体提供上门医护服务。

（三）康复阶段

此阶段主要针对不能生活自理、半自理、患病康复阶段的老年群体。这一阶段的老年人所需服务主要为康复治疗、康复理疗、康复护理、长期护理、短期护理、上门诊疗、上门康复服务等。

由互联互通服务平台的运营公司主导，将这部分利润全部由运维进行分配。通过 APP 实现信息对称，由居家医养合作门诊的医护人员向区域内老年群体提供上门医护服务，实现线上交易，线下服务。

（四）临终阶段

这一阶段的服务主要为去世的老年人家属提供包括临终慰藉、遗体火化、殡葬服务、土葬、墓葬、水葬等。主要由市场主导，政府引导。市场上的相关信息会在 APP 中发布，需求者可在 APP 上向专业机构购买服务。

四、邯郸模式的推广与复制

我们可以将邯郸模式总结为大数据的软件开发与应用、互联互通软件开发与硬件的建设、物联物通解决方案、医护人员上门的人才储备和驱动问题、居家老年群体买单问题与医护服务保险的实施落地。邯郸互联网＋医养结合模式将打造"智慧养老模式"示范基地，具有极强的推广价值。

（一）形成大数据优势

邯郸模式的优势之一是大数据软件的开发与应用，未来将邯郸模式在全国范围内进行复制推广，并进行数据联网，将有望形成覆盖全国的老年大数据服务网络。

（二）形成医护人才储备优势

邯郸模式的推广有利于形成医护人员人才储备，未来在各地医疗机构中设立 2000 家居家医养服务门诊，并储备医护人员 1.2 万人，形成覆盖全国的居家医养服务体系。

（三）满足居家失能半失能老年群体的医养需求

邯郸模式为居家的失能半失能老年人提供了医养解决方案。老年家庭成员可以随时通过居家检测手段，配合 APP（居家医护服务平台）实现与家庭医护人员之间在线交易线下服务。

第八章 日本小规模多功能养老设施 对中国社区养老的借鉴

第一节 日本人口老龄化与小规模多功能养老机构的出现

一、日本人口老龄化与介护保险制度

20 世纪末期，全球 202 个国家和地区中，已有 72 个国家和地区达到联合国老龄化社会标准，进入 21 世纪，人口老龄化已经成为全世界共同面临的重大议题。日本作为人口老龄化发展最快的国家，很早便进入了老龄化社会。1970 年，日本 65 岁以上的人口占总人口的 7.06%，正式进入"老龄化社会"，日本于 2007 年迈入"超老龄化社会"。2014 年，日本总人口 1.27 亿，其中 65 岁以上老年人占比达到 26%，已成为全球老龄化率最高的国家。预计到 2030 年，这一比例将超过 30%（如图 8-1）。

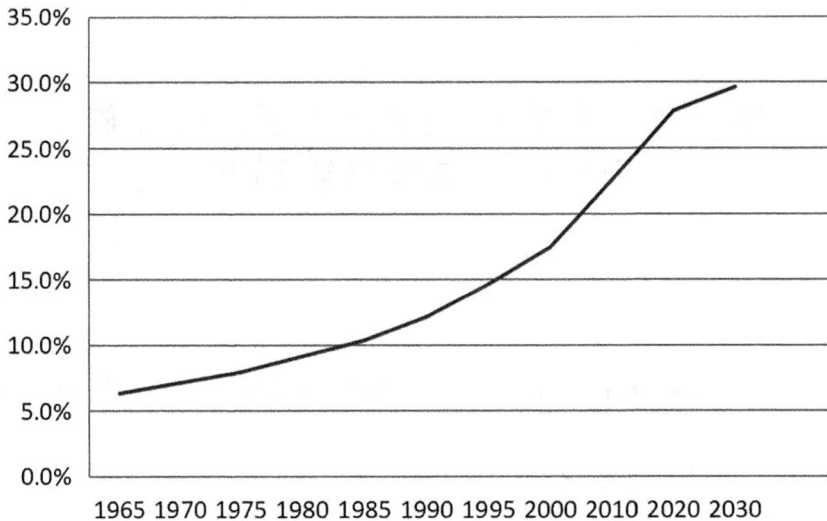

图 8-1　日本老龄人口占总人口比重增长趋势

数据来源：2016 年日本养老产业市场现状分析及行业发展趋势（http://www.chyxx.com/industry/201605/414670.html）。

根据日本总务省 2017 年 4 月发布的人口数据显示，日本的总人口数量持续 6 年负增长，截至 2016 年 10 月 1 日，65 岁以上的老年人口为 34633000 人，比去年同期增加了 699000 人，老龄化率高达 27.3%。而 0—14 岁的少年儿童人口为 1576000 人，比前一年同期减少了 169000 人。日本的人口结构已经从 20 世纪 50 年代的"金字塔型"逐渐转变为"倒金字塔型"。[①]

（一）日本介护保险的发展历程

早在二战结束后，当福利国家在西方取得了繁荣与和谐的发展态势之后，日本也在瑞典模式的引导之下建立了福利国家。以厚生年金为核心的养老保险制度使得日本政府在国民养老保障中扮演着最为重要的角色，也承担着日益繁重的财政负担。日本老龄化进程的加剧，养老金支出的激增让中央财政面临极大的压力。在这一背景之下，日本介护保险制度自 2000 年 4 月 1 日开

---

① 総務省統計局. 人口推計の結果の概要 [EB/OL].(2017-04-14)[2019-01-21].http://www.stat.go.jp/.

始实施，旨在从福利多元供给的角度建立一种新的保障制度对日本的年金制度形成有力补充。日本的年金制度从经济上给予日本老人经济上的保障。日本的介护保险则并不直接给付养老金给老人，而是通过覆盖老年人日常生活中可能需要的养老服务，来提高日本老年人的生活质量。日本的介护保险制度极大地推进了日本老年护理服务的社会化，一定程度上缓解了日本老龄化社会日益严峻的老年护理问题。介护保险制度保证所有居民在需要长期介护时，均可享受同等服务。在日本，长期介护服务所需的费用由长期介护保险制度承担。经过多次改革修正，该制度已形成较为完备的体系。

（二）介护保险实施主体、覆盖对象以及服务事业者

日本介护保险制度的实施主体即保险者是县级以下地方政府市、町、村。市、町、村根据本地实际情况，制定地方的具体操作办法和费用标准，向被保险者征收介护保险费。都道府县和国家作为市町村的协同保险者，向其提供资金保障。"介护保险"保险金构成，由政府承担 50%，其中中央政府承担25%，县级政府承担 12.5%，市、町、村承担其余的 12.5%。另一半由税金（中央 25%、地方 25%）负担。制度的覆盖对象即被保险者则是 40 岁以上的公民。利用人自己负担的金额为费用的 10%，剩余金额的一半由保险费负担，市町村、都道府县和国家以税金的方式共同负担。[①]

（三）介护保险服务分类

介护保险制度覆盖的服务类型包括介护服务和介护预防服务，介护服务包括居家介护服务、社区介护服务以及机构介护服务。介护预防服务所涉及的内容与介护服务相近，但是侧重于预防层次（如图 8-2）。

---

① 林丽敏. 日本介护保险制度相关问题分析 [J]. 现代日本经济，2018，37(02)：87-94.

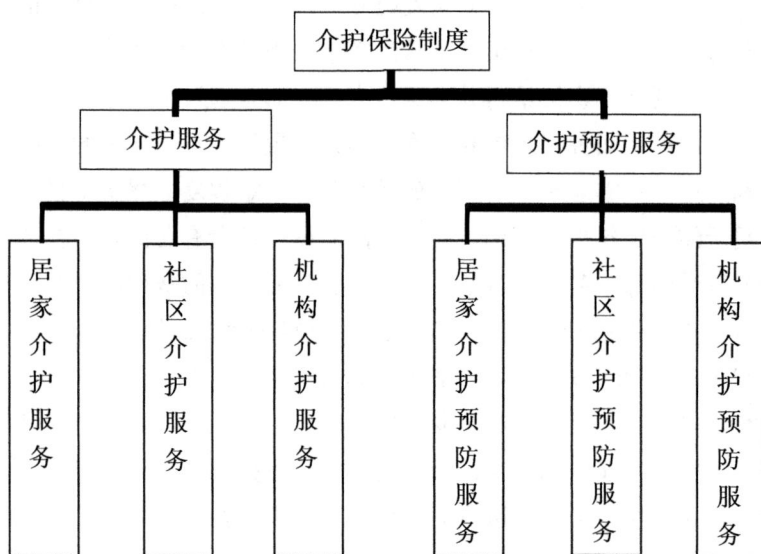

图 8-2 介护保险服务分类

（四）介护保险的护理等级

"介护保险"的具体运作，首先由需要介护者本人提出申请，再由政府组织的专门评估机构对老年人需要照顾的程度予以界定，一共分为部分介护、轻度介护、中度介护、重度介护、最重度介护和特重度介护 6 种不同程度的介护。政府对于不同程度的介护所给予的补贴程度也不同，介护程度越高，府所给予的补贴越大。

日本的介护保险给付分为处于护理状态的"要介护"和处于预防状态的"要支援"。在介护给付中，有特别护理机构、老年保健机构、护理服务性医疗机构 3 种机构护理；有访问介护、上门助浴、居家护理管理指导、日间照料、短期看护等 13 种居家护理。在预防给付中，有小规模多功能居家介护、夜间应对型访问介护、认知症应对型日间照料等 6 种地区紧密型服务。介护等级根据日常生活能力而需要介护或支援的程度分为 2 个"要支援"和 5 个"要介护"，共分 7 个等级，并分别制定了各个等级状态和服务时间，对"要介护"提供居家或机构服务，而对"要支援"只提供居家服务（见表 8-1）。①

---

① 高春兰，班娟. 日本和韩国老年长期护理保险制度比较研究 [J]. 人口与经济，

表 8-1　日本介护等级情况说明

介护等级	要支援		要介护				
	要支援 1	要支援 2	要介护 1	要介护 2	要介护 3	要介护 4	要介护 5
状态说明	吃饭和上厕所完全可以自理，但需要提供家务服务	吃饭和上厕所完全可以自理，但希望维持和改善身心状态	吃饭和上厕所几乎可以自理，但起立等动作需要帮助，也需要家务服务	吃饭、上厕所、起立、走动等几乎无法自理，基本都需要帮助，全部家务都需要帮助	吃饭与上厕所、起立与家务等完全无法自理，也无法自行走动	吃饭与上厕所、起立与家务等完全无法自理，也无法自行走动，理解能力丧失	吃饭与上厕所、起立与家务等完全无法自理，完全丧失走动能力，有问题行为，理解力丧失
程度	轻		中			重	
时间	需要的护理时间越来越长						
价格	护理价格越来越高						

资料来源：根据日本厚生省网站数据整理。

（五）介护保险费征收方式

介护保险的被保险者有两类：一类是第一号被保险者，是指 65 岁及 65 以上老年人，只要年龄到 65 岁，便可自动获得保险资格。另一类是第二号被保险者，是指 40—64 岁之间的居民，这个年龄段的居民只有在患有脑血管障碍等特定疾病时才能获得介护保险的补助。

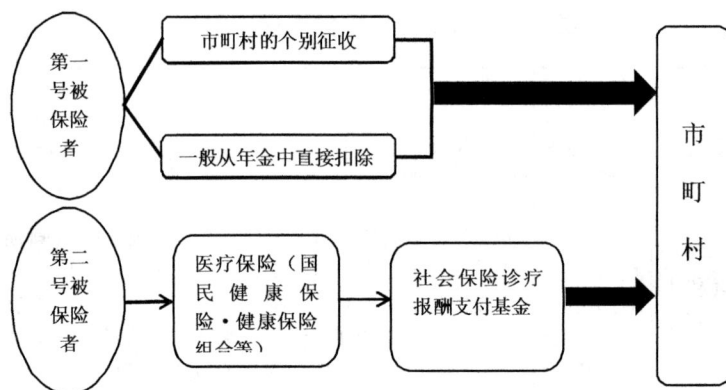

图 8-3　日本介护保险费征收方式

由图 8-3 可知，第一号被保险者所需缴纳费用原则上可直接从其年金中扣除，但也存在市町村个别征收的情况。从年金中扣除保险费用的征收方式覆盖对象约占第一号被保险者的九成，市町村的个别征收约占一成。第二号被保险者的保险费按照国家统一标准，通过国民健康保险和健康保险组合等医疗保险系统转付至社会保险诊疗报酬支付基金，由基金向市町村缴纳保险费。[①]

二、小规模多功能养老机构在日本养老服务中的定位

2000 年是日本社会福祉史上的一个极大的转折点，日本的社会养老模式从机构转向居家。居家养老强调以家作为生活据点，并促使老人融入社区，灵活利用社区内各类服务的养老模式。小规模多功能养老设施是近年来日本政府积极倡导的养老设施类型，这种类型的养老机构理念是为居住在家里的老人在自己居住的社区中熟悉的环境里提供养老服务支持，保证老年人能够与自己的家庭、邻居、亲友的关系接续与维持，同时为服务对象提供 24 小时的服务。小规模多功能养老机构就是日本居家养老的模式之一，主要特点一是小规模，二是多功能。[②] 小规模与以往的大规模机构不同，充实个案援助，并且尊重每个利用者的生活状态

---

① 厚生労働省政策について.介護保険制度の概要 [EB/OL].https://www.mhlw.go.jp/stf/seisakunitsuite/bunya/hukushi_kaigo/kaigo_koureisha/gaiyo/index.html.

② 武田英樹，関孝敏 .2018「小規模多機能型居宅介護は地域における看取りの拠点に成り得るか」『地域ケアリング』2018Vol.20No.3P58-61.

不是让利用者的生活去配合介护，而是让介护适应利用者的生活，多功能是在 365 天 24 小时对需求的多样化有随机应变、灵活反应的服务体系。[①]

（一）日本小规模多功能养老设施的发展

日本小规模多功能养老设施的服务项目是以日间照料为主，兼夜间短期住宿、上门服务以及居住等多种内容，这类设施规模不大，多为 150-300 平方米，分布在社区内，与需要护理者的样态或期望相对应，和周围居民保持密切关系，为了使变成轻中度的老人能够在家持续生活而提供支援的一种多功能型服务。"小规模多功能型居宅护理"于 2006 年被纳入介护保险制度，成为介护保险制度框架之下的一种重要护理制度。日本的介护保险为小规模多功能养老设施的发展提供了动力。从 2006—2016 年 10 年的数据看，日本小规模多功能养老机构的站点数和利用设施人数均持续增加，截至 2016 年 4 月，全国小规模多功能养老机构的站点数已经达到 4969 处，累积利用者数达 91495 人。[②]（如图 8-4）。

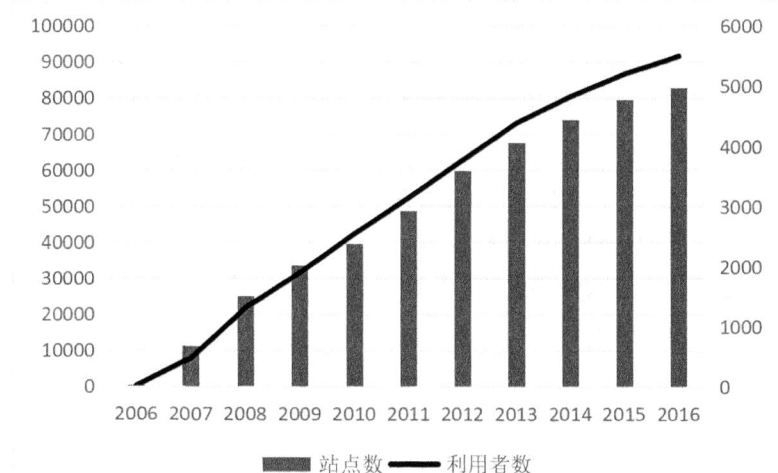

图 8-4　小规模多功能服务利用者数与站点数

数据来源：日本厚生劳动省 2006—2016 年《护理供给费实际状态调查》。

---

① 平野隆之，高橋誠一，奥田佑子.『小規模多機能ケア実践の理論と方法』筒井書房（発売）. 2007. 05.

② 厚生労働省. 介護給付費等実態統計（旧：介護給付費等実態調査）：結果の概要 [EB/OL].(2018-03-13)[2019-01-21].https://www.mhlw.go.jp/toukei/list/45-1b.html.

（二）小规模多功能养老机构面临的困境

虽然小规模多功能养老机构已经发展迅猛，已成为日本社区养老服务的主要供给方。但在实践中这类机构也面临一系列困境：一是需求的复杂多样性与护理人员不足的矛盾。一方面复杂多样的需求为小规模多功能养老机构的运营方式提出了挑战，另一方面护理人员不足使得机构难以提供更加优质的服务，人力资源问题突出。机构不仅提供会员援助，还要面对会员家庭关系和家庭调解等问题。二是运营层面面临的财务压力。目前小规模多功能养老机构如果从单体机构的盈利情况来看并不乐观。因为定员的限制，实际需求的多样化，以及 24 小时服务的不间断，实际上工作人员的配比非常高。盈利模式尚不成熟，开设三年内依旧财务赤字的机构达到 46.7%。[①]三是医养结合方面的不足，这也是日本小规模多功能养老机构面临的主要困境。[②]目前小规模多功能养老机构在医疗服务上是短板。因为日本对这类机构的定位是服务 1 级到 2 级护理的老人，因此从政策层面对医疗服务的开展没有做鼓励性的规定。与日本老人特护设施不同，老人特护设施一般接受的是护理等级三级以上的老人，这类机构与医院合作密切，医生会到机构来访问。而小规模多功能养老机构主要定位较为健康的老人，因此在医疗服务上没有政策支持，因此随着这类机构的不断发展，对于日本的政策制度也提出了新要求。四是资源整合面临困局。小规模多功能养老机构的特色是服务的灵活性，以及对老人需求的及时回应性。这类机构同时满足 25 名不同的类型的老人在日间照顾、上门服务以及短期住宿中的需求。机构空间、服务人员及资源的有限性与服务需求的多样性与复杂性之间存在矛盾。

第二节　日本小规模多功能养老机构的优势与特色

2017 年 9 月—2018 年 3 月，作者在日本进行了为期半年的访问学习，期间先后于 2017 年 10 月，2018 年 2 月在日本静冈、岩仓市和名古屋市的三家

---

① 有关今后如何强化小规模多功能居家养老的功能方案的调查研究事业报告书 [R]. 全国小规模多功能居家养老事业者联络会. 2017.03.

② 高田洋子，谷川明日香（2009）「小規模多機能型居宅介護事業の現状と課題—福井県を事例に」『福井大学教育地域科学部紀要』5 号 P129.

小规模多功能养老机构进行实地考察，运用参与观察、半结构访谈的研究方法对这种养老设施进行分析、比较与归纳。这三家机构分别是株式会社茶叶伊势原营业所，位于神奈川县伊势原市，这家机构是企业性质，访谈对象为川内社长；南山小规模多功能养老设施，位于名古屋市昭和区南山町，这家机构是社会福祉法人性质，受访对象为白石小百合，是负责这个机构运营的工作人员；第三家机构是岩仓小规模多功能养老设施，坐落于爱知县岩仓市，也是社会福祉法人性质，受访对象为久保先生，是直接管理机构服务的管理人员（如表8-2）。

表8-2　调查对象一览表

机构名称	所在地	调查时间	运营法人	访谈对象
株式会社茶叶伊势原营业所	神奈川县伊势原市田中1154号	2017年10月	株式会社	川内美喜南
南山小规模多功能养老设施	名古屋市昭和区南山町	2018年2月	社会福祉法人	白石小百合
岩仓小规模多机能养老设施	爱知县岩仓市中本町中市场2-1	2018年2月	社会福祉法人尾张健友福祉会	久保繁之

我们对三家机构的管理者分别进行两个小时左右的半结构式访谈，从机构的设计理论及服务定位、机构的选址与规模、机构的服务特色与优势、机构的收费以及机构发展中面临的问题几个方面收集资料，结合观察和图片资料对日本小规模多功能养老机构的特色进行分析、总结与借鉴。

一、设计理念及服务人群定位

（一）小规模多功能养老机构设计理念

1. 从机构到家庭的回归

小规模多功能养老设施的核心理念是从机构回到家庭，满足老年人希望在生活的家庭中、在熟悉的社区中安度晚年的愿望，将和谐、自然与专业护理服务进行共融，不仅实现了老年人在家生活的愿望，也适应了现代化社会发展的需求，是一种新型的养老模式。

2. 基于个体需求的综合服务方案

小规模多功能养老设施的另一设计理念是个性化的综合服务。保障老年人在自己家里享受专业的、全方位的综合服务。在享受高品质服务的同时确保他们能够在自己的家里独立生活得更久。

（二）小规模多功能养老机构的服务人群定位

小规模多功能养老机构主要定位本地区的自理、半自理老人，目标是让老人能够依托机构提供的专业服务，在自己居住的环境中安享晚年。日本护理等级分为5级，而小规模多功能养老机构的服务对象主要是1级—3级的老人，包括失能失智程度轻度到中度的人。调查中了解到岩仓市多功能养老机构的平均护理等级是1.8；名古屋南山多功能养老机构的平均护理等级是2.6，但是实践中也有服务对象是5级护理老人。三家机构会员80%的是女性，年龄分布是75—99岁。多见于两种类型：一是有认知症的老人，二是独居或者与配偶一起居住的老人，日本称之为"老老护理"型老人。

二、小规模多功能养老机构的选址与规模

（一）养老机构选址

小规模多功能的养老机构的选址通常在社区内，便于老人自身生活状况的延续，是一种介于自有住宅与养老机构之间的新型的居住方式。这类机构一般是利用社区内的闲置住房，在城市社区内多为复合型，如名古屋八事的南山机构与幼儿园和特级养老中心毗邻，实现功能整合和资源共享。单体运营的两家机构也均采取的连锁型模式，集团公司整体运营。

（二）机构定员

日本介护保险中规定小规模多功能的养老机构服务人员定员为25人，采取会员制，其中日间照料服务定员15人，夜间住宿服务定员5—9人。调查的三家机构的定员统一为25人，夜间住宿的定员均严格控制在5—9人以内，仅仅在在日间照料定员与夜间住宿定员的分配上略有差异。

（三）机构的人员配备

三家机构的工作人员总数分别为9人、15人、14人，但正式员工数均为7人。伊势原的临时雇佣人员仅为2人，南山和岩仓两家机构的临时雇佣人员分别是8人和7人。调查中得知日本政府规定短期住宿人员的护理必须

由持证上岗的正式护工来提供，临时雇佣人员是不能护理短期住宿的老人的。调查的三家机构均较为注重上门服务与短期住宿服务，因此配备了 7 名护工。护工的招聘一般由集团公司统一进行，并在整个集团公司范围内进行统筹安排。

表 8-3 列示了调查的三家机构的选址、定员及人员配置情况。

表 8-3　小规模多功能养老设施的规模与选址

机构名称	定员	工作人员	模式	选址
株式会社茶叶伊势原营业所	25 名（住宿 7 人）	9 名（正式员工 7 名）	单体型（连锁）	社区内
南山小规模多功能养老设施	25 名（住宿 9 人）	15 名（正式员工 7 名）	复合型	城市非社区内
岩仓小规模多机能养老设施	25 名（住宿 5 人）	14 名（正式员工 7 名）	单体型（连锁）	社区内

数据来源：根据调研资料整理。

三、日本小规模多功能养老机构的服务项目

日本小规模多功能养老机构的服务项目主要包括定期巡回、随时对应型访问护理看护服务和小规模多功能型居家养老服务两个大的服务板块。

（一）定期巡回、随时对应型访问护理及看护服务

定期巡回、随时对应型访问护理及看护服务是这类机构最具特色的服务类型。这项服务主要通过全天候的访问护理及访问看护一体化，对会员进行定时上门拜访及随时对应服务，进而实现对高龄者在家生活提供支持的目的。机构每天从早到晚多次定时访问，上门服务整合了护理服务和医疗服务。与此同时，机构内的接线员利用移动通信工具与老人家庭 24 小时连线，及时回应老年人在家中的服务请求。定期巡回、随时对应型访问护理及看护服务在实践中可以是一个机构单独提供，也可以是多个机构对周边的老人联合提供。

1. 服务形式

定期巡回、随时对应型访问护理及看护服务的服务形式有两种，一是定

期巡回服务，二是随时对应服务。定期巡回服务是访问护理员等定期对利用者的住宅进行访问从而达到对日常生活上的照顾。随时对应服务是事先对利用者的身心状况进行了解、把握生活的环境后随时接收来自利用者家庭的信息通报，以通信内容为基础进行探讨、派遣访问护理员进行援助或者看护师根据判断看是否需要进行对应的服务（如图 8-5）。

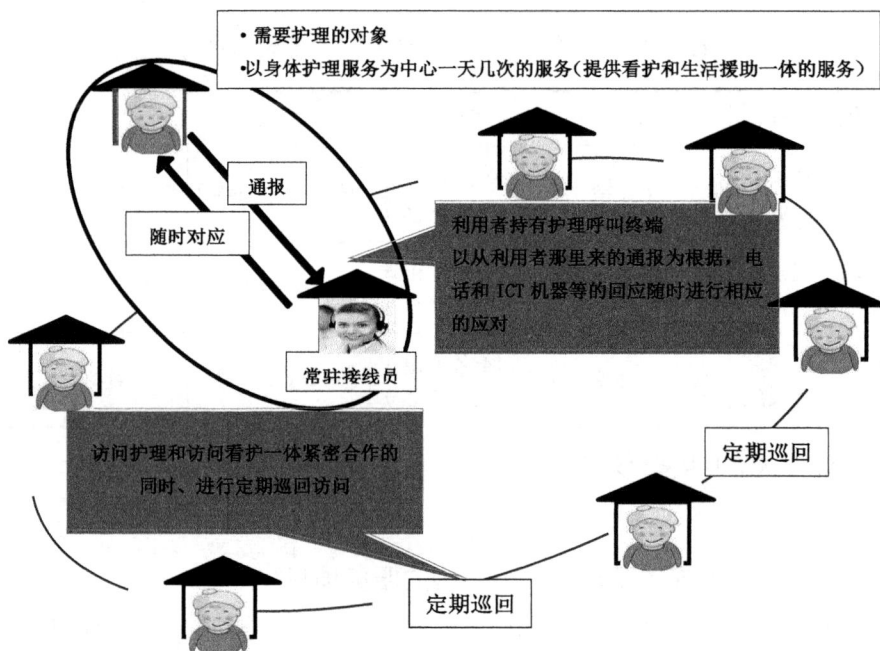

图 8-5　定期巡回、随时对应型访问护理看护服务图式

图 8-5 中较为清晰地显示了定期巡回服务的流程，访问护理员每天按照既定的线路对会员的家庭进行多次循环上门服务。护理员一日多次对利用者的住宅进行上门服务从而实现日常生活的照顾。每日的服务内容包括晨间护理、日间护理和夜间护理，以及细节方面的生活援助，具体包括收拾衣物、补给水分、协助排泄等。访问时间一般是清晨一次，午间一次，下午一次，晚间一次，通过反复多次的日常细节照料，保障生活不能自理的老人在家能够独立生活。

如图 8-5 所示，随时对应服务是机构通过移动通信设备与利用者建立 356 天 24 小时全天候的及时联系。日本小规模多功能养老设施中设有常驻接线人员，每个设施利用者都持有移动通信终端，利用电话和 ICT 机器机构对每一位利用者进行身体状态的监测，并对其家居生活环境进行检测。在定期巡回服务的基础上，如果利用者有即时性的需求，机构将有针对性的及时回应。随时对应服务包括随时访问服务和随时看护服务。随时访问服务提供的是日常生活护理服务。随时看护服务是护士上门进行诊疗服务。机构将根据利用者的具体状况提供护理或医疗服务。

2. 定期巡回、随时对应型访问护理及看护服务的收费

日本小规模多功能养老机构提供的定期巡回、随时对应型访问护理及看护服务是被日本介护保险覆盖的。具体的收费标准是在基本服务费的基础上根据不同情况进行增加或者减少。这项服务的基本服务费详见表 8-4：介护保险中将护理等级分成 5 级，随着护理等级的提高，这项服务的基本服务费渐次增加。此外，看护利用者和护理利用者利用这项服务的收费标准也是不同的。在日本护理服务主要是由护工提供的日常照料类服务，看护服务是有专业护士提供的医疗护理服务，看护利用者的收费标准大大高于护理利用者。

表 8-4　定期巡访、随时对应型访问护理看护服务基本服务费（每月）

介护等级	看护利用者	护理利用者
要介护 1	8255 单位	5658 单位
要介护 2	12897 单位	10100 单位
要介护 3	19686 单位	16769 单位
要介护 4	24268 单位	21212 单位
要介护 5	29399 单位	25654 单位

数据来源：根据调研资料整理。

（二）小规模多功能居家养老服务

日本政府在 2006 年修正的介护保险法中首次提出了小规模多功能型居家养老服务。在修正的介护保险法第 8 条第 17 项中，指出小规模多功能型居家养老服务以日间照料、上门服务、喘息式短期照护三大功能来支撑日本老年人在自己家中持续生活，为老人在熟悉的生活环境中提供 24 小时的个性化护

理服务。这项服务是这类机构的主营业务。这种护理形式能够为老人在熟悉的生活环境中提供 24 小时的个性化护理服务，虽然规模小，但是功能齐全，是日本应对人口老龄化而衍生出的一种新型养老服务体系，适应了日本社会现状和老年人的要求。

1.三大服务形式

如图 8-6 所示，小规模多功能居家养老服务有三大板块与之对应：日间照料服务一天最多 15 名利用者，短期住宿服务一天最多 9 名利用者，总共登录人数限制是 25 名。三大服务板块拥有"一对一配合灵活对应""紧密的工作人员对应""支援在居住地安心生活"等特点，构成了一套较为完整的组织结构。

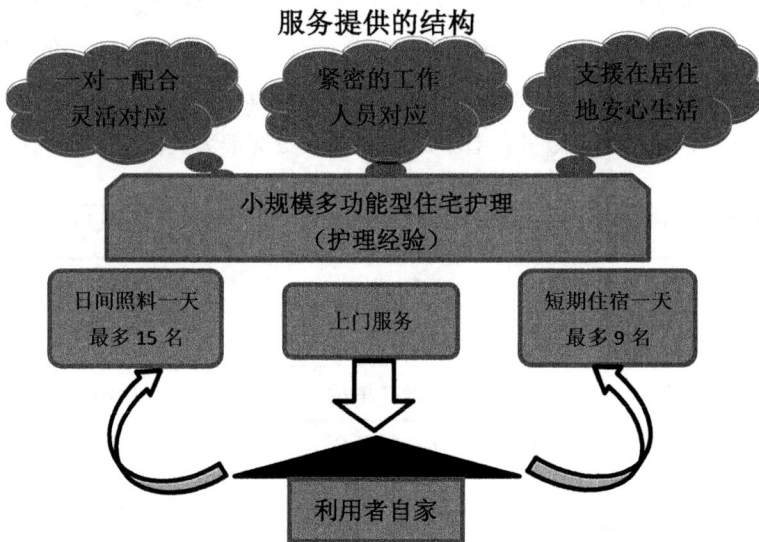

图 8-6　小规模多功能型居家护理服务结构

（1）上门服务：小规模多功能居家养老服务的上门服务和第一类定期巡回不同，上门服务是根据个体不同采取不同的上门服务时间、次数及内容，非常灵活。主要是基于利用者的需求，提供护理保险覆盖的各种日常上门服务，如擦拭玻璃、栽种草木、更换季节衣物，甚至还包括陪同老人外出购物，陪同去咖啡馆、美术馆等。

（2）日间照料：接受日间照料的老人从早上 7 点开始就可以到机构，在机构内度过一天的生活，晚上做完晚间护理后回到自己家中。接受日间照料者可以由子女接送，也可以由机构接送。日间照料服务能够实现场所的变更和紧急时刻的随机应对，接送的多样化也适应了人们的生活方式，减轻了家人照料的负担，也为需要照料的老人提供了便利的生活。

（3）短期住宿：针对的是那些临时需要在机构住宿过夜的老人，小规模多功能养老机构也提供短期住宿服务。但不同于一般的养老院，这类设施主要针对老年人由于搬家或生活中的突发事件需要缓解情绪的需求，机构工作人员将与老人一起短期居住，提供生活护理和心理调节等方面的服务。

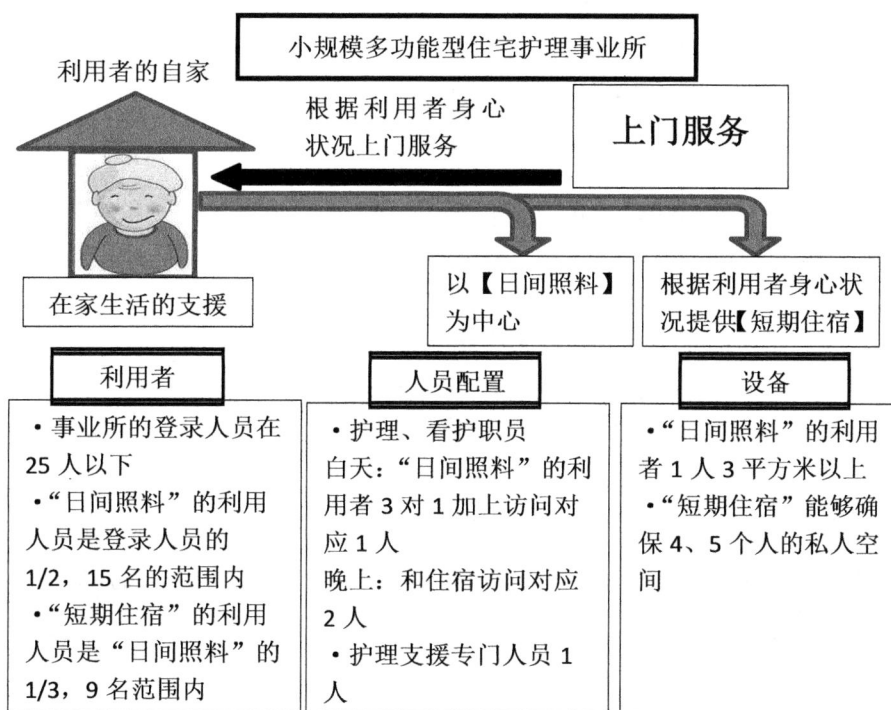

图 8-7　小规模多功能型住宅护理事业所基本服务图示

如图 8-7，小规模多功能型住宅护理事业所以"日间照料"为中心运营，根据利用者的状态和需求上门访问，对其基本生活提供支持和帮助，同时也可提供短期住宿。事业所为了保证服务质量和有效地为老年人提供帮助，对于人员配置、利用者人数限定和设施设备都有一定要求。

2. 小规模多功能型居家养老服务的收费

表 8-5 中列示了名古屋南山小规模多功能居家养老服务的收费标准。这类服务的收费也是按照月收费标准执行的。服务收费标准因提供的服务是预防性还是护理型而有所不同。日本的介护保险对于老年人进行了 7 级分类，健康型老人居家护理费分为支援的两种程度，分别为要支援 1、要支援 2；需要护理的老人居家护理费再划分为 5 个级别，每个级别的月收费标准均不同。支援或护理的程度越高，相应收取的费用也就越高。此外，表 8-5 中还区分了同一建筑居住者与非同一建筑居住者的收费标准。这是因为目前日本的小规模多功能养老设施多以复合型供给的方式提供，同一建筑内一般包括多种类型的养老设施，如名古屋的南山机构是以"小规模多功能之家"为主，兼有"面向高龄者住宅"和"失智老人之家"的服务设施。如果失智老人之家的老人利用小规模多功能型居家养老服务则可以获得较低的支付价格。

表 8-5　小规模多功能型居家养老服务费

	护理预防小规模多功能型居家护理费		小规模多功能型居家护理费	
	对于同一建筑物居住者以外的登录者	对于同一建筑物居住者的情况	对于同一建筑物居住者以外的登录者	对于同一建筑物居住者的情况
要支援 1/ 要护理 1	13403 单位	13066 单位	10320 单位	9298 单位
要支援 2/ 要护理 2	26877 单位	26196 单位	15167 单位	13665 单位
要护理 3	—	—	22602 单位	19878 单位
要护理 4	—	—	24350 单位	21939 单位
要护理 5	—	—	26849 单位	24191 单位

数据来源：根据调研资料整理。

（三）复合型供给模式

从单体机构的盈利状况看，小规模多功能养老机构并不乐观。由于定员的限制，以及实际需求的多样化，服务的 365 天 24 小时不间断，机构服务人员的配比普遍较高。在实际运营过程中，大多采取的是复合型，也就是与其他类型的养老服务机构进行复合供给。如南山机构是将认知障碍集体康复之家、小规模多功能型养老机构，以及面向高龄者的出租住宅整合在一个机构里面，统筹资源，以利于收支平衡。

1.复合型供给模式的优势

（1）复合型供给降低运营成本

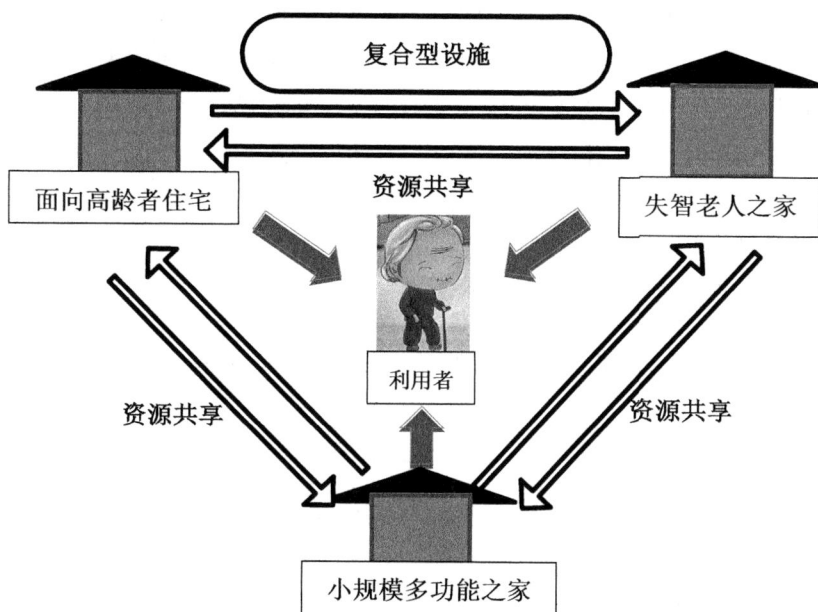

图 8-8　社区密集型复合设施结构图

社区密集型复合设施服务是综合利用密集型设施，以"小规模多功能之家"为主，兼有"面向高龄者住宅"和"失智老人之家"，将当地单一的各个设施和资源整合起来，实现资源的共享利用与互为补充，为利用者提供多样化的服务（详如图 8-8）。复合型供给利用各种设施各自的优势，促进资源的有效利用，降低机构的运营成本。首先是人力资源的复合，三个机构在同一场所、同样的工作人员下运营，将各个机构的工作人员统一起来进行服务，不仅节约了人力成本，还为老人提供了熟悉的生活环境和护理人员，实现了三个机构之间人力资源的共享，具有人力资源的复合型特征。其次是场所设施的复合，三个机构统一利用同一建筑，并且共同利用部分养老设施和设备，实现了场所设施的复合，有利于降低机构的运行成本。

（2）复合型供给整合医疗资源

日本对这类机构的定位是主要服务1级到3级护理的老人，因此从政策层面对医疗服务的开展没有做鼓励性的规定。但在实践中，老年人对医疗服务的需求不断增加。很多小规模多功能机构开始招聘护士，提供医疗护理方面的服务，但这类型的机构与医生之间几乎没有合作。

与小规模多功能养老机构不同，日本老人特护设施一般接受的是护理等级三级以上的老人，这类机构与医院合作密切，医生会到机构来访问，机构复合使用之后便可实现医疗资源的共享。各房间设置有紧急呼叫电话，职员（护士或护理职员）常驻24小时回应。另外，在同一地区内还运营着"特别养护老人之家""短期病房""短期服务""居家护理支援事务所""护理院"等其他护理服务，也可根据利用者的实际状况整合使用。

2.复合型供给模式下的三大类型

表8-6 复合型设施下三大服类型比较

		面向高龄者住宅	失智老人之家	小规模多功能之家
利用对象	年龄	60岁以上（根据条件未满60岁也可入住，需要咨询）	65岁以上（如养老保险第2号被保险者、40岁以上的人）	65岁以上（如养老保险第2号被保险者、40岁以上的人）
	护理度	面向老年人的住宅没有护理度的限制。从健康的老人到需要护理的老人都可入住。	在养老保险上认定为需要援助2级或者有需要护理1—5级的对象并被诊断为失智症的老人。	在养老保险上认定为需要援助1级、2级或者有需要护理1—5级的对象。
	定员	6名	18名	25名
	其他	需要医疗支援时，可提前确认情况，再提供对应的服务。	1.能适应少数人共同生活者；2.在名古屋市内有住所的人；3.平时无需医疗治疗者。	在名古屋市内有住所的人。

数据来源：根据调研资料整理。

如表8-6，将三大机构服务进行对比可以发现三个机构针对的不同服务对象与服务特色，利用对象包括其年龄、护理度、定员和其他，可以看出三种服务类型在各个方面都是有所差别的。

面向高龄者的住宅：365天一日三餐提供高品质的食物；无论是健康还是需要护理时都可安心生活；24小时陪同的员工在生活上提供帮助，还根据个人的需求和合作的医疗机构提供24小时的医疗支持；无需高额的入住金，可轻松入住。

失智老人之家：失智老人之家是普通的住宅，可享受普通的日常生活；随着时间能了解并尊重彼此的差异和生活氛围，维持一个熟悉的关系；多数的失智症老人不适应新的环境，从家里带上用惯的被子，镜子，或者柜子等来打造一个和原来一样的空间，以便老人能安心生活。

小规模多功能之家：不被时间约束，服务的灵活性；根据利用者的能力进行支援（从护理到援助）；援助在熟悉的环境中继续生活（社区或家）；上门服务可进行安全确认；日间照料可以提供从早到晚的服务；短期入住可应对紧急情况。

第三节　日本小规模多功能养老机构对我国的借鉴

我国主流社会养老模式为社区居家养老和机构养老两大类别。但社区居家养老专业化程度低、内容单一，而机构养老缺乏家居认同和亲情滋养，养老服务供给与多元化养老服务需求之间存在较大鸿沟。我国在社区养老设施与服务模式上亟待创新。小规模多功能养老设施是目前日本社区养老服务的主要载体，截至2016年10月，日本已有5549个营业机构提供小规模多功能居家养老服务[①]，这类养老设施兼容了家庭养老、社区养老与机构养老的优势，对我国的社区养老创新具有极强的借鉴价值。

2011年2月，中国民政部发布的《社会养老服务体系建设"十二五"规划》中明确了"9073"的养老引导方针，即90%的老年人居家养老，以家庭为核心，以社区为依托，在社会化服务协助下通过家庭照料养老；7%的老年人社区养老，以家庭为主，以社区机构为辅助，既包括上门的居家养老服务，

---

① 有关今后如何强化小规模多功能居家养老的功能方案的调查研究事业报告书 [R]. 全国小规模多功能居家养老事业者联络会. 2017.03.

也包括在社区居家养老服务中心、社区托老所获得养老服务；3% 的老年人入住机构集中养老。2013 年 9 月《国务院关于加快发展养老服务业的若干意见》提出到 2020 年全面建成以居家为基础、社区为依托、机构为支撑的，功能完善、规模适度、覆盖城乡的养老服务体系。

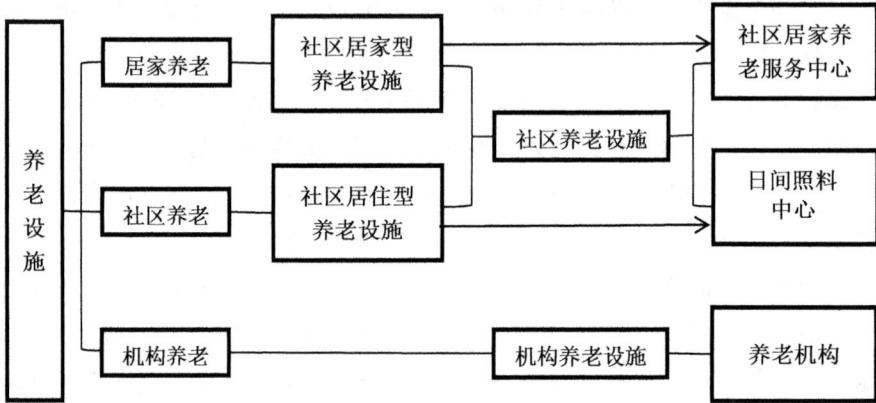

图 8-9　我国养老设施的分类

如图 8-9 所示，社区养老设施和机构养老设施是我国两大类重要的养老设施。社区养老设施又可细分为社区居家型养老设施和社区居住型养老设施。社区居家养老设施主要指社区居家养老服务中心，社区居住型养老设施主要指日间照料中心、托老所，机构养老设施主要指养老院、福利院等。但从目前我国养老设施的实际功能发挥来看，社区养老设施尚未能充分实现其对社区居家养老的支撑功能。社区居家养老服务中心主要面向活力健康老人，提供日常活动场所。各地的日间照料中心也因为运营不佳而纷纷关门停业。我们试图通过将日本小规模多功能养老机构与我国社区内的居家养老服务中心、日间照料中心进行比较，剖析我国社区养老设施存在的问题，进而探寻我国社区养老设施建设的创新之道。

一、日本小规模多功能养老机构与中国居家养老服务中心的比较

社区居家养老服务中心是设置在我国城乡社区内的多功能养老服务平台。2010 年上海率先出台《社区居家养老服务规范》，首次尝试将居家养老服务进行标准化设计。2011 年至今，北京、南京、武汉、杭州等地也相继出台了本

地居家养老服务中心的建设标准。中央和地方财政在城乡城乡社区居家养老服务中心的建设上投入较大，但从实际发挥的社区养老服务功能看，我国的社区居家养老服务中心发挥的效力十分有限。

（一）服务人群定位模糊

如表8-7中所示，与日本小规模多功能养老机构不同，我国社区居家养老服务中心对服务人群缺乏清晰的定位。无定员人数限制，也无准确的目标人群锁定，因此，从各地的使用情况看，投入巨大的硬件设施主要服务于社区内的活力健康老人。

（二）专业服务人员缺失

我国的社区居家养老服务中心在硬件设施配备上并不逊于日本的小规模多功能养老机构，但由于市场化程度低，专业人员缺失，很多专业的设备处于闲置状态。居家养老服务中心大多是社区管理，部分是政府购买社会组织的服务，市场化程度低，基本没有配备专业的服务人员。

（三）免费模式对专业服务产生挤出效应

日本小规模多功能养老机构是在介护保险的覆盖之下市场化运营，大多采取连锁型、复合型供给模式。我国的居家养老服务中心由政府出资建设，政府购买社会组织的服务，老年人免费获得养老服务。免费模式对优质的专业化服务形成了挤出效应。因此，居家养老服务中心虽然遍布我国城乡社区，但这类设施对于高龄老人、中重度慢性病老人、失能失智老人等对养老服务有刚性需求的居家老人无能为力。

表8-7　小规模多功能养老机构与居家养老服务中心

		小规模多功能养老机构	居家养老服务中心
服务人群定位	年龄	65岁以上	60岁以上
	人数	25名	没有特定的人数限制
	护理度	护理等级为1—3级的中轻度老人	无护理等级的划分
	功能定位	认知症患者、独居老人、老老共居	实际使用者以健康老人为主

续表

		小规模多功能养老机构	居家养老服务中心
设施条件	面积（m²）	30—600 不等	≥ 200
	设施	娱乐设施、医疗设备、生活设施	生活用房、活动用房、医疗保健用房
人员		护工、护士、管理人员	管理人员
服务项目		上门服务、日间照料、短期居住	日常生活服务、娱乐活动、上门服务
供给方		社会化供给、连锁模式	社区、社会组织
支付		长期护理保险	政府购买

二、日本小规模多功能养老机构与中国日间照料中心的比较

除居家养老服务中心之外我国部分社区内还有一类养老设施，即是日间照料中心或称托老所。2011 年民政部出台的《社区老年人日间照料中心建设标准》中将老年人日间照料中心定义为：为生活不能完全自理、日常生活需要一定照料的半失能老年人为主的日托老年人提供膳食供应、个人照顾、保健康复、娱乐和交通接送等日常服务的设施。[①]2011 年民政部出台的《社区老年人日间照料中心建设标准》从社区老年人日间照料中心建设内容及项目构成、建设规模及面积指标、选址及规划布局、建筑标准及有关设施等方面对各地进行老年人日间照料中心建设提出了指导性的建议。近年来上海、北京、天津、江苏等地也相继出台了地方性规范，各地积极探索老年人日间照料中心的建设与运行。但从各地的实际运行效果来看，社区日间照料中心的运行情况整体不佳。以北京为例，从 2010 年起，北京市先后建成了近 4000家社区老年人日间照料中心，截至 2016 年 3 月三分之二的日间照料中心已经转型。[②] 社区老年人日间照料中心为何难以为继？

---

① 民政部.社区老年人日间照料中心建设标准 [EB/OL].(2011-04-15)[2019-01-21].http://www.mca.gov.cn/article/xw/mzyw/201104/20110415149969.shtml.

② 养老网.日间托老所为何空转 4000 家日托所关了三分之二 [EB/OL].(2016-03-29)[2019-01-21].http://www.yanglao.com.cn/article/54871.html.

（一）老年人日间照料中心服务人群定位不准

与日本小规模多功能养老机构比较，我国的老年人日间照料中心在实际运行中缺乏明确的目标群体定位，课题组在武汉、长沙、北京、南京等地进行社区养老调研中发现很多社区日间照料中心将服务人群定位为健康的自理型老人，日间照料中心内设置棋牌室、阅览室等设施，其功能与社区居家养老服务中心功能混淆。有的日间照料中心仅是为社区中的老人提供午餐及午休的床位，并无专业工作人员提供专业化的护理服务。

（二）老年人日间照料中心运营资金匮乏

日本小规模多功能养老机构是在日本的介护保险的覆盖之下运营的，目前我国尚未建立长护险，日间照料中心商业化运作就需要老年人自己付费。我国老年人总体上的收入水平低、支付能力不足的现状也制约了日间照料中心的市场化发展。资金供给的不足也必然导致日间照料中心难以将目标人群定位于半失能老人，难以有效供给专业化的养老护理服务。此外，在运营模式上，我国的社区老年人日间照料中心多为单体运作，盈利难，难以维系。日本小规模多功能养老机构的复合型模式值得学习与借鉴。

如表8-8，小规模多功能的服务对象一般是65岁以上，按照护理等级划分为1到3级的中轻度老人，主要是一些认知症患者、独居老人等，由于"小规模"的特点，服务对象定员在25人。服务设施完善，配合其他机构复合使用资源，拥有专业的护理人员和工作人员，"日间照料"的利用者1人3平方米以上的住宿空间，"短期住宿"的话能够确保4、5个人的私人空间。

我国的日间照料中心是在社区内对有需要的老人进行日间照顾，利用群体一般是60岁以上的老人，为社区内生活不能完全自理、日常生活需要一定照料的半失能老年人提供膳食供应、个人照顾、保健康复、休闲娱乐等日间托养服务的设施。重点服务高龄老人、残疾老人、优抚老人、低保或低收入老人等类型的老年人。

小规模多功能机构是联合运营，由于小规模多功能服务对象定员25人，而护理工作人员达十几人，所以运营成本高，需要借助其他机构联合运营，所以日本一般采取的是复合型设施运营模式，充分利用周边的机构资源，相互合作，达到有效的运营方式。我国的日间照料中心一般是在社区内单独运营，由政府承担一部分，政府购买服务，实现在社区内的有效运营。

表 8-8　小规模多功能养老机构与老年人日间照料中心比较

	小规模多功能养老机构	老年人日间照料中心
目标人群	65 岁以上自理、半自理老人	无明确目标人群
设施条件	复合运营、设施较为完善	配有基础的娱乐、保健等设施
服务项目	上门服务、日间照料、短期居住	短期照料型服务
供给主体	社会化供给、连锁模式	社会化供给、非营利利性
支付方式	长期护理保险	自费
运作方式	复合型设施、联合运作	单体设施、独立运作

三、日本小规模多功能养老机构与中国养老机构的比较

如表 8-9，我国的养老机构与日本小规模多功能养老机构不同，养老机构的选址一般难以邻近老人的家庭，容易让老年人产生一种远离熟悉生活环境的隔离感。此外养老机构中固定的设施布置和刻板的服务流程，容易给入住的老年人被动接受服务的消极感受，无法实现老年人的积极参与。日本的小规模多功能养老机构在明确选址在老年人家庭附近的社区内，主要针对周边地区的失能老人、半自理老人提供社区密集型复合设施服务。这类机构灵活的整合了"日间照料""短期居住""上门服务"，综合利用整合资源，被纳入介护保险体制之下，是由长期护理保险支付，利用者自己再支付一部分金额。

表 8-9　小规模多功能养老机构与我国养老机构比较

	小规模多功能养老机构	我国养老机构
目标人群	65 岁以上自理、半自理老人	60 岁以上的老年人
设施条件	联合运营、设施较为完善	一体化设施，提供各种设施服务
服务项目	上门服务、日间照料、短期居住	长期居住型的机构养老服务
供给主体	社会化供给、连锁模式	社会化供给、非营利性
支付方式	长期护理保险	自费

四、对我国社区养老服务设施建设的建议

（一）建议以街道为单位，或邻近几个社区为单位，由政府建设小规模多功能养老机构，由街道政府利用街道闲置用房建设，并向社会组织招标运营，共建民营。鼓励具有连锁机构运营能力的社会组织、养老服务企业承接运营。

（二）小规模多功能养老机构采取复合型模式：将政府购买的居家养老服务与市场化运营的收费服务进行复合。一方面承担政府购买的对特定人群（"三无"老人和"五保"户，低保家庭等）的居家养老服务，另一方面对辖区内有专业服务需求的居家老人提供盈利化的多功能服务，避免单纯的小规模多功能机构自身财务平衡上的不可持续性。

（三）小规模多功能养老机构市场化运营，针对本街道的老人有偿提供上门服务、日间照料服务和短期居住服务，满足在家居住的在生活上需要护理服务的老人的需求。政府购买服务人群之外的老人，根据自己的需要自费购买专业的上门服务、日间照料服务、或短期居住服务。

（四）小规模多功能养老机构依托街道或社区的社会支持网络，如智慧社区信息网络平台、志愿者服务网络平台，社区周边的商户资源网络、社区内及周边的医疗资源网络，机构作为一个街道设置的多个资源网络交汇的中心，为本地区老年认知症患者、半失能老人、独居老人，老老共居老人等需要养老服务支持的老人在家居住并获得专业的养老服务提供可能。

（五）积极推进医养结合改革，改善医养关系，促进医疗体制朝养老服务体制转变。小规模多功能养老机构可与社区卫生服务站、社区医院建立合作转诊关系，利用医疗资源，解决医疗服务需求。

附录一 宜昌社区养老院医养结合调查问卷

社区名称（编号）：调查员：审核员：调查时间：2015 年 月 日

亲爱的居民朋友：

您好！我是湖北经济学院派出的调查员，我们正在宜昌市开展一项社区养老院（医养结合养老模式）的调查。养老问题是关系到千家万户的重要问题，您的生活状况和看法对政府决策有重要的参考作用。为此，我们想耽误您 10 分钟的时间填答问卷。本次调查不用填写姓名，所有回答只用于统计分析，相关资料不会外泄，希望您能支持和配合。

湖北经济学院城市社区养老院课题组

2015 年 7 月

1. 您的性别

A. 男　B. 女

2. 您的年龄

A. 30 岁以下　B. 31—44 岁　C. 45—54 岁　D. 55—65 岁　E. 66—74 岁　F. 75 岁以上

3. 您的婚姻状况

A. 未婚　B. 已婚　C. 离异　D. 丧偶

4. 您的居住状况

A. 与配偶居住　B. 与某一子女同吃同住　C. 几个已婚子女轮流居住 D. 独居　E. 在养老机构居住　. 独居

5. 您有孩子吗？

A. 有，有__个，__个儿子，__个女儿　B. 没有

6.您家一共有＿＿＿口人，您家的年收入是（　　　），您个人的年收入是

（　　　）

A.1万以下　B.1—2万　C.2—5万　D.5—8万　E.8—10万

F.10—20万　G.20—50万　H.50万以上

7.您是否患有慢性病

A.有，仅有一种（填写慢性病名称）＿＿＿＿＿＿＿＿

B.有，超过一种（填写慢性病名称）＿＿＿＿＿＿＿＿

C.没有

8.如果在您居住的社区内，开设一个小型的养老院，为老年人提供专业的养老服务，您觉得如何？

A.非常赞同　B.比较赞同　C.无所谓　D.比较不赞同　E.完全反对

9.您认为一般的养老院存在哪些问题（可多选）

A.离家远，往来不方便　B.远离熟悉的生活环境，感到孤独　C.约束较多，不自由　D.收费高　E.床位少，难以进入　F.无法提供个性化的服务　G.老人会觉得没面子　H.其他

10.您认为相对于一般的养老院，社区养老院有什么好处（可多选）

A.不用离开熟悉的环境，不用重新适应环境　B.不用离开家人，仍能享受家庭生活　C.减轻子女负担免得子女担心　D.有老年人做伴减少孤独感　E.参加活动、丰富老年生活

F.小型化的养老院能提供更个性化的服务　G.其他，请注明＿＿＿＿＿＿＿＿＿

＿＿＿＿＿＿＿＿＿＿＿

11.如果您不愿意选择社区养老院是因为（可多选）

A.更愿意在自己家里　B.社区内老人在一起容易产生矛盾　C.担心社区养老院条件不行　D.内心对居住养老院有排斥心理　E.其他，请注明

＿＿＿＿＿＿＿＿＿＿＿

12.在社区建立养老院，您认为应设置哪些项目，请在符合您实际需求情况的分值上打勾

服务项目	很需要	比较需要	一般	不太需要	不需要
A 助餐服务	5	4	3	2	1
B 日托式日间照顾	5	4	3	2	1
C 上门入户式日间照顾	5	4	3	2	1
D 夜间照料	5	4	3	2	1
E 体检和复检服务	5	4	3	2	1
F 陪同看病	5	4	3	2	1
G 取药	5	4	3	2	1
H 急救服务	5	4	3	2	1
I 康复锻炼	5	4	3	2	1
J 日常护理（如喂食，帮助服药、翻身等）	5	4	3	2	1
K 护工上门服务	5	4	3	2	1
L 心理健康咨询	5	4	3	2	1
M 心理辅导服务	5	4	3	2	1
N 老年课堂	5	4	3	2	1
O 文娱活动	5	4	3	2	1
P 老年志愿者服务	5	4	3	2	1

13. 您是否赞同将养老服务与医疗照顾结合起来

A. 非常赞同　B. 比较赞同　C. 无所谓　D. 比较不赞同　E. 完全反对

14. 如果在社区的养老院内，设立专门的医疗护理服务部门，您觉得怎么样？

A. 很赞同　B. 比较赞同　C. 一般　D. 不太赞同　E. 不赞同

15. 如果在医院内，设立养老部门，为老年病人提供医疗和养老服务，您觉得怎么样？

A. 很赞同　B. 比较赞同　C. 一般　D. 不太赞同　E. 不赞同

16. 如果养老院和医院合作，平时在养老院居住或接受服务，需要医疗卫生服务时，转诊到合作的医疗机构，您觉得怎么样？

A. 很赞同　B. 比较赞同　C. 一般　D. 不太赞同　E. 不赞同

17. 如果养老院和医院合作，在养老院居住或接受服务，医院的医生、护士到养老机构医治，您觉得怎么样？

A. 很赞同　B. 比较赞同　C. 一般　D. 不太赞同　E. 不赞同

18. 如果养老院能在您急性病发作或慢性病急性发作的时候，提供医疗服务，您觉得如何？

A. 很赞同　B. 比较赞同　C. 一般　D. 不太赞同　E. 不赞同

19. 如果养老院能在您病情稳定后，提供后续护理服务，您觉得如何？

A. 很赞同　B. 比较赞同　C. 一般　D. 不太赞同　E. 不赞同

20. 如果养老院能在您身体状况良好，但需要一定照顾时，提供生活上的照料，您觉得如何？

A. 很赞同　B. 比较赞同　C. 一般　D. 不太赞同　E. 不赞同

21. 您认为若在养老院养老，医疗费用应如何支付？

A. 完全自费　B. 自费结合政府补贴　C. 医保报销，超额自费

22. 亲爱的居民，关于在社区办养老院，您有什么建议？ 关于医养融合，您有什么建议？

_____

_____

_____

_____

附录二 2017 年社区养老武汉调查问卷

社区编号: 访问员编号: 问卷编号:

尊敬的老人家:

您好！我是湖北经济学院法学院派出的调查员，这是我的学生证，我们正在武汉市开展一项社区养老方面的调查。社区养老是关系到每一个老年人、每一个家庭的民生问题，您的看法对政府决策有重要的参考作用。为此，我们想耽误您 10 分钟的时间填答问卷。本次调查不用填写姓名，所有回答只用于统计分析，相关资料不会外泄，希望您能支持和配合。

湖北经济学院社区养老课题组
2017 年 7 月

1. 您的性别
A. 男性　B. 女性

2. 您的年龄
A.60—64　B.65—74　C.75—84　D.85 及以上

3. 您的政治面貌
A. 中共党员　B. 民主党派　C. 群众

4. 您的婚姻状况
A. 未婚　B. 已婚　C. 离异　D. 丧偶

5. 您的户籍所在地
A. 武汉城市　B. 武汉农村　C. 外地城市　D. 外地农村

6.您的文化程度

　　A.未受过正式教育　B.小学　C.初中　D.高中/中专/技校　E.大专
F.本科及以上

　　7.您有几个子女（　　　）您有几个女儿（　　　）您有几个儿子（　）

8.您目前的居住状况属于下列哪种情况

　　A.独居　B.与配偶一起，不和子女一起　C.和子女一起，不和配偶一起

　　D.和配偶、子女一起　E.与亲戚一起　F.其他（请注明）_____

9.您认为您身体状况

　　A.很不健康　B.比较不健康　C.一般　D.比较健康　E.非常健康
F.不太清楚

10.您退休前的工作所在机构的所有制性质

　　A.机关团体事业单位　B.国有及国有控股企业、集体企业　C.私营企业
和其他类型单位

11.您退休前的职业

　　A.管理人员　B.专业技术人员　C.办事人员　D.商业、服务业人员

　　E.工人　F.个体经营　G.无业　H.务农

12.您目前的月均收入水平

　　A.0—600　B.601—2300　C.2301—3500　D.3501—5000　E.5001及以上

13.您配偶退休前的职业

　　A.管理人员　B.专业技术人员　C.办事人员　D.商业、服务业人员

　　E.工人　F.个体经营　G.无业　H.务农

14.您配偶的情况

　　A.健在　B.卧病在床　C.去世（选C项请跳过第15题）

15.您配偶目前的月收入水平大致是

　　A.0—600　B.601—2300　C.2301—3500　D.3501—5000　E.5001及以上

16.您的医疗费用使用哪种保险支付

　　A.城镇职工基本医疗保险　B.城镇居民基本医疗保险　C.贫困救助
D.新型农村合作医疗　E.商业医疗保险　F.全公费　G.全自费　H.其他（请
注明）_____

　　17.(如果有多个子女，则问收入最高的一个子女的情况)您子女的年收入

大致是

A.2 万 以 下　B.20001—50000　C.50001—100000　D.100001—20

万　E.20 万以上

18. 您现在的主要收入来源

A. 退休金　B. 子女供给　C. 政府生活补助　D. 亲友接济

E. 劳动收入　F. 其他（请注明）＿＿＿＿＿＿

19. 如果您将来可能选择养老院，您会选择何种类型？请在您有意向的内

容上打勾√。

月收费	低于 1500	1500—3000 元	3001—5000 元		5000 以上
选址	社区或周边（步行 30 分钟内）	离家 30 分钟车程以内（市区）	风景秀丽的郊区（一小时车程以内）		自然环境优美的远郊或农村
设施条件	干净整洁无异味	三星标准	四星标准		五星标准
规模	小型的家庭式（15—30 张床）	30—50 张床	50—100 床	100—200 床	200 以上的大型养老院
医疗条件	无医疗服务	社区卫生站合作	有医务室、医生		建有医院

20. 如果在您居住的社区内开办小型的养老院，您会考虑入住吗？

A. 是　B. 否

21. 如果您所住的养老院需要老人参与养老院的管理和决策（包括膳食方

案的制定、房间装饰风格等），您愿意参与吗？

A. 愿意　B. 不愿意

22. 如果您现在居住的社区开办养老院，您支持吗？

A. 支持　B. 反对

23. 您希望自己以哪一种方式养老

A. 入住养老院　B. 住家里依托社区居家养老服务　C. 自雇保姆养老

D. 依靠家人照顾养老　E. 候鸟式养老　F. 其他（请注明）＿＿＿＿＿＿

24. 您去年一年的医疗费支出大致为

A.1000 元及以下　B.1001—3000 元　C.3001—5000 元　D.5001 元—10000

E.1 万以上

25. 您认为自己会在什么情况下考虑入住养老院？（可多选）

A. 身体健康但无人陪伴　　B. 身体自理能力下降，半自理，有时需要人护理

C. 失能失智，完全失去生活自理能力　　D. 配偶离世后

E. 其他（请注明）_____　　F. 我不会选择去养老院（选 F 到 26 题，否则直接到 27 题）

26. 您不愿意去养老院的原因是（可多选）

A. 收费超出预期　B. 不愿意离开熟悉的环境　C. 担心别人议论自己　D. 担心子女负担重　E. 担心护工服务不好，受虐待　F. 担心儿子、女儿被人议论　G. 其他（请注明）_____

27. 您在选择养老院时优先考虑的三项依次是（　　）（　　）（　　）

A. 地点离家近，方便子女、亲友探视　B. 养老院外围的自然环境好

C. 养老院的伙食好　D. 养老院的服务人员素质高，服务好

E. 养老院的价格较低　F. 养老院的医疗条件好

G. 养老院内部条件设施好　H. 养老院管理人性化，给老人话语权

28. 您是否接受过社区居家养老服务

A. 是　B. 否（跳过 29 题）

29. 您对现在的社区居家养老服务满意吗？

A. 很不满意　B. 不太满意　C. 一般　D. 比较满意　E. 非常满意

30. 免费的居家养老服务很难引入专业化的养老服务，如果在居家养老服务中心增加优质的专业养老服务，收取少量费用，您愿意吗？

A. 愿意　B. 不愿意

31. 为了提高居家养老服务质量，居家养老引入专业服务，下列哪些居家养老服务项目您愿意自己掏钱购买？如有其它您急需的，愿意付费的服务请指出（　　）

送餐配餐	中西医康复训练	陪同看病	助浴	压疮（翻身/清洁/护理）
日间照料	短期托管	心理服务	交通服务	家庭照护者技能培训

远程安全监护	安装安全防护设施	清洁、洗涤	生活陪伴	家庭照护者短期休整服务
家庭病床	夜间陪护	老年课程	应急救援	养老院转介

32. 在社区建立类似幼儿园的托老所，为白天需要护理的老人提供有偿日间照顾服务，晚上有子女接回家中，您接受这种养老服务吗？

A. 接受（直接跳到 35 题） B. 不接受

33. 如果您不接受托老所模式，原因是（ ）可多选

A. 担心费用高 B. 担心子女接送麻烦 C. 担心日托服务不专业

D. 觉得托老很没面子 E. 其他（请注明）_____

34. 居家养老服务会员制模式，即居家养老服务中心根据不同的会员标准提供差异化的居家养老服务，会员标准以每年 10 元—100 元不等，根据不同的会员享受不同的增值服务，这种模式您接受吗？

A. 接受 B. 不接受

35. 您平时就医时遇到哪些问题？（可多选）（ ）

A. 挂号难，很难预约 B. 病床紧张，病情稍微好转就被迫出院 C. 医疗费用高 D. 报销手续繁杂 E. 只能解决急性病，慢性病很难护理 F. 看病出行不便 G. 其他（请注明）_____ H. 无

36. 您是否患有以下慢性病（可多选）

A. 高血压 B. 腰椎间盘突出 C. 关节炎 D. 高血脂 E. 糖尿病 F. 脑梗 G. 脑出血（中风） H. 心脏病（冠心病） I. 其他（请注明）_____ J. 无

37. 您是否赞同在养老服务中融合医疗照顾服务？

A. 赞同 B. 不赞同

38. 下列几种医养结合模式您选出您比较赞同的做法（可多选）

A. 在社区的养老院内，设立专门的医疗护理服务部门，提供部分医疗服务

B. 医院提供部分养老服务，依托医院，在医疗服务的基础上，增设生活照料服务，主要有老年医院、护理院、老年康复中心等

C. 养老院和医院合作，平时在养老院居住或接受服务，需要医疗卫生服

务时，开设绿色通道，转诊到合作的三甲医院

D.社区或养老院与医院合作，医院为慢性病或癌症病人提供家庭病床、上门入户巡诊等医疗服务

39.您对社区卫生服务中心服务的总体评价是

A.很不满意　B.不太满意　C.一般　D.比较满意　E.非常满意

40.您认为目前社区卫生服务中心存在哪些问题？（可多选）

A.医生医疗水平不高　B.医疗设施少，不够先进　C.就诊环境差

D.药品不全　E.收费和大医院差别不大　F.其他（请注明）_____

G.挺好的，没什么问题

41.现在国家政策鼓励在城市社区建立小型的社区养老院，一碗汤的距离养老，对于社区养老院您有什么建议？感谢您的支持！

_____

_____

_____

_____

附录三 2018年"互联网+"社区居家养老调查问卷

社区编号：   访问员编号：   问卷编号：

请您在所选择的答案项上打√

1.您的性别

A.男性 B.女性

2.您的年龄

A.60—64 B.65—74 C.75—84 D.85及以上

3.您的文化程度

A.未上过学 B.小学 C.初中 D.高中/中专 E.本科/大专及以上

4.您目前的居住状况

A.独居 B.仅与配偶同居 C.仅与子女同居 D.与配偶及子女同居 E.其他

5.您目前居住的房屋类型

A.楼房（1—3层）无电梯 B.楼房（3层以上）无电梯 C.楼房（1—3层）有电梯 D.楼房（3层以上）有电梯 E.别墅 F.其他

6.您目前的身体状况

A.很不健康 B.比较不健康 C.一般 D.比较健康 E.非常健康

7.您是否患有以下慢性病 [多选]

A.高血压 B.高血脂 C.糖尿病 D.关节炎 E.腰椎间盘突出 F.心脏病

G.脑梗 H.中风 I.其他 J.无

8. 您是否经常参加社区活动

A. 从不参加　B. 很少参加　C. 至少每月参加一次　D. 至少每周参加一次　E. 几乎每天参加

9. 您目前生活的主要经济来源是

A. 退休金　B. 子女供给　C. 政府补助　D. 亲友接济　E. 劳动所得 F. 其他

10. 您目前的月收入水平大致是

A. 1500 以下　B.1500—3500　C.3500—5000　D.5000 以上

11. 您配偶目前的月收入水平大致是 [未婚 / 丧偶 / 离异则跳过]

A. 1500 以下　B.1500—3500　C.3500—5000　D.5000 以上

12. 您是否用过智能手机上网

A. 是　B. 否

13. 您是否使用过社区的居家养老服务

A. 是　B. 否

14. 您是否听说过"互联网＋"社区居家养老服务

A. 完全没听说过　B. 偶尔听说过几次　C. 经常听说，但不了解

D. 听说过，且有一定了解　E. 听说过，且非常了解

15. 您是否愿意接受关于"互联网＋"社区养老服务方面的相关培训

A. 愿意　B. 不愿意

16. 您对下列"互联网＋"养老服务的需求程度是？请根据您的实际情况进行打分

续表

系统分类	服务内容	1分表示非常不需要，5分表示非常需要，请打分！				
呼叫服务系统	生活照料	□1	□2	□3	□4	□5
	家政服务	□1	□2	□3	□4	□5
	医疗保健	□1	□2	□3	□4	□5
	文化娱乐	□1	□2	□3	□4	□5
	精神慰藉	□1	□2	□3	□4	□5
	法律咨询	□1	□2	□3	□4	□5
	紧急救助	□1	□2	□3	□4	□5
智能看护系统	生命感知	□1	□2	□3	□4	□5
	门磁感知	□1	□2	□3	□4	□5
	烟雾探测	□1	□2	□3	□4	□5
	燃气探测	□1	□2	□3	□4	□5
	智能床垫	□1	□2	□3	□4	□5
	尿湿感应	□1	□2	□3	□4	□5
	摔倒报警	□1	□2	□3	□4	□5
	家居控制	□1	□2	□3	□4	□5
	门禁控制	□1	□2	□3	□4	□5
	视频监控	□1	□2	□3	□4	□5
	紧急报警	□1	□2	□3	□4	□5
远程健康监控系统	健康检测	□1	□2	□3	□4	□5
	健康档案	□1	□2	□3	□4	□5
	健康查询	□1	□2	□3	□4	□5
	健康预警	□1	□2	□3	□4	□5

续表

系统分类	服务内容	1分表示非常不需要，5分表示非常需要，请打分！
便民生活服务系统	交通服务	☐1　☐2　☐3　☐4　☐5
	在线挂号	☐1　☐2　☐3　☐4　☐5
	在线点餐	☐1　☐2　☐3　☐4　☐5
	在线党务	☐1　☐2　☐3　☐4　☐5
	在线政务（办证）	☐1　☐2　☐3　☐4　☐5

17.如果对以下服务收取少量费用，您愿意吗？请根据您的实际情况进行打分

服务分类	1分表示非常不愿意，5分表示非常愿意，请打分！
呼叫服务	☐1　☐2　☐3　☐4　☐5
智能看护服务	☐1　☐2　☐3　☐4　☐5
远程健康监控服务	☐1　☐2　☐3　☐4　☐5
便民生活服务	☐1　☐2　☐3　☐4　☐5

18.您认为"互联网+"社区居家养老服务模式是否可行

A.完全不可行　B.不太可行　C.基本可行　D.比较可行　E.完全可行

19.若在社区实施"互联网+"养老服务模式，您最大的担心是［多选］

A.不会使用智能养老设施或设备　B.服务质量问题　C.个人信息安全问题　D.紧急处理　E.跟踪反馈　F.收费太高　G.其他

老人家辛苦了，感谢您的配合！

附录四　社区养老院访谈提纲

一、机构的基本情况

1. 养老院的基本类型

2. 养老院选址上有什么考虑？（为什么选在这个地点？有什么优势？）

3. 养老院概况介绍

总面积	房间数	房间类型	床位数	入住率	工作人员数量
护工数	医生数	心理咨询师	社工		

二、机构入住老人的统计

总人数	60 岁以下　60—70　70—80　80 以上	自理型　半自理　失能失智
男性	60 岁以下　60—70　70—80　80 以上	自理型　半自理　失能失智
女性	60 岁以下　60—70　70—80　80 以上	自理型　半自理　失能失智

三、机构发展中面临的主要问题？

（一）创办养老院的初衷是什么？

（二）养老院的人力资源管理

1. 养老院护工的基本概况（人数、年龄结构、受教育程度等）

2. 养老院护工的招聘方式、薪酬待遇

3. 养老院护工的培训情况

4. 养老院护工的管理所面临的主要问题

5. 促进养老院护工发展需要的相关政策

（三）养老院的经营情况

1. 养老院的运作（资金来源、收费明细情况、主要支出包括盈亏情况、机制体制管理等）

2. 养老院发展过程中面临的主要困难？哪些已克服？哪些尚无好的办法？

3. 关于社区建设养老院优势和劣势的看法

4. 目前社区养老院的规模都不是很大，无法实现规模效应。社区养老院如何寻找盈利点？您在经营中是如何解决规模不大、经营不景气的问题的？

四、养老院对社区资源的整合与利用

1. 养老院是否承担了本社区及周边社区的居家养老服务？

2. 养老院在社区内，是否还为社区提供了一些相关的服务？

3. 养老院对社区及其周边的为老服务资源进行了哪些相关的整合？（与社区卫生服务站，社区周边的商家、社会组织、社区志愿者、周边学校、企业等）

五、关于医养结合

1. 养老院周边有哪些医疗资源？（医院、社区卫生服务站等）

2. 养老院是否已经开始尝试医养融合的探索？医养融合服务主要体现在哪些服务？入住老人大概有多大比例会在养老院选择医疗服务？

3. 您认为养老院的医疗服务重点是什么？养老院在医疗服务上与医院的定位有何不同？

4. 您认为社区养老院可以如何实现医养融合？

5. 养老院的医养融合发展面临的主要难题在哪些？您觉得解决这些问题的关键点在哪里？您有什么好的建议吗？

六、政府对社区养老院的相关支持

1. 目前国家对这种形式的私营养老院的支持表现在哪些方面？

2. 您还需要哪些方面的政策扶持？

3. 目前有很多企业和个人都对养老服务业持观望态度，有的也已经跃跃欲试。对于这种现象，您有什么看法？养老产业化发展的阻力和推力各有哪些？

附录五 "互联网+"社区居家养老服务访谈提纲

一、社区的养老服务基本情况介绍

1. 社区的基本情况

2. 社区的老年人口基本情况

3. 社区已经开展的养老服务

4. 社区的特色养老服务

二、"互联网+"社区居家养老服务系统建设的基本情况

1. "互联网+"社区居家养老服务系统是什么时候开始建设的？建设"互联网+"社区居家养老服务系统的经费来源？"互联网+"社区居家养老服务系统是在哪些力量的推动下建立的、建设过程是怎样的？

2. 政府、社区、社会组织各自在"互联网+"社区居家养老服务系统建设的过程中发挥了什么作用？

3. 如何保障"互联网+"社区居家养老服务系统建设与运行资金的可持续性？在引入社会资本问题上是否有所考虑？

4. "互联网+"社区居家养老服务系统的建设现在处于哪个阶段？是否已经投入使用？

三、"互联网+"社区居家养老服务系统的架构

1. "互联网+"社区居家养老服务系统由哪些具体的板块组成？服务内容包括哪些？

2.作为资源接入点的信息平台以及作为平台基础的信息系统由哪些部分组成？

3.建立"互联网+"社区居家养老服务系统后，社区内的老年人获取养老服务的流程是怎样的？

4.社区原有的养老服务是如何与"互联网+"实现对接的？

四、"互联网+"社区居家养老服务系统的资源整合

1.社区内的各类为老服务资源是否与"互联网+"社区居家养老服务系统实现了整合？（社区卫生服务站、社区志愿者、社区社会组织）

2.社区周边的资源是否与"互联网+"社区居家养老服务系统实现了整合？（社区周边的商家、医院、学校及其他）

3."互联网+"社区居家养老服务系统与社区其他资源平台之间是如何互动与整合的？

4.本社区的"互联网+"社区居家养老服务系统与同一区域其他社区系统以及与政府的企业（移动、电信等）等相关系统之间是如何互动、整合的？

五、"互联网+"社区居家养老服务系统运行可能的难题

1.目前中国老年人对于数字产品与互联网的不熟悉（银色数字鸿沟问题）是否会影响互联网+居家养老服务的发展？您怎么看这个问题？

2."互联网+"社区居家养老服务系统如何确立网络资费和服务收费标准？老人接受养老服务的成本是否会随着智能设备收费和网络资费而上升？

3."互联网+"社区居家养老服务对于社区养老服务人才提出了更高的要求，您认为该如何解决这个问题？

4.您认为推进与发展"互联网+"社区居家养老服务最大的难点是什么？

5.您认为政府、企业、社会应该从哪些方面促进"互联网+"社区居家养老服务的发展？

附录六　日本小规模多功能养老机构访谈提纲

一、小规模多功能机构的基本情况介绍

1. 选址与面积

2. 服务对象数量，类型

3. 工作人员的基本情况

二、小规模多功能养老机构的优势与特色

1. 小规模多功能养老机构的服务理念

2. 小规模多功能养老机构服务项目

3. 小规模多功能养老机构的服务的突出特色

三、小规模多功能养老机构的经营与收费情况

1. 小规模多功能养老机构的收费标准

2. 小规模多功能养老机构的收费与介护保险的关系

3. 小规模多功能养老机构的运营模式

四、小规模多功能养老机构的人力资源管理

1. 护工的招聘方式

2. 护工的专业培训情况

3. 护工的薪酬水平

五、日本小规模多功能养老机构的发展困境

共同利用医疗资源，解决医疗服务需求。

主要参考文献

[1]Eng C. Future Consideration for Improving End-of-Life Care for Older Persons: Program of All-Inclusive Care for the Elderly (PACE)[J]. Journal Of Palliative Medicine,2002,5(2).

[2]Grone O, Garcia-Barbero M. Trends in integrated care:reflections on conceptual issues[R].Copenhagen: World Health Organization, 2002.

[3]Honorato dos Santos de Carvalho V, Rossato S, Fuchs F, Harzheim E, Fuchs S. Assessment of primary health care received by the elderly and health related quality of life: a cross-sectional study[J]. BMC Public Health, 2013(13).

[4]Howe Anna L,King Debra S,Ellis Julie M,Wells Yvonne D,Wei Zhang,Teshuva Karen A. Stabilising the aged care workforce: an analysis of worker retention and intention.[J]. Australian Health Review,2012,36(1).

[5]J.Havighurst, R.(1961).Successful Aging[J]. The Gerontologist. 1.8-13.10.1093/geront/1.1.8.

[6]Kane, R. Definition, measurement, and correlates of quality of life in nursing: Toward a reasonable practice, research, and policy agenda[J]. The Gerontologist, 2003, 43 (Special Issue II), 28–3

[7]Klaske N. Veth,Ben J. M. Emans,Beatrice I. J. M. Van der Heijden, Hubert P. L. M. Korzilius,Annet H. De Lange. Development (f)or Maintenance? An Empirical Study on the Use of and Need for HR Practices to Retain Older Workers in Health Care Organizations[J]. Human Resource Development Quarterly,2015,26(1).

[8]Lea Emma,Mason Ron,Eccleston Claire,Robinson Andrew. Aspects of

nursing student placements associated with perceived likelihood of working in residential aged care.[J]. Journal of clinical nursing,2016,25(5-6).

[9]Organization W H.European Year for Active Ageing and Solidarity between Generations[J].European Journal of Social Law,2012,20(2).

[10]Rabig, J., Thomas, W., Kane, R., Cutler, L., & McAlilly, S.. Radical redesign of nursing homes: Applying the green house concept in Tupelo, Mississippi[J]. The Gerontologist, 2006,46(4).

[11]Rowe J W,Kahn R L. Human aging: usual and successful.[J]. Science,1987,237(4811).

[12]Sherry Anne Chapman,et al. Client-centred, community-based care for frail seniors[J].Health and Social Care in the Community,2002,11（3）.

[13]Shortell, etc. Remaking health care in America:building organized delivery systems[J].San Francisco: Jossey-Bass Publishers, 2002(2).

[14]Smith E, Paris K, Webster A, Sullivan K. Increasing Satisfaction in Age-Qualified Service-Enriched Communities: How to Focus on What's Really Important[J]. Seniors Housing & Care Journal,2016,24(1).

[15]Rose,B,Common Goals but Different Roles: The State's Contribution to the Welfate Mix. Rose. R.&Shiratori, R.(Ed), The Welfare State East and West[M]. Oxford: Oxford University Press, 1986.

[16]United Nations，Department of Economic and Social Affairs，Population Division（2013）.World Population Prospects:The 2012 Revision，Volumn I:Comprehensive Tables ST/ESA/SER.A/336.

[17] 宮島渡. 小規模多機能型居宅介護の到達点と課題 [J]. 地域ケアリング，2016，18（9）.

[18] 菊池信子. 地域密着型小規模多機能型居宅介護の第三者評価に関する動向と視点 : 運営推進会議の役割との関連から [J]. 神戸親和女子大学研究論叢，2017 (50)03.

[19] 武田英樹，関孝敏. 小規模多機能型居宅介護は地域における看取りの拠点に成り得るか [J]. 地域ケアリング，2018（20）3.

[20] 原田啓一郎. 高齢障害者の介護保障をめぐる法制度の現状と課

题—小规模多機能型居宅介護事業所と障害者支援施設の実例分析を通じて [J]. 駒澤法学，2012，11-3(43).

[21] 戴卫东. 台湾地区人口老龄化下长期护理政策及走向 [J]. 人口学刊，2011(04).

[22] 丁志宏，王莉莉. 我国社区居家养老服务均等化研究 [J]. 人口学刊，2011(05).

[23] 杜鹏. 中国老年人口健康状况分析 [J]. 人口与经济，2013(06).

[24] 杜鹏. 中国老年人主要生活来源的现状与变化 [J]. 人口研究，2003(06).

[25] 戴维，铃木博志，长谷川直树. 北京养老服务机构入住理由及位置选择的初探——关于合理布局建设养老服务机构 [J]. 城市规划，2012，36(09).

[26] 高红. 城市老年人社区居家养老的社会支持体系研究——以青岛市为例 [J]. 南京师大学报 (社会科学版)，2011(06).

[27] 高晓路，颜秉秋，季珏. 北京城市居民的养老模式选择及其合理性分析 [J]. 地理科学进展，2012，31(10).

[28] 高晓路. 城市居民对养老机构的偏好特征及社区差异 [J]. 中国软科学，2013(01).

[29] 郭芳. 日本小规模多功能服务的喜与忧 [J]. 社会政策研究，2017(06).

[30] 姜向群，丁志宏，秦艳艳. 影响我国养老机构发展的多因素分析 [J]. 人口与经济，2011(04).

[31] 李强，王昊. 中国社会分层结构的四个世界 [J]. 社会科学战线，2014(09).

[32] 刘清发，孙瑞玲. 嵌入性视角下的医养结合养老模式初探 [J]. 西北人口，2014，35(06).

[33] 罗梦云，梁会刚，董媛媛，莫丹丹，董伟，张义，王玥，蔡泳，张智若. 641 名上海市老年人机构养老意愿及其影响因素 [J]. 上海交通大学学报 (医学版)，2017，37(05).

[34] 刘海滨. 城市住区公共空间研究 [D]. 成都：西南交通大学，2006.

[35] 潘峰，宋峰. 互联网 + 社区养老：智能养老新思维 [J]. 学习与实践，

2015(09).

[36] 睢党臣，曹献雨. "互联网 +"养老平台供给模式的选择与优化——基于动 / 静态博弈分析 [J]. 陕西师范大学学报 (哲学社会科学版)，2018，47(01).

[37] 睢党臣，彭庆超. "互联网 +"背景下我国城市社区智慧居家养老服务模式的构建 [J]. 新疆师范大学学报 (哲学社会科学版)，2018，39(03).

[38] 孙鹃娟，沈定. 中国老年人口的养老意愿及其城乡差异——基于中国老年社会追踪调查数据的分析 [J]. 人口与经济，2017(02).

[39] 孙涛. 儒家孝道影响下代际支持和养老问题的理论研究 [J]. 山东社会科学，2015(07).

[40] 唐美玲，张建坤，雒香云，邵秋虎. 智慧社区居家养老服务模式构建研究 [J]. 西北人口，2017，38(06).

[41] 田北海，王彩云. 城乡老年人社会养老服务需求特征及其影响因素——基于对家庭养老替代机制的分析 [J]. 中国农村观察，2014(04).

[42] 王春光，赵玉峰，王玉琪. 当代中国农民社会分层的新动向 [J]. 社会学研究，2018，33(01).

[43] 王莉莉. 中国城市地区机构养老服务业发展分析 [J]. 人口学刊，2014，36(04).

[44] 王琼. 城市社区居家养老服务需求及其影响因素——基于全国性的城市老年人口调查数据 [J]. 人口研究，2016，40(01).

[45] 王晓峰，刘帆，马云博. 城市社区养老服务需求及影响分析——以长春市的调查为例 [J]. 人口学刊，2012(06).

[46] 王新军，郑超. 老年人健康与长期护理的实证分析 [J]. 山东大学学报 (哲学社会科学版)，2014(03).

[47] 王振波. "互联网 +"驱动下的城市社区居家养老服务优化研究 [J]. 新疆大学学报 (哲学· 人文社会科学版)，2017，45(06).

[48] 魏雷，袁妙彧. 城市社区"适老化"交通系统建设研究 [J]. 公路交通科技 (应用技术版)，2018，14(02).

[49] 颜秉秋，高晓路，马妍，袁海红. 基于 MAS 技术的城市养老机构布局决策支持 [J]. 清华大学学报 (自然科学版)，2014，54(07).

[50] 叶京，胡惠琴. 城市中心区社区养老院的家庭化设计研究 [J]. 建筑学报，2016(S2).

[51] 于潇，孙悦. "互联网＋养老"：新时期养老服务模式创新发展研究 [J]. 人口学刊，2017，39(01).

[52] 余央央，封进. 老年照料的相对报酬：对"护工荒"的一个解释 [J]. 财经研究，2014，40(08).

[53] 袁妙彧，方爱清. 积极老龄化视角下的新型社区养老院模式构建 [J]. 学习与实践，2018(02).

[54] 袁妙彧. 养老机构选址、规模及功能定位对医养结合模式选择的影响——基于扎根理论的探索性分析 [J]. 南方人口，2018，33(05).

[55] 张文娟，魏蒙. 城市老年人的机构养老意愿及影响因素研究——以北京市西城区为例 [J]. 人口与经济，2014(06).

[56] 赵继伦，陆志娟. 城市家庭养老代际互助关系分析 [J]. 人口学刊，2013，35(06).

[57] 郑冰岛，吴晓刚. 户口、"农转非"与中国城市居民中的收入不平等 [J]. 社会学研究，2013，28(01).

[58] 中国老龄科学研究中心课题组，张恺悌，孙陆军，牟新渝，王海涛，李明镇. 全国城乡失能老年人状况研究 [J]. 残疾人研究，2011(02).

[59] 朱巍巍. 我国养老服务业发展史上的重要里程碑——国务院出台《关于加快发展养老服务业的若干意见》[J]. 中国民政，2013(10).

[60] 郝身永，文雯. 配偶收入如何影响自身生活幸福感？——基于中国综合社会调查 (2006) 的实证分析 [J]. 经济与管理研究，2013(03).

[61] 刘世闵、曾世豊、钟明伦. Nvivo11 与网路质性研究方法论 [M]. 台北：五南图书出版股份有限公司，2017.

[62] 佟新. 人口社会学 (第四版)[M]. 北京：北京大学出版社，2010.

[63] 田毅鹏. "单位共同体"的变迁与城市社区重建 [M]. 北京：中央编译出版社，2014.

[64] 吴玉韶. 中国老龄事业发展报告 (2013)M. 北京：社会科学文献出版社，2013.

[65] 野口定久. 老年人照顾和社区社会工作的开展——从区域综合照顾

体系的视角进行分析，引自《北京蓝皮书：中国社区发展报告 (2013)》[M].
社会科学文献出版社，2013.

[66] 周明明，冯喜良. 北京养老产业发展报告（2015）[M]. 社会科学文
献出版社，2015. 04.

[67] 埃米尔·涂尔干著，渠东译. 社会分工论 [M]. 生活. 读书. 新知三
联书店，2000.

[68] 美奥斯本、盖布勒著，周敦仁等译. 改革政府——企业家精神如何
改革着公共部门 [M]. 上海：上海译文出版社，2006.

[69]R. 米什拉著，郑秉文译. 资本主义社会的福利国家 [M]. 北京：法
律出版社，2003.

[70] 世界卫生组织著，中国老龄协会译. 积极老龄化政策框架 [M]. 北
京：华龄出版社，2003.

[71] 扬·盖尔著，何人可译. 交往与空间 [M]. 北京：中国建筑工业出版
社，2002.

[72] 第四次中国城乡老年人生活状况抽样调查 [EB/OL]. (2016-10-
12)[2019-01-20].http://www.xinhuanet.com/gongyi/yanglao/2016-10/12/
c_129319792.html.

[73] 国务院. 国务院关于印发"十三五"国家老龄事业发展和养老体系
建设规划的通知 [EB/OL].(2017-02-28)[2019-01-19].http://www.gov.cn/zhengce/
content/2017-03/06/content_5173930.htm.

[74] 普瑞森医疗设备. 养老院医疗设备——养老院规模 [EB/OL].(2017-07-
08)[2019-01-19].http://www.sdprsyl.com/895.html.

[75] 人民日报. 中国老年人口已达 2.41 亿人 占总人口的 17.3% [EB/OL].
(2018-05-14)[2019-01-19].http://www.xinhuanet.com/2018-05/14/c_1122828001.
htm.

[76] 人民网. 第四次中国城乡老年人生活状况抽样调查发布 [EB/OL].
(2016-10-10)[2019-01-18].http://society.people.com.cn/n1/2016/1010/c1008-
28765589.html.

[77] 中国城乡老年人口状况追踪调查研究报告 [EB/OL].(2007-12-
17)[2019-01-20].http://www.china.com.cn/news/txt/2007-12/17/content_9392818.

html.

[78] 中华人民共和国民政部, 2017 年 3 季度全国社会服务统计数据 [EB/OL]. (2017-11-02)[2019-01-19].http://www.mca.gov.cn/article/sj/tjjb/qgsj/201711/201711021412.html.

[79] 中华人民共和国民政部 . 养老机构设立许可办法 [EB/OL].(2013-06-30)[2019-01-19].http://www.mca.gov.cn/article/gk/fg/shflhcssy/201507/20150715848516.shtml.

[80] 中华人民共和国民政部 . 中华人民共和国行业标准——老年人社会福利机构基本规范 [EB/OL].(2008-07-18)[2019-01-19].http://shfl.mca.gov.cn/article/zcfg/zcfga/200807/20080700018535.shtml.

[81] 中国新闻网 . 中国发布十城市万名老年人居家养老状况调查结果 [EB/OL].(2014-02-27)[2019-01-19].http://www.chinanews.com/sh/2014/02-27/5892322.shtml.

后　记

　　己亥猪年除夕遇上立春，人随春好，春与人宜。推窗远望，初春的风乍暖还寒，藏龙岛汤逊湖的水墨山水安然静美。平湖春树一镜分，浮影丹青两相和。岛上水墨显本身，诗情画意著文章。恰逢此刻，此书也基本完稿。翻卷回首，我深感书中依然存在诸多需要深化研究的问题，但章章目目的文字却也亲切而有温度。因为此书融入了研究团队从2015年至今扎根社区、探访机构的点点滴滴，以及在此过程中获得的来自方方面面很多很多的帮助。

　　2015年7月在南开大学召开的中国社会政策年会上，中国社会科学院的杨团老师肯定了这个选题的研究意义，并热情地向我推荐了北京月坛的鹤童无围墙养老院。2015年8月的北京烈日炎炎，中央党校的陈玉仑老师开车陪同我来到鹤童无围墙养老院，我们在这里进行了两个多小时的深度访谈。2016年4月，在南京大学周沛教授、陈友华教授的帮助之下，我带着学生在南京进行了为期一周的实地调研。鼓楼居家养老服务中心的韩品湄前辈，作为我国居家养老实践的先锋人物与我畅谈当前居家养老服务的现实问题及发展方向，实践出真知，我收获良多！80后养老实务精英、陆云养老的创始人陆云就居家养老服务会员制、"互联网＋"居家养老等问题与我分享了很多具有前瞻性的思路……2016年12月，我在师弟谭华（现任深圳华为人力资源部经理）的引荐之下，调研了泰康粤园、广东省中国人寿社区养老院，在我的学生刘新元（现任深圳新现代社会工作服务社主任）的陪同下，实地考察了深圳颐康之家社区养老院。2017年7月—8月，研究团队获得了湖北省民政厅范长林处长、武汉市民政局张芳处长的鼎力支持，在武汉市7个中心城区的14个城市社区开展居家养老服务问卷调查。2017年9月在国家留学基金委资助之下，我远赴日本名古屋大学进行了为期半年的访问学习。在此我要由衷感激日本名古屋大学的薛进军教授给我提供了这样一次非常宝贵的学习机会。感谢日本女子大学的沈洁教授在我访日期间协助我在日本东京、静冈等地开展日本社区养老的调研。特别感谢日本福祉大学的野口定久教授陪同我在日本岩仓、名古屋等地深入日本小规模多功能养老机构进行实地研究……这些过往的人与事让我时时忆起，永远感谢！

这本书还非常有幸地加入了课题组成员魏雷副教授近年来在社区养老公共空间设计上的最新成果。我非常感谢他一直以来对我研究的倾力相助。我还要特别感谢日本福祉大学博士研究生彭毛夏措在我访日期间协助我翻译日文资料，感谢日本协力社的内山博士在我探访机构时随行担当日语翻译。最后，我要诚挚地对我的学生们说一句：大家辛苦了！中南财经政法大学社会保障学研究生梁琼月，华中科技大学社会保障学研究生朱映雪，华中农业大学社会工作专业研究生李玲婉君，澳大利亚塔斯马尼亚大学社会工作专业研究生余希希顶着火炉江城的酷暑，不辞辛苦地带领小分队，走街入户开展问卷调查。湖北经济学院社会工作专业研究团队的程琳、程茜、覃迪迪、王宁、贺婉珍、邹宏敏等同学协助我做了大量收集资料、整理资料，以及最后的文字校对等繁复的工作，在此一并致谢！

马克斯·韦伯说："任何一项事业背后，必须存在着一种无形的精神力量。"我想这项课题的研究过程之所以能够凝聚这么多的智慧与力量，一定是基于我们、基于你们、基于他们对于中国的养老事业有着一份共同的热诚与关注。因为，那些曾经为这个社会付出青春的人在老去，那些我们爱的人在老去，我们自己有一天也终将老去。一个社会在多大程度上能够保障人们优雅地老去，体面地离开，或许才是我们衡量社会文明与进步最具情怀的尺度。

2019 年 2 月 5 日

武汉　藏龙岛